KB028223

극장에 대하여

극장에 대하여

About Theatre

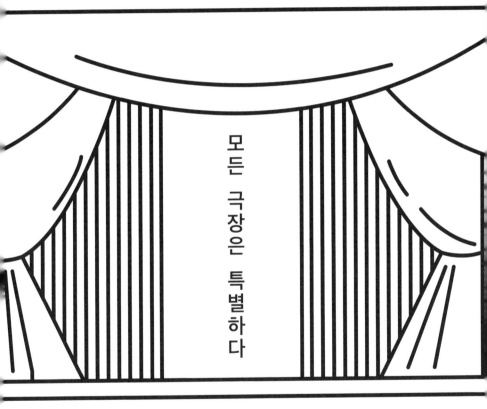

모든 극장은 특별하다

이승엽 지음

마인드
빌딩

프롤로그

시리즈의 1편

이 책은 '극장경영 시리즈'의 첫 번째 편에 해당한다. 예술경영의 세부 영역 중의 하나인 극장경영은 극장의 구상과 건립, 프로그램 제작과 운영, 관객 개발, 조직 운영, 리더십, 재정 관리, 재원 조성, 브랜드 전략, 하우스 매니지먼트, 베뉴 매니지먼트 등을 폭넓게 다루는 것이 보통이다. 예술경영의 모든 영역을 극장에 초점을 맞춰서 적용하는 것이기 때문이다. 예술경영을 '간(間) 학문'이라 부르고 넓은 영역과 분야를 특징 중 하나로 꼽는 것처럼 극장경영도 감당해야 할 영역의 스펙트럼이 넓다. 한 권의 책에 담기 부담스럽다는 것은 20여 년 전 《극장경영과 공연제작》(역사넷, 2002)을 내면서 실감했던 터다.

시리즈의 첫 편이라고 했지만 극장경영을 본격적으로 다루기 전에 몸을 푸는 워밍업 정도로 봐줬으면 좋겠다. 극장경영의 본론이라고 할 수 있는 각론은 이 책 다음에 이어질 것이다. 처음부터 시리즈를 염두에 두고 책을 쓸 계획을 세운 것은 아니었다. 극장경영의 모든 영역을 한 책에 온전히 다 담는 것이 자연스럽기 때문이다.

지금처럼 두껍고 산만한 워밍업용 책을 내놓게 된 것은 대체로 내 사정 때문이다. 넉넉하리라 생각한 집필 시간은 턱없이 부족했다. 공부와 연구도 부족했지만 글쓰기 집중도가 기대 이하였다.

그동안 출판된 다양한 책도 변명거리가 되었다. 단행본은 물론 보고서, 논문 등 다양한 포맷으로 발표된 글들을 보면서 종이책 한 권을 더하는 의미가 많이 퇴색되었다고 생각했다. 내가 참고한 그 글들은 하나하나가 주옥같았고 배울거리가 넘쳤다. 마지막으로 그리고 가장 중요한 변명거리는 충실한 각론은 내 몫이 아니라는 뒤늦은 깨달음이었다. 그 어느 사회보다 압축적인 변화가 이루어지는 우리 사회에서 시의에도 맞고 전문성을 갖춰 현장에서 참고할 수 있는 내용으로 혼자 처음부터 끝까지 쓰는 것은 능력 밖의 일이다. 능력 있는 전문가들과 함께해야 가능한 일이다. 결론은 '이번에는 내가 할 수 있는 만큼만 하자'였다. 결과적으로 보면 책에 지금 담은 내용만으로도 힘에 부쳤다.

책의 구조와 내용

이 책은 세 개의 장으로 구성되어 있다. 첫째 장은 간단한 극장사(劇場史)다. 서양 극장사를 중심으로 우리 극장사도 다뤘다. 둘째 장은 개별 극장을 점검하는 데 필요한 10가지 요소에 대해 썼다. 셋째 장은 트렌드다. 극장을 이해하기 위해 일반적으로 필요한 사항들이다. 책의 구성에 의미를 부여하자면 시간적 흐름에 해당하는 종단면과 속성에 해당하는 횡단면을 번갈아 살펴보고 이들이 만나는 지점에서 주목할 만한 트렌드를 꼽아 소개하는 것으로 되어 있다.

내용을 부연하면 이렇다. 1장인 '극장에 대해'는 극장에 대한 개념과 극장사를 담았다. 극장사는 서양 극장사를 중심으로 하고 있다. 우리 극장의 현재를 이해하는 데 도움이 될 것이라고 판단했기 때문이다. 우리 극장사는 근대에 집중했다. 대상이 방대해서 간소하게 다뤘다. 2장인 '극장을 이해하는 10가지 키워드'는 극장을 이해하고 점검하는 데 필요한 요소들을 우리 극장을 염두에 두고 서술했다. 10가지 요소가 어느 나라에도 적용할 수 있는 보편적인 요소이기는 하지만 구체적인 내용에 들어가면 차이가 크다. 극장이 속한 사회나 국가의 제도와 문화가 달라서 일반적인 수준으로 언급하기에는 한계가 있다고 보았다. 예를 들어 운영 주체는 각국의 제도에 따라 많이 달라서 보편적이면서 구체적인 얘기를 하기 어렵다. 3장 '현대 극장의 트렌드'는 지금 주목할 만한 이슈로 8가지를 꼽았다. 이들 중에는 우리나라에서만 발견되는 특별한 흐름도 있지만 대부분은 글로벌한 이슈라고 판단한 것들이다. 우리 공연예술 생태계에 입각해서 세계로 열려 있는 경향이라고 봐주면 좋겠다. 그러고도 남은 할 말은 에필로그에 담았다.

책에는 세종문화회관에서 일할 때 썼던 칼럼 중 책의 취지에 맞는 글 일부를 옮겨 실었다. 세종문화회관이 발행하는 웹진 '문화공간 175'에 연재했던 것들이 대부분이고 신문이나 기타 매체에 실린 것도 더러 있다. 원래 이 글들이 실렸던 매체와 시기는 따로 목록으로 정리했으니 참고하면 된다. 나머지는 대부분 이번에 새로 쓴 원고다. 그중에는 내가 임의로 해석하거나 주관적인 판단을 한 부분이 꽤 있다. 팩트에 해당하는 부분을 제외하고는 감안해서 읽어주시기를 부탁드린다. 이런 생각을 하고 이런 주장을 하는 사람도 있다고 봐주시라는 요청이다. 책에 인용한 이미지는 대부분 저작자들로부터 사전 동의를 받고 실었다. 흔쾌히 게재를 허락해준 국내외 극장과 공연단체에 감사드린다. 몇 장의 사진 이미지는 저작자를 알기 어려워 저작자를 표시하지 못했다. 저작자가 밝혀지면 출판사와 함께 마땅한 절차를 밟겠다.

책의 한계와 감사

책을 내면서 부끄럽다. 본격적으로 책을 쓰기 시작한 2019년 봄부터 서문을 쓰고 있는 지금까지 책 쓰기는 내 일과의 중심이었다. 그 동안 글쓰기에 몰두하기 어려운 일도 적지 않았다. 억지로 여기까지 왔으니 책에 흠결이 적을 수 없다. 정해진 출판 일정을 핑계로 충분히 고민하고 다듬지 못한 탓이다. 바뀌지 않는 사실은 내 역량이 딱 이만큼이라는 것이다. 시간과 도움이 더 있었다 하더라도 이와 완전히 다른 책을 쓰지는 못했을 것이다. 책이 가진 한계는 온전히 저자의 몫이라는 하나마나한 말을 내 애기로 받아들이는 데 시간이 좀 걸렸다.

나의 부족함을 그나마 메워준 분들에게 이 자리를 빌려 감사의 말씀을 전한다. 이 책은 많은 사람의 지적 결과물을 적지 않게 인용하고 있다. 그 저작물들을 생산한 분들에게 존경과 고마움을 바친다. 출판이 결정되고 책이 나오기까지 궂은일을 도맡아준 김나리, 리서치에 나서준 정혜민, 이상, 까다로운 출판 계획을 군말 없이 수용해준 마인드빌딩(대표 서재필, 팀장 우미정), 내용보다 훨씬 까다로운 레이아웃에 고전하면서도 끝까지 집중해준 디자이너들 등 고마운 분들이 많다. 느닷없는 병에도 꿋꿋한 아내는 원고를 처음부터 끝까지 읽고 빨간펜 선생님 역할을 해주었다. 고맙고 안타깝다. 2019년 7월 떠나신 어머니의 지혜로움과 선함을 기억한다. 닮고 싶다고 닮아지는 것이 아니지만 당신 덕분에 이만큼이라도 산다 싶다.

2020년 2월 이승엽

차례

제2장 극장을 이해하는 10가지 키워드

제1장
극장에 대해

1 극장은 무엇인가?

문화예술?

일반적으로 널리 사용되는 용어로 '문화예술'이 있다. 우리 제도에서는 보편적으로 사용하고 있다. 제도의 밑천이라고 할 수 있는 법률부터 그 이름이 '문화예술진흥법'(1972년 제정)이다. 예술교육을 다루는 법률은 '문화예술교육 지원법'(2005년 제정)이고 예술후원을 다룬 또 다른 법률은 '문화예술후원 활성화에 관한 법률'(2014년 제정)이다. 이들 법률들은 '문화예술진흥법'에서 내린 정의를 기본으로 한다. '문화예술진흥법'이 정의한 '문화예술'은 '문학, 미술(응용미술을 포함한다), 음악, 무용, 연극, 영화, 연예(演藝), 국악, 사진, 건축, 어문(語文), 출판 및 만화를 말한다'고 되어 있다(제2조 정의).

이 정의는 1972년 제정 이후 거의 바뀌지 않았다. 짧은 한 줄짜리 정의에는 많은 내용이 담겨 있고 그 이후에 준 영향도 크다. 법률에 근거를 두고 설립한 공공기관(한국문화예술위원회, 한국문화예술교육진흥원 등)은 물론이고 제도와 현장에서 널리 사용되고 있다. 예를 들어 우리나라 최대의 포털인 네이버의 지식백과는 '문화예술'이라는 카테고리를 가지고 있다. 여기에는 '건축, 공예, 댄스/무용, 만화/애니, 미술, 공유마당, 사진, 영화/연극/드라마, 음악, 문화예술일반' 등 세부항목이 들어 있다. 그런데 막상 우리 표준국어대사전이나 한국어기초사전에는 아예 등재되어 있지 않다. 국립국어연구원이 2016년 개통한 참여형 온라인 사전 '우리말샘'에 올라있는 정도다. 여기서 문화예술은 '음악·미술·공연·전시 따위의 문화적 활동과 관계된 예술을 이르는 말'이라고 설명하고 있다. 애매하기는 마찬가지다. 이런 혼동이 오래 지속되고 있다.

문제는 이 용어가 갖는 두 가지 한계로부터 비롯된다. 첫 번째는 문화예술이라는 용어의 부조리함이다. 편의상 문화와 예술을 묶어서 사용할 수는 있겠지만 예술은 문화의 부분집합이니 한편으로는 동어반복이라 볼 수 있다. 두 번째는 용어의 설명의 방식에서 오는 한계이다. 가장 보편적으로 사용하는 '문화예술진흥법'에서 사용하는 방식은 열거식이다. 여기에 포함되지 않는 것은 문화예술이 될 수 없다. 열거 방식도 애매하다. 이 방식에 따르면 사진과 만화는 미술에 포함되지 않는다. 국악은 음악과 다르다. 법을 제정할 무렵의 장르론과 상식을 반영하지 않았을까 추정한다.

제도와 정책의 대상으로서의 문화가 본격적으로 법률에 등장한 것은 '문화기본법'(2013년 제정)이라고 봐야할 것이다. 문화기본법은 문화를 '문화예술, 생활양식, 공동체적 삶의 방식, 가치체계, 전통 및 신념 등을 포함하는 사회나 사회 구성원의 고유한 정신적·물질적·지적·감성적 특성의 총체를 말한다'고 정의하고 있다(제3조 정의). 법률은 문화예술을 문화의 영역 중 첫 번째로 꼽고 있다. '예술'이 아니라 '문화예술'이다.

이러한 예는 박물관과 미술관을 구분하는 것에서도 발견된다. 이 영역을 다루는 법률이 '박물관 및 미술관 진흥법'(1991년 제정)이다. 이 법률에 따르면 박물관과 미술관은 부분집합의 관계다. 박물관은 '문화·예술·학문의 발전과 일반 공중의 문화향유 및 평생교육 증진에 이바지하기 위하여 역사·고고(考古)·인류·민속·예술·동물·식물·광물·과학·기술·산업 등에 관한 자료를 수집·관리·보존·조사·연구·전시·교육하는 시설'을 말하고 미술관은 그중에서도

'특히 서화·조각·공예·건축·사진 등 미술에 관한 자료를 수집·관리·보존·조사·연구·전시·교육하는 시설'을 말한다고 정의하고 있다. 대상을 두고 구분한 것이다. 법률에도 불구하고 현실에서 박물관과 미술관은 거의 겹쳐지지 않는다. 서구에서 뮤지엄(museum)으로 차이 없이 사용하는 것과는 많이 다르다.

문화예술과 미술관·박물관은 우리에게 없던 용어들이다. 이러한 개념을 표현하는 용어를 우리가 사용하게 된 것은 19세기 후반부터 20세기에 걸쳐 전개된 서구 문명의 유입 때문이다. 서구 문명의 패러다임과 인식체계가 본격적으로 그리고 직접적으로 쏟아져 들어온 20세기 중후반 및 그 이후와 달리 19세기 후반 한반도에 들어온 서구 문명은 중국과 일본을 거친 것이 많았다. 특히 1850년대부터 1870년대에 걸쳐 일본에서 진행된 메이지유신은 서구의 근대국가를 모델로 사회 전반의 개혁을 추진한 국가변혁프로그램이었다. 일본은 근대적 통일국가가 형성되는 과정에 정치, 사회, 문화적으로 서구의 개념과 체제를 전폭적으로 받아들였다. 기존에 없던 새로운 개념과 개념체계가 생기고 단어와 용어가 만들어졌다. 이 과정에서 종종 원래와 다른 변형을 탄생시켰다. 일본 형편에 맞게 적극적으로 자기화한 결과다.

다른 나라와 달리 우리나라에서 박물관과 미술관이 지금과 같이 이원화된 것에 대해 심상용은 '박물관이라는 용어 자체가 이미 1871년부터 서구의 미술관 형식을 흉내 내기 시작한 일본의 이념과 표기를 여과 없이 차용한 것에서 비롯되었다'[1]고 주장한다. 원래는 서구 문명 안에 있는 개념인데 일본이라는 필터를 통해 들어오면서 왜곡되었다는 것이다. 박물관과 미술관이 탄생한 서구는 물론, 이를 받아들여 박물관과

1. 심상용, 그림 없는 미술관, 이룸, 2000, 21쪽.

#16

미술관으로 구분한 일본에서도 우리와 같이 완전히 다른 두 개의 시스템으로 구분하지는 않는다. 문화예술이라는 말도 일본을 통해 유입된 것으로 추정된다. 일본에서 문화예술은 '문예'라는 줄임말 형태로 널리 사용되었다. 시작 시기는 1800년대 후반으로 역시 메이지 시대일 것이다. 문예는 그 자체로 하나의 단어로 문화예술이라는 의미도 있지만 문학과 예술을 묶어서 가리키기도 했다. 이 단어가 일본에서 극단의 이름이나 잡지 이름으로 등장하는 것은 1900년대 초반이다. 2001년에 제정된 '문화예술기본법'이라는 법률도 있지만 그 이전에 이미 상당히 광범위하게 사용되었다. 우리나라에서 문화예술이란 용어가 널리 그리고 당연하게 사용된 것은 오래되지 않았다. 일본과 마찬가지로 20세기 전반부터 문예라는 말이 자연스럽게 사용되었지만 그 말을 문화예술을 뜻하는 것으로 사용하게 된 것은 20세기 후반이라고 봐야할 것이다. 이런 얘기로 본문을 시작하는 것은 다음에 우리가 다룰 극장이라는 개념이 그 연장선상에 있기 때문이다.

씨어터의 범위

우리말로 '극장' 또는 '공연장'이라는 단어가 지칭하는 것은 명확하고 간결하다. 국립국어원의 표준국어대사전에는 '연극이나 음악, 무용 따위를 공연하거나 영화를 상영하기 위하여 무대와 객석 등을 설치한 건물이나 시설'이라고 적고 있다. 영화관 기능을 떼고나면 공연예술을 위한 건물이나 시설쯤으로 보면 되고 일반적인 인식과도 차이가 없다.

그런데 우리말 '극장' 또는 '공연장'에 해당하는 영어 단어로 옮겨가보면 상황은 좀 복잡해진다. 영어 단어로 'theatre(theater)'인데 그 의미의 폭이 다르기 때문이다. 로마자를 사용하는 대부분의 언어권이 이와 유사한 단어를 사용하니 서구 문화권에서는 통일된 개념이라고 보면 되겠다.

이 단어가 지칭하는 것은 우리말 단어보다 훨씬 폭넓다. 옥스퍼드 사전[2]은 씨어터의 용례로 '공연, 연극, 오페라, 영화 등을 위한 건물', '연극예술', '일반적으로 연극 단체' 등 세 가지로 설명하고 있다. 첫 번째 용례가 우리말 단어와 겹친다. 이를 보다 자세히 설명하고 있는 온라인 사전(Dictionary.com)[3]이 설명하는 씨어터의 의미 중 공연과 관련된 것은 아래의 다섯 가지다.

2. Dennis Kennedy, The Oxford Encyclopedia of Theatre & Performance, Oxford University Press, 2003, 598쪽.
3. www.dictionary.com
4. 우리나라에서 뮤지컬이 연극인가하는 논쟁이 뜨거웠던 적이 있다.

- 공연을 올리는 건물, 건물의 일부 또는 야외공간
- 공연 관객
- 공연 단체
- 예술장르로서 공연예술
- 공연작품

이를 세 가지로 요약해보면 다음과 같다. 첫째는 예술 형식으로서의 공연예술이다. 연극이나 연극적인 요소가 강한 공연예술을 지칭한다. 넓게는 오페라, 음악회, 무용 등을 포괄하는 공연예술(performing arts)을 지칭하기도 하지만 대개는 연극, 연극과 관련있는 장르[4], 극적 요소를 가진 장르를 말하는 것으로 사용된다. 가장 좁게는 연극을 가리킨다. 'History of the Theatre', 'Living

Theatre: A History', 'The theatre: an introduction' 등이 '연극의 역사'[5], '세계연극사'[6], '연극개론'[7] 등으로 번역되었다. 연극이라는 근대적 장르론에 의한 장르를 통해 공연예술사를 꿰뚫은 것으로 이해한다.

둘째는 극장 또는 공연장이다. 연극을 비롯한 공연예술에서 공연이 이루어지는 공간은 기본조건이라고 할 만큼 필수적이다. 서구에서 공연예술사가 지금까지 이어진다고 주장하는 것은 기록과 함께 하드웨어로서의 극장이 남아있는 사실에서 힘을 얻고 있기 때문이다. 공연이 주로 이루어지는 공간은 서구 연극사의 기원이라고 할 수 있는 그리스 시대부터 지금까지도 많이 남아 있고 일부는 여전히 사용되고 있다. 근대적 장르론에 따라 공연예술의 장르는 세분화되고 유형화되면서 예술 형식으로서의 씨어터(theatre)는 애매해진 반면 하드웨어로서의 극장을 지칭하는 새로운 용어는 특별히 대두되지 않았다. 특정 장르를 기반으로 하는 오페라 하우스[8]나 콘서트홀 등을 제외하면 극장은 공연예술 전반을 대상으로 하는 공간을 지칭하는 것으로 자리를 잡았다. 'Theatre Management'를 '극장경영'으로 번역하는 것은 오해의 소지가 있다. 이때의 씨어터가 극장의 범주에 한정되지 않았을 수 있기 때문이다. 2002년에 김의경이 일본서를 번역해서 출판한 《연극경영》[9]은 'Theatre Management'를 부제로 붙이고 있다. 극장이라는 말 대신 연극을 고른 것이다. 보다 폭넓게 범위를 잡았다는 점에서 합리적인 선택이었다.

5. 오스카 G. 브로켓, 프랭클린 J. 힐디 (전준택, 홍창수 옮김), 연극의 역사, 연극과 인간, 2005.
6. 에드윈 윌슨 외 (김동욱 옮김), 세계연극사, 에이취에스미디어, 2010.
7. 오스카 G. 브로켓 (김윤철 옮김), 연극개론, 한신문화사, 1989.
8. 오페라 하우스도 시드니 오페라 하우스(Sydney Opera House) 등과 같이 사용되기도 하지만 많은 경우 그냥 오페라로 끝난다. 메트로폴리탄 오페라 하우스(Metropolitan Opera)나 파리 바스티유 오페라 하우스(L'Opéra Bastille)와 같은 경우다.
9. 사사키 아키히코 (김의경 옮김), 연극경영, 현대미학사, 2002.

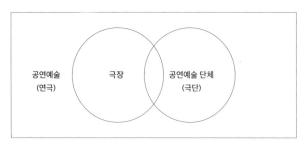

공연예술
(연극)   극장   공연예술 단체
(극단)

그림1 씨어터의 범위

셋째는 공연 단체이다. 주로 연극과 관련된 공연예술을 하
는 공연 단체를 지칭하는 말로 쓰인다. 컴퍼니(company)라는 말
을 덧붙이는 경우도 있지만 없어도 공연 단체를 가리키는 데 사용한
다. 무용단의 이름으로 많이 사용되는 댄스(발레) 씨어터도 그런 용
례다. 공연(연극)이나 극장을 지칭하는 것 외에도 공연 단체를 지칭
하는 것은 서구의 운영 형태와 관련된 것으로 보인다. 많은 공연 집
단은 공연장과 공연 단체 운영을 구분하지 않기 때문이다. 공연장에
는 공연장을 운영하는 인력과 조직뿐 아니라 콘텐츠를 만들고 운용
하는 인적 집단이 있다. 이런 집단은 극장을 가지지 않을 수도 있다.
극장을 직접 운영하지 않는 공연 집단이 씨어터라는 말을 써도 틀린
용법이 아니다.

이 책은 이 세 가지의 범위 중 두 번째, 즉 우리말 기준의
극장을 대상으로 하고 있다. 연극과 공연을 만들고 무대에 올리는
것이 핵심적인 극장의 기능이라는 점에서 첫 번째와 세 번째 영역과
무관하지 않다. 그림1에서 보는 것처럼 공간으로서의 씨어터(극장)
는 공연 단체와 공연 예술로서의 씨어터와 교집합, 부분집합의 관
계다. 이 책의 주제가 'Theatre Management'라고 한다면 여기서
'Theatre'는 극장이다.

씨어터의 어원

앞의 온라인 사전에 의하면 씨어터(theatre)는 그리스어 '테아트론(théātron)'에서 비롯되어 라틴어 'theātrum'을 거쳐 중세영어로 정착했다. 그리스어 'théātron'은 보다(view)라는 의미의 'theâsthai'에서 'theā'를 취했고 장소나 수단을 의미하는 'tron'이 합쳐진 단어라는 것이다.

애초에 그리스어 테아트론은 객석을 지칭하는 말이다. 공연예술이 관객과 만나야 비로소 완성된다는 근대적 주장들은 이미 고대 그리스에서부터 시작된 셈이다. 객석이라는 단어가 확장되어 극장을 지칭하게 된 것은 공연예술에서 관객의 중요성을 내재하고 있다고 봐야할 것이다. 한편 무대장치를 의미하는 '씬(scene)'은 '스케네(skene)'에서 비롯되었다. 건축역사학자 임석재는 그의 책 《극장의 역사》에서 그리스 극장의 형성을 무대 – 객석 – 무대 건물의 순서로 주장하고 있다.[10] 최초에 무대가 있었고 뒤이어 객석이 등장하지만 지금의 연극 또는 극장, 나아가 공연예술을 대표하는 단어는 여기서 비롯되었다.

그리스어 용어로 지금도 널리 사용되는 대표적인 사례로 '오케스트라'도 있다. 지금은 '관현악단'이라는 의미로 주로 사용되는 이 단어는 서구의 많은 극장에서 '객석 1층'에 해당되는 공간을 지칭하는 데도 널리 사용되고 있다. 오케스트라의 어원은 '춤추다'라는 뜻의 그리스어인 '오르케이스타이(orcheisthai)'다. 이 말이 오케스트라로 바뀌며 '무대'를 지칭했다. 그리스 시대의 극장에서 '춤추는 행위'가 이루어지는 공간을 가리키게 된 것이다. 이 말이 로마 시대와 르네상스 시대를 거치며 공연 중 연주단이 위치하는 공간으

10. 임석재, 극장의 역사 - 건축과 연극의 사회문화사, 이화여자대학교 출판문화원, 2018, 26-37쪽.

로 변형되었고 결국은 관현악단 자체를 가리키게 된 것이다.

아래의 그림은 16세기 이탈리아에서 발행한 건축서에 실린 폴라(이스트리아반도)의 대극장 도면이다. 16세기는 고대 로마 극장을 다룬 유일한 문건인 비트루비우스(Vitruvius)의 《건축 10서》(기원전 1세기 발행 추정)가 재발견된 시기다. 이 문건은 15세기 후반 새로 출판되었고 문건에 나온 내용대로 고대 로마 극장을 재현하는 데도 사용되었다. 이 도면을 그린 세바스티아노 세를리오

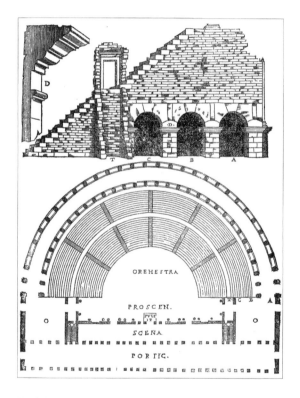

그림2 고대 극장 단면도
출처: 세바스티아노 세를리오(Sebastiano Serlio)의 폴라 대극장 도면, Tutte l'opere d'architettura, et prospetiua, 1584.

(Sebastiano Serlio)는 극장뿐 아니라 로마 시대 건축 전반에 빠져 있었던 것으로 알려져 있다.

극장 중에는 로마의 마르셀루스 극장, 로마 북부의 페렌티 (Ferentium) 극장과 함께 이스트리아 폴라 대극장에 대한 도면과 세부정보를 재구성해서 남겼다. 도면에는 오케스트라(Orchestra), 세나(Scena), 프로센(Proscen) 등이 표시되어 있다. 모두 의미가 조금씩 바뀌어 현재까지 사용되고 있는 용어들이다.

극장의 편익과 존재 이유

'극장은 왜 있는가'라는 질문에 대해 여러 가지 대답이 가능하다. 예술의 가치를 두고 논의가 뜨거운 것과 마찬가지다. 2019년 발간된 한 보고서는 예술의 가치(value)와 영향(impact)을 구분하며 국내외 연구를 정리해주고 있어 참고가 된다. 그에 따르면 "예술의 가치는 일종의 잠재태(潛在態)라면 예술의 영향은 잠재되어 있던 가치가 실질적으로 구현된 현재태(顯在態)"[11]라는 것이다. 필자 식으로 해석하면 가치는 추상적이며 영향은 계량적이다.

11. 양혜원 외, 예술의 가치와 영향 연구: 국내외 담론과 주요 연구결과 분석, 한국문화관광연구원, 2019, 11쪽.

예술의 가치는 외부편익이 큰 공공재로서의 예술을 전제로 하고 있다. 직접 소비로부터 편익이 발생하고 편익의 대가로 비용을 지불하는 것이 어렵다는 얘기다. 직접 소비하지 않는 사회나 국가에도 이익이 된다. 예술을 사회나 국가 등이 지원해야 하는 핵심 논리다. 그렇지만 예술의 가치를 주장하는 것만으로 공공 지원을 정당화하는 것은 쉬운 일이 아니다. 예술이라는 재화를 특별 취급하기 위해서는 외부편익의 크기가 분명해야 하기 때문이다. 영향은 이 부분을 커버한다.

극장도 홀로서기 어렵기는 마찬가지다. 극장은 장치 산업의 성격을 가지고 있어 상대적으로 초기 투입이 매우 크고 이를 회수하는 데는 오래 걸린다. 오래 걸릴뿐만 아니라 운영으로 수익은커녕 대부분 외부 재원의 지원이 계속되어야 한다. 먼저 공공 극장을 하나 짓기 위해서는 까다로운 검토와 심사를 거쳐야 한다. 이 과정에서 가장 중요한 것이 타당성조사다. 투입에 비해 얼마나 편익을 내는가 하는 것이다. 투입은 대체로 시간과 돈이다. 비교적 간단하다. 문제는 편익이다. 무엇을 편익으로 보느냐에 따라 달라진다. 일반적인 사회간접시설과 달리 예술 공간 등 예술 인프라의 경제성은 대체로 낮을 수밖에 없다.

우리나라 예비타당성조사는 몇 가지 필터를 거친다. 경제성 분석, 정책적 분석, 지역균형발전 분석 등을 거쳐 종합평가를 하는 방식이다. 경제성과 정책부합성, 지역균형 기여 등은 가중치를 두어 합쳐서 종합평가에 반영한다. 대체로 소위 B/C라고 부르는 경제성 분석은 40% 내외의 비중을 차지한다. 경제성 분석에서 경제적 가치는 사용가치와 비사용가치로 구분된다. 사용가치는 직접적으로 또는 간접적으로 극장을 이용하면서 얻는 편익을 말한다. 비사용가치는 선택가치, 존재가치, 유산가치 등을 따진다. 대체로 지불의사를 물어서 계량화하는 방법을 취한다. 선택가치는 현재 직접적으로 이용되지 않고 있어서 사용가치는 없지만 미래에 이용 가능성이 있는 경우 그 재화가 갖고 있는 가치를 말한다. 존재가치는 사람들이 해당 문화시설을 직접 이용하는 것에 대해 혹은 이로부터 직접적인 편익을 얻는 것에 대해 생각해본 적이 없다 하더라도, 단지 그것이 존

재한다는 것을 알고 있음으로써 발생하는 가치를 의미한다. 유산가
치란 미래세대를 위하여 공공재를 보존하는 것 자체가 가치를 갖는
다는 것을 의미한다.[12]

      '충분한 예술 가치'는 문화경제학과 예술경영
학 등 관련 논의의 핵심 전제다. 그만큼 주장도 많고 설

12. 위의 책, 93쪽.

명도 길다. 극장의 가치는 본질적 가치과 도구적 가치로 나눌 수 있
겠다. 도구적 가치는 다시 경제적 가치, 사회적 가치, 문화적 가치 등
으로 구분할 수 있다. 본질적 가치는 직접 극장을 방문하거나 관련
된 서비스를 향유하면서 공유된다. 예술이 갖는 본연의 기능에 기댄
다. 도구적 가치는 극장에 가거나 가지 않거나 모두 적용된다. 극장
이 존재하고 운영된다는 사실 자체로 발현되는 가치다. 외부편익의
많은 부분이 여기에 해당된다. 경제적 가치는 비교적 현대적 가치 해
석이다. 예술 자체가 예술 산업이기도 하다. 미래 산업으로 '창조 산
업'이 강조되고 제4차 산업혁명에도 문화예술의 역할이 일정한 자
리를 차지한다. 산업적 성격이 옅은 예술도 기초예술로서 산업 생태
계에서 중요한 역할을 한다. 지역 재생과 활성화에 예술이 이용되는
것은 흔한 일이다. 극장의 랜드마크적 속성은 관광 산업과 유관 산
업의 촉진제가 된다.

      사회적 가치는 보다 다양한 의미다. 사회적 통합의 기능은
물론 치유 등으로 기능한다. 21세기 들어 우리나라에서 예술교육이
점점 중요한 분야가 되고 있고 일반적으로 극장들이 예술교육 프로
그램을 운영한다. 사회 혁신의 원동력이 되는 창의력을 증진시키는
예술의 근거지가 극장이기도 하다. 문화적 가치는 사회의 가치체계
가 예술을 통해 발현된다고 보기 때문이다. 문화유산으로서의 가치,
자긍심의 원천이 되기도 한다.

극장이 이런 기능을 할 수 있는 것은 몇 가지 이유에서다. 첫째, 극장은 공연생태계에서 가장 혼잡한 교집합 장소이다. 공연작품이 최종적으로 만들어지고 동시에 향유가 이루어진다. 극장을 '공연예술의 꽃'이라고 부르는 것도 이 때문이다. 둘째, 극장의 다중이용시설로서의 특성이다. 공연을 만들고 보려고 모인 다수의 사람들이 공연을 중심으로 함께 호흡하는 시설이다. 일정한 기간 동안 몰입하게 만드는 라이브 퍼포먼스는 모두를 하나로 만든다. 공간에 같이 있다는 자체로 공감과 소속감을 공유하게 만든다. 셋째, 극장은 다른 시설과 다른 특별한 공간이다. 고대부터 현대에 이르기까지 극장은 귀한 재화인 공연, 연희가 이루어지는 공간이다. 극장에서 공연한다는 것은 드물거나 좋은 기회이고 극장에서 공연을 보는 것도 흔히 할 수 있는 경험이 아니다. 이러한 속성들은 다양한 극장의 존재 이유를 반영하며 발현한다. 예술가와 스태프에게는 삶의 현장이며 예술적 성취를 이루고자 하는 공간이고, 관객에게는 감동의 순간을 만끽하는 여가의 장이고, 어떤 사람에게는 비즈니스이며, 어떤 사람에게는 극장이 특정 목적을 달성하기 위한 좋은 도구가 된다. 스티븐 랭글리(Stephen Langley)는 이를 '돈', '명성', '재미', '특정 서비스'로 들었다.[13] 극장의 존재 이유 또는 동기는 어느 하나의 요소로만 작동하는 것은 드물고 복합적으로 섞여 있는 것이 보통이다. 그럼에도 특정한 요소를 각각 강조해서 6개 유형으로 나눠 보았다. 편의상 유형에 극장이라는 이름을 붙였지만 속성에 가깝다. 개별 극장은 여러 개의 유형에 걸쳐져 있는 것이 일반적일 것이다.

13. David M. Conte & Stephen Langley, Theatre Management, EntertainmentPro, 2007, 2-3쪽.

① 정치 극장

고대부터 현대에 이르기까지 대중에게 환심을 사거나 대중을 상대로 특정 이슈를 설득하는 데 극장이 활용된다, 로마의 콜로세움을 단순히 로마 시민의 유흥을 위해 건립했다고 믿는 사람은 없다. 콜로세움과 콜로세움에서 이루어진 이벤트들은 정권을 안정시키는 데 중요한 역할을 했다. 권력자나 정치인이 주목하는 극장의 특성이다. 전제적인 국가를 '극장국가'라고 부르는 것도 같은 맥락이다.

② 귀족 극장

극장의 관객이 누구인가는 그 사회에서 극장의 지위와 역할을 짐작하는 데 도움이 된다. 예술이 제의적 성격을 벗어나면서 극장은 규모가 작아지고 그만큼 관객은 제한되었다. 관객이 제한되면 대상은 부유한 계층이기 쉽다. 시간과 돈에서 자유로운 계층이 극장에 가기 좋기 때문이다. 동서양을 막론하고 왕실과 귀족들은 대형 이벤트의 주최자이거나 중요 관객이었다. 이들 특권 계급에게는 극장도 지위를 드러내는 특별한 공간이다. 현대에도 소수의 관객이 공연예술과 극장을 독점한다는 이슈가 있다.

③ 엔터테인먼트 극장

예술이 제의적 성격을 벗어나면서 극장이 흥행의 공간이 되는 것도 자연스러운 한 방향이다. 극장에 오는 관객이 만족스러워하고 주머니를 열어야 생존 가능한 극장은 그렇게 운영되는 것이다. 특권층이 주최하거나 후원하는 프로그램과 일반 시민이 찾는 이벤트는 같은 사회에 동시에 공존하는 것이 보통이다. 동서양을 막론하고 그렇다. 엔터테인먼트 극장의 프로그램은 소수의 지불자 대신 다수의 지불자를 대상으로 한다. '지불이 있는 곳에 서비스가 있다'는 점을 감안하면 극장은 더 크고 짜릿한 감동과 재미를 주기 위해 노력한다. 극장이 퇴폐와 유흥의 본거지가 되는 경우도 많다. 이탈리아의 라 스칼라는 한동안 로비에 상시로 카지노를 운영했다고 한다.

④ 교육 극장

극장을 '사회의 학교'라고 부르는 것은 극장이 갖는 사회교육적 측면을 강조한 것이다. 극장에 가는 것이 공연을 통해 뭔가를 배우고 깨닫는 행위라는 것이다. 말 그대로 교육을 전면에 내세우기도 한다. 21세기 들어 우리나라 문화정책에서 나날이 확대되고 있는 부문 중의 하나가 예술교육이다. 삶의 질을 높이고 시민 학습의 성과를 올리는 데 예술이 적극 개입하게 된 것이다. 우리나라의 극장 프로그램 중에는 유독 어린이용 콘텐츠가 많고 교육적 속성을 강조한 콘텐츠가 많다. 많은 극장이 아카데미 프로그램을 운영하는 것도 같은 맥락으로 이해한다.

⑤ 사회 극장

극장이 만남의 장소이자 사회 구성원으로서의 소속감을 증진시키는 역할을 하는 경우가 적지 않다. '커뮤니티 씨어터'라고 부르는 공연예술과 그 공간이 점차 확대되고 있다. 이런 극장은 특별한 날에 특별히 방문하는 곳이 아니다. 공연을 소비할 뿐 아니라 직접 참여하기도 한다. 사회적 교류의 거점 노릇을 하는 극장이다.

⑥ 어메니티 극장

극장이 주민의 주거환경에 긍정적인 영향을 미치는 어메니티로 작동하기도 한다. 사회에 따라서 공연예술 공간이나 극장, 영화관을 유흥업소나 유해업소로 간주하기도 한다. 예술의 가치에 대한 수용이 적극적인 사회에서 극장은 공원이나 랜드마크와 같은 매력적인 시설로 인식된다. 극장 자체가 지역의 랜드마크가 되기도 한다.

2 서양 극장의 역사

우리나라 학교와 현장에서 다루는 대부분의 공연예술은 상당 부분 서구 문명의 전통에 빚지고 있다. 근대적 장르론에 의해 구분하고 실행되는 다양한 장르가 대부분 그렇다. 우리 전통예술에 기반한 일부 장르를 제외하면 장르의 뿌리는 서구로 보는 것이 보통이다. 극장도 마찬가지다. 씨어터라는 단어가 기원한 고대 그리스 문명으로부터 시작하여 로마, 르네상스 그리고 근대에 이르는 서양 문명의 흐름이 극장의 개념과 줄거리를 차지한다. 연극의 시작을 고대 그리스 시대로, 극장의 원형을 고대 그리스 극장으로 거슬러 올라가는 것은 자연스러워 보인다.

서양의 공연 및 연극 전통이 현대 공연예술에서 주류의 자리를 차지하는 것에 대해서는 여러 가지로 설명이 가능할 것이다. 무엇보다 유럽과 미국의 문명 패권이 먼저 떠오른다. 20세기 들어 본격화된 서양 문화의 패권은 전 세계적으로 근대화 또는 현대화라고 불리며 현재까지도 공고함을 유지하고 있다. 서구 이외 지역에서 근대화 또는 현대화라고 부르는 변화는 서구화와 밀접하게 관련되어 있다. 제도와 학문, 예술, 교육, 종교 등에서 서구 이외의 지역은 서구의 문명을 받아들였다. 세계질서의 기본 바탕이 이를 중심으로 편성되었다.

오스카 브로켓은 좀 다르게 설명한다.[14] 세계를 보는 관점에 차이가 있다는 것이다. 서구 사상에서 세계는 인간의 관점에서 주로 파악되는, 신과 인간의 이분법적 체계라는 것이다. 이에 비해 동양 사상의 지배적 흐름은 이를 인정하지 않는다. 오히려 세속의 한

14. 오스카 G. 브로켓, 프랭클린 J. 힐디 (전준택, 홍창수 옮김), 연극의 역사, 연극과 인간, 2005, 26-27쪽.

계를 초월하여 인간은 신과 일체가 되려 한다는 것이다. 이를 브로 켓은 '정적 사회'와 '동적 사회'로 설명하고 있다. 모든 사회에서 어떤 힘은 현상을 유지하려 하고 다른 힘은 변화를 추진한다는 것이다. 그에 따르면 서구는 변화와 진보가 두드러지고 동양은 전통과 정체에 초점이 맞춰졌다. 물론 비서구는 근대화, 서구화 이전을 말하는 것이다. 근대화 이후에는 빠르게 수렴해가고 있기 때문이다. 이때 중심이 되는 것은 서구 문명이다.

위의 두 가지 주요한 설명은 보완적으로 작동한다. 영향력과 패권을 쥔 문명이 표준을 만들고 주도권을 잡는 것은 자연스러운 일이다. 뒤의 분석은 이를 내용적으로 설명해보려는 시도로 보인다. 우리나라를 비롯해서 일본과 중국의 예를 보면 대충 위의 설명이 맞아떨어진다. 일본의 근대 극장은 메이지유신과 함께 한다. 메이지유신은 서구 문명을 받아들여 서구적 제도로 변화를 꾀한 움직임이었다. 중국에 근대적 극장이 들어선 것도 20세기 들어서다. 우리나라도 비슷하다.

결과론이기는 하지만 남아 있는 극장의 다수가 서구의 극장들이다. 전용 하드웨어로 기능했던 극장이 아직 남아 있는 것은 그 속성 때문이기도 했지만 서구 문명이 지구의 패권을 쥐었기 때문에 가능했을 것이다. 근대적 장르론 등과 같은 개념도 서구 문명의 산물이고 작용이다. 우리나라 국악 등 전통예술을 분류하는 데 어려움을 겪는 것은 기본 패러다임이 다르기 때문이다. 우리의 전통과 근대화 과정에서 이식된 문화와의 차이는 여전히 존재한다.

이 책에서 다루는 극장도 같은 맥락으로 다룬다. 우리나라를 비롯한 일본, 중국의 상황이 일부 인용되거나 다루어지겠지만 중심축은 서양 문명의 일부로서의 극장이다. 그것이 우리 현실이라고 보기 때문이다. 언어는 존재의 집이라고 한다. 단어 하나하나가 생각과 이념의 체제 구축 위에서 나오는 것이다. 우리가 씨어터(theatre)에서 비롯된 극장이라는 단어를 쓰는 것은 서구 문명의 유입으로 이루어진 근대화의 체제 위에서이다. 그 위에서 공연예술, 연극의 뿌리는 고대 그리스이며, 우리 극장 또한 고대 그리스의 반원형 극장에서 원형을 찾는 서양극장사의 연장선상에 있음을 부인할 수 없다는 것이다.

고대 그리스 시대: 헬레니즘 이전까지

다른 문명과 마찬가지로 고대 그리스 시대 초기에서는 영구적인 공연 공간이 발견되지 않는다. 기원전 약 2000년으로 추정되는 미노아 유적에서 공연 장소로 보이는 유적이나 기원전 1300년경으로 추정되는 크노소스의 공연 장소도 있다. 그러나 대부분 오래되어 제대로 남아 있지 않고, 다른 용도(특히 종교적 의식이나 축제)로 사용되는 공간을 공유하거나 공연을 위해 임시로 구조물을 만들었을 것이라는 해석이 우세하다. 다른 문명과 마찬가지로 종교의식이 연극 또는 공연예술의 모태였기 때문이다. 적어도 기원전 6세기 이전에는 그렇다.

　　아테네에 있는 디오니소스 극장이 중요한 것은 이 때문이다. 다신교였던 그리스에서도 공연예술과 관련된 신은 디오니소스다. 주신이며 풍요와 향연의 신인 디오니소스를 경배하는 축제를 서양 공연예술의 기원으로 삼는 것이 보통이다. 공연을 주된 목적으로 하는 공간으로서의 극장 중에 남아 있는 가장 오래된 극장으로 디오니소스 극장을 든다.

물론 이 극장이 고정형 극장으로 최초였다는 보장은 없다. 그럼에도 불구하고 이 극장이 주목받는 것은 세 가지 이유에서다. 첫째는 당시 중요한 연례 예술 이벤트라고 할 수 있는 디오니소스 축제가 여기서 주로 이루어졌기 때문이다. 이 축제를 주관한 곳은 국가였고 철저한 경연방식이었다고 한다. 둘째는 디오니소스 축제 등을 통해 동시대 작가의 작품이 공연되었고 그것들이 지금까지 이어져온다는 사실이다. 소포클레스, 에스킬로스, 유리피데스, 아리스토파네스 등의 작품들은 지금도 그대로 또는 변형되어 공연되고 있다. 세 번째는 이 시기와 그 이전 시기에는 바로 다음에 오는 헬레니즘 시대에 비해 남아 있는 극장이 거의 없기 때문이다. 남아 있는 극장이라도 어느 정도 원형이 확보되어 있는지 확실하지 않다. 디오니소스 극장도 구조물의 대부분이 후대에 개·증축된 상태다.

이 시기의 극장은 야외 원형 극장이며 공연 조명은 햇빛에 의존했다. 자연광을 필요로 했기 때문에 햇빛이 있는 시간대만 공연이 가능했을 것이다. 규모는 1만 5천 명에서 1만 7천 명 정도를 수용했을 것으로 추정한다. 이렇게 대규모 객석이 필요했던 것에서 당시 주민들에게 극장에 가는 행위가 특수 계층의 특별한 취향에 따른 활동은 아니었을 것으로 추정할 수 있다. 고대 그리스는 도시 국가이며 중심 도시였던 아테네만 해도 20만 명에서 30만 명 사이로 추산된다. 각 도시가 독립적이었기 때문에 극장은 도시에 사는 시민들을 위한 것이었다. 인구의 10분의 1에 해당하는 시민이 한꺼번에 한 장소에 모인다는 것은 단순한 여흥이나 선택활동으로 보기는 어려운 일이다. 범종교적 행위거나 시민의 의무에 준하는 활동일 가능성이 크다. 이 정도 규모의 관객을 대상으로 하는 공연은 매우 양식

적이었을 것으로 추정한다. 그것으로 부족한 음향과 시각적인 문제
는 기술적으로 커버하였다. 대규모 관객을 대상으로 한 고대 극장의
음향조건은 지금도 놀라운 수준이었다.

이 시기 극장은 크게 세 부분으로 이루어졌다. 관객을 위
한 공간인 테아트론, 연기공간인 오케스트라, 무대 구조물인 스케네
등이다. 이 중 객석과 무대 구조물은 언제나 별개의 건축 단위였다.
그림3에 표시된 파라도스(parados) 또는 파라도이(paradoi)라는
경계 또는 통로를 사이에 두고 있었다. 이 시대의 극장은 대부분 자
연지형을 이용해서 조성되었는데 객석을 만드는 데는 지형조건이 중
요했다. 대부분 경사진 객석을 구릉에 배치하여 평평한 바닥과 무대
를 바라보게 하였기 때문이다. 자연지형의 이용은 단순히 극장의 객
석과 무대 공간의 배치에 그치지 않고 극장 너머의 정경들이 무대의
연장선상으로 이용되었을 것으로 보인다.

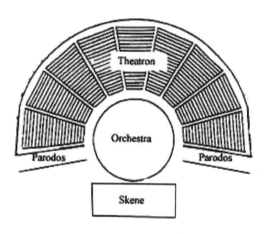

그림3 고대 그리스 극장의 일반적인 구성

디오니소스 극장

디오니소스(Dionysos) 극장은 아테네의 아크로폴리스에 있는 두 개의 공연 공간 중 하나다. 아크로폴리스는 도시 국가인 아테네의 중심 역할을 하는 언덕이다. 파르테논 신전을 중심으로 조성된 정신적, 종교적 콤플렉스(complex)다. 디오니소스 극장은 아크로폴리스의 남쪽 구릉 부분에 기대어 조성되어 있다. 남아 있는 고대 그리스 극장으로는 비교적 실체가 잘 보존된 것으로 평가된다. 물론 지금 보이는 극장은 대부분 로마 시대 등 이후에 새로 고친 것이다. 예를 들어 객석은 구릉 경사면에 관객이 서서 보는 형태에서 목재로 된 객석을 거쳐 석조 객석으로 변화했다. 경사도나 규모 등에서도 추정과 짐작이 차지하는 비중이 크다.

디오니소스 극장이 유명했던 것은 이 극장에서 개최된 정기적인 축제 때문이다. 고대 그리스의 중심도시였던 아테네는 문화 예술의 측면에서도 그랬던 것으로 추정된다. 디오니소스를 찬양하는 연중 네 번의 정기적인 축제가 디오니소스 극장을 중심으로 개최되었다. 그중에서도 주목을 받는 것은 경연대회. 해마다 정해진 수의 작가들이 경쟁했는데 희곡의 선택부터 진행에 이르기까지 흥미롭다. 매년 축제가 끝나면 약 한 달 후에 다음 축제에 공연할 작품이 선택되었다. 상당한 준비 기간이 주어진 셈이다. 공연 제작에 필요한 비용은 국가(도시국가인 아테네 등)가 모두 부담하지는 않은 것 같다. 제작자에 해당하는 부유한 시민이 비용의 상당 부분을 책임진 것으로 추정한다.

고대 그리스 시대 극장 관객에 제한은 없었던 것으로 보인다. 하지만 인구의 상당수를 차지한 노예와 외국인들까지 관람할 수 있었는지, 특히 여성의 자유로운 관람이 있었는지는 확실하지 않다. 신분과 속성에 따라 자리를 구분한 것은 분명하다. 입장권 제도도 있었는데 4세기 후반에는 국가가 판매를 전담해 좌석 모두에 동등한 입장료를 부과했다고 한다.

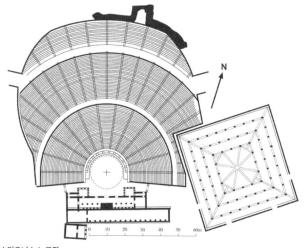

그림4 디오니소스 극장
출처: Thomas G. Hines, The Ancient Theatre Archive, Whitman College, 2003

그림5 디오니소스 극장 © 이승엽, 2018

헬레니즘 시대

고대 그리스 시대의 뒤를 이은 그리스 헬레니즘 시대는 기원전 336
년 알렉산더 대왕의 통치로부터 로마에 의해 그리스가 정복당한 기
원전 146년까지를 일컫는다. 이 시기는 서양 공연예술사에서 그 어
떤 시기보다 중요하다. 연극이 꽃을 피운 것은 물론 그리스 전역에
영구 극장들이 건축되었기 때문이다.

그림6 헬레니즘 시대의 고대 그리스 극장 분포
출처: Kenneth Macgowan and William Melnitz, The Living Stage: A history of the World Theatre,
Prentice-Hall, Inc., 1955, 37쪽.

그림6은 헬레니즘 시대의 극장 분포도다. 40여 개의 극장
이 표시되어 있지만 더 많은 극장이 있었을 것으로 추정된다. 극장의
분포는 그리스 반도뿐 아니라 시실리, 소아시아 지역 등
에서도 발견된다. 심지어 이집트 알렉산드리아에까지 분
포해 있다. 이들 중에 보존상태가 매우 좋으며 아직도
공연을 하고 있는 에피다우루스 극장을 비롯해서 시라
쿠사, 델파이, 페르가몬, 프리에네 등에 있는 극장들이
잘 알려져 있다. 뒤의 두 극장은 지금 터키 영토에 속한 소아시아에
있는 극장들이다.[15]

15. 오스카 브로켓은 대다수가
헬레니즘 극장인 그리스 극장의
수를 167개로 쓰고 있다. 기록
과 유적의 차이로 보인다.
오스카 G. 브로켓, 프랭클린 J.
힐디 (전준택, 홍창수 옮김), 연
극의 역사, 연극과 인간, 2005,
86쪽.

그림7 고대 그리스의 주요 영토 (500 BCE) © The Map Archive

　　그림8은 초기 헬레니즘 시대의 전형적인 극장 구조를 이미지화한 것이다. 헬레니즘 시대 극장의 가장 큰 변화는 무대가 높아졌다는 점이다. 스케네라 부르는 무대장치가 전면에 등장했다. 테아트론이 객석이라는 의미에서 극장 전체를 말하는 것으로 변형되었듯이 스케네도 무대장치(scene)를 의미하는 말로 진화하였다. 공연을 위한 배경으로 등장한 것이다. 이와 동시에 무대 공간이 오케스트라보다 훨씬 높이 올라갔다. 헬레니즘 시대에 많은 극장이 만들어지면서 위치와 규모 등에서 유연해졌다. 객석 규모가 3천 석에서 2만 5천 석까지 다양해졌고 석조 건축물로 지어져 수명이 항구적이다.

헬레니즘 시대에 극장 인프라는 획기적으로 발전했지만 지금까지 알려진 작품은 거의 없다. 그 이유를 연극학자들은 이 시기에 유행한 '신희극'에서 찾는다. 신희극은 세속화된 희랍극 정도로 이해하면 되겠다. 텍스트와 함께 연기와 시각적 효과가 중시되었다. 디오니소스 축제와 같은 관제 축제뿐 아니라 다양한 축제가 벌어졌다.

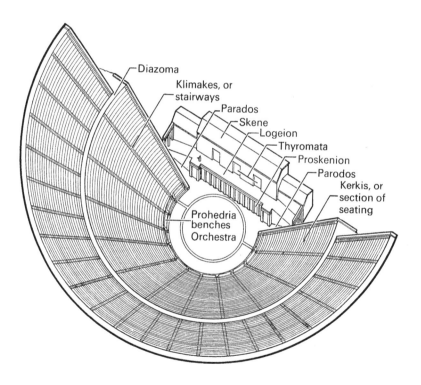

그림8 초기 헬레니즘 시대의 극장 © Methuen, 1984

에피다우루스 극장

에피다우루스(Epidaurus) 극장은 기원전 4세기에 지어진 야외 극장이다. 극장이 있는 도시인 에피다우루스는 당시 의술의 신인 아스클레피오스의 신전을 중심으로 조성된 성소였다. 이 때문에 환자를 비롯한 순례자가 모이게 되고 여러 시설들이 만들어졌다. 신전은 물론 체육관이나 병원, 공중 목욕탕, 온천 등과 거주지가 조성되었다. 성소의 끝부분에 구릉을 배경으로 야외 극장이 조성되어 있다. 에피다우루스는 아테네처럼 안정된 인구수를 가진 큰 규모의 도시들과 달리 도시 전체가 거대한 의료 시설이었다고 보는 것이 합리적이다. 그런 곳에 아테네의 대표적인 극장과 비슷한 규모의 극장이 만들어진 것이다. 에피다우루스 극장은 헬레니즘 시대의 극장 중 그

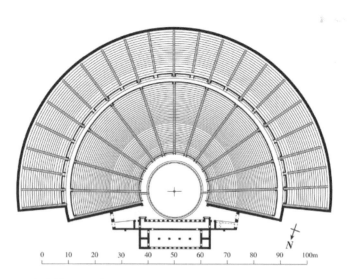

그림9 에피다우루스 극장
출처: Thomas G. Hines, The Ancient Theatre Archive, Whitman College, 2003

원형을 가장 잘 보여주고 있고 지금까지도 공연과 축제가 이루어지고 있다.

　　에피다우루스는 헬레니즘 시대의 초기에 만들어진 극장이다. 19세기에 복원된 지금의 극장은 간결하면서도 완벽한 균형을 보여주는 사례다. 수용 인원은 1만 2천 명에서 1만 4천 명 정도였던 것으로 추정한다. 당시 에피다우루스가 치료를 주목적으로 하는 도시라는 점에서 이토록 큰 규모의 극장에서 공연을 보는 행위도 치유의 일환이었을 것으로 추정한다. 어떤 공연이 이루어졌는지는 정확하게 밝혀진 바 없다.

　　에피다우루스 극장은 뛰어난 음향 조건을 갖춘 고대 극장

그림10 에피다우루스 극장 © Ronny Siegel, 2013

으로 잘 알려져 있다. 지금도 육성으로 모든 객석을 감당할 정도의
명료한 전달력을 보여주고 있다. 원형무대, 즉 오케스트라는 직경이
24.65m에 달하는 대규모 극장임에도 불구하고 변함없는 음향 조건
을 자랑한다. 지금도 여름마다 공연축제를 개최하는 것도 완벽하게
복원된 고대 극장의 탄탄함 덕이다.

델포이 극장

델포이(Delphi)도 성소에 해당한다. 성소 중에서도 성소다. 아테네
에서 120km 떨어진 도시 델포이는 아폴로 신전이 있던 곳이다. 많
은 신화와 작품에 등장하는 신탁이 이루어지는 곳이었다. 신화와

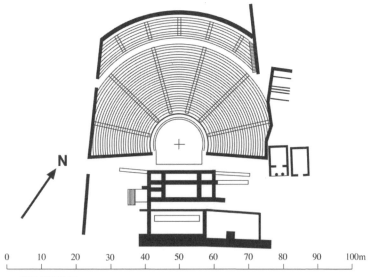

그림11 델포이 극장
출처: Thomas G. Hines, The Ancient Theatre Archive, Whitman College, 2003

그림12 델포이 극장 © 이승엽, 2018

역사의 경계에 있는 도시라고 하는 게 맞겠다. 델포이가 번성했던 시절에는 아테네보다 훨씬 중요한 곳이었다고 한다. 아폴로 신전에 있는 '옴팔로스'는 지구의 배꼽이라는 뜻인데 세상의 중심임을 표시한다는 것이다.

　　　신전의 위쪽에 델포이 극장이 있다. 기원전 4세기에 건설된 것으로 알려진 이 극장은 4천여 석의 객석 규모로 그렇게 큰 편은 아니다. 극장 위에는 세로로 긴 스타디움이 있다. 성소의 구성이 신전과 극장, 운동장 등으로 이어진 드문 조합이다. 올림픽 성화의 기원을 아폴로 신전으로 보는 것은 올림픽의 기원을 그리스, 특히 델포이로 거슬러 올라갔기 때문일 것이다. 고대 그리스에서는 스포츠와 예술을 구분하지 않았다. 이를 전제로 20세기말 예술과 스포츠를 아우르던 그리스의 델픽 게임(Delphic Games)을 복원하려는 움직임이 있었다.

시라쿠사 극장

시실리의 시라쿠사(Siracusa)에 있는 고대 극장은 기원전 5세기에 만들어지고 3세기에 지금의 모양을 갖춘 것으로 추정되는 고대 그리스 극장이다. 고대 그리스 이주민들이 시라쿠사라는 도시 국가를 만들었고 그 흔적으로 극장도 남겼다. 시실리에만 카타니아, 타오르미나 등 고대 그리스 극장으로 추정되는 극장이 너댓 개 있다.

그림13 시라쿠사 극장 © 이승엽, 2019

고대 그리스 극장의 전형답게 객석은 완만한 구릉의 한 경사면에 기대고 있다. 시라쿠사 고대 극장은 시라쿠사의 고고학 공원 지역 안에 있다. 이 지역에는 여러 종류의 고고학적인 유적이 모여 있다. 그렇지만 아테네나 델포이, 에피다우루스와는 달리 시라쿠사는 성소로 기능했던 것으로 보이진 않는다. 다른 고대 그리스 극장과 같이 주변 자연을 활용하는 극장으로 바다를 향해 무대가 확장되도록 되어 있다. 극장 무대뿐만 아니라 극장을 둘러싸고 있거나 연장선상에 있는 자연 또는 우주와 관객이 이어지는 것이다. 그리스 극장의 무대가 상대적으로 낮은 것도 그 장치의 하나로 보인다. 시라쿠사 극장의 경우 관객석에서 바다로 이어지는 시각선이 무대에 의해 방해받지 않도록 계획되었을 것으로 보인다. 객석은 구릉의 경사면에 있는 자연석을 활용한 것으로 보인다. 완만한 객석 때문에 객석이 좌우로 넓어져 있다.

로마 시대

로마 시대에 만든 극장은 그 이전보다 훨씬 많다. 그림14는 남아 있는 125개의 극장을 지도에 표시한 것이다. 런던부터 북아프리카까지, 리스본에서 바빌론까지 광범위하게 분포해 있다. 실제 극장의 수는 이보다 훨씬 많았을 것으로 추정한다.[16] 그래도 유럽의 웬만한 지역에서는 여전히 로마 극장이 지역이나 도시의 랜드마크로 남아 있다. 로마 제국의 크기가 그리스 시대보다 넓고 광활했기도 했지만 극장의 기능과 속성이 바뀐 덕분이다.

초기 로마 극장은 그리스 극장의 연장에 있었다. 그레코 로망 스타일이라는 말이 자연스러운 사례가 심심찮다. 로마와 그리스는 시기적으로 겹친다. 로마가 공화정을 세운 기원전 509년부터 팽창하기 시작한 기원전 4세기부터 2세기까지는 그리스가 예술적으로 왕성했던 시기다. 로마 공화정에서 제국에 이르기까지 로마는 그리스 등 문명을 적극적으로 받아들였다. 로마 시대의 극장예술에 가장 중요한 영향을 미친 것이 그리스 예술이었고 이는 극장에서도 마찬가지다. 에드윈 윌슨과 앨빈 골드파브는 기원전 55년까지 로마인들은 그리스의 원형 극장을 개조해서 사용했을 뿐 새로운 항구적인 전용 극장을 짓지 않았다고 주장한다.[17]

에드윈 윌슨과 앨빈 골드파브가 이렇게 자신 있게 주장하는 것은 유력한 근거가 있기 때문이다. 로마 시대의 극장 건축 구조는 이전 시대보다 구체적으로 잘 알려져 있었다. 이것은 기원전 1세기 사람인 마르쿠스 비트루비우스라는 건축가가 남긴 그의 저서

16. 오스카 브로켓 등은 고전 극장의 수를 790개라고 하고 있다. 1990년대 초에 이루어진 조사에 의한 것이다. 그중 로마 극장은 311개, 분류되지 않은 극장들(이중 대다수가 거의 확실히 로마 극장) 123개, 그레코 로망 극장 16개, 갤로 로망 극장 89개 등이다. 오데아(odea)도 62개였다. 오스카 G. 브로켓, 프랭클린 J. 힐디 (전준택, 홍창수 옮김), 연극의 역사, 연극과 인간, 2005, 113-114쪽.
17. 에드윈 윌슨 외 (김동욱 옮김), 세계연극사, 에이취에스메디아, 2010, 91쪽.

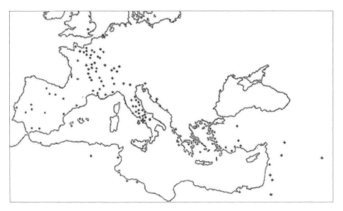

그림14 로마 시대 극장 분포
출처: Kenneth Macgowan and William Melnitz, **The Living Stage: A history of the World Theatre**, Prentice-Hall, Inc., 1955, 41쪽.

그림15 2세기경 로마 영토 © The Map Archive

《건축서(De Architectura)》[18] 덕분이다. 10권으로 된 책의 제5서는 회랑과 감옥, 극장, 욕장 등 공공건물을 다루고 있는데 3장부터 8장까지가 극장에 대한 서술이다. 9장도 무대 뒤편의 열주랑과 유보랑(Colonnade and Walks)을 다루고 있어

18. '건축 10서'라는 이름으로 알려져 있다.

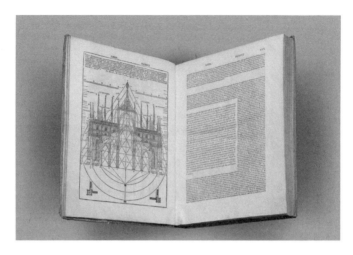

그림16 세자르 세자리아노(Cesare Cesariano) 건축 10서 해설본, 1521.
소장: 메트로폴리탄 미술관(The Metropolitan Museum of Art)

관련이 있다고 할 수 있다. 이 책의 저술 시기가 기원전 33년부터 22
년 사이이므로 그 이전의 상황, 특히 헬레니즘 시대 극장에 근거한
서술은 근거가 있는 얘기다.

　　　로마 시대의 극장은 자료에 의해 확인 가능하다는 점에서
없어진 사례를 포함해서 팩트에 가깝다. 그중의 하나가 기원전 55
년에 만들어졌다는 폼피 극장이다. 이 극장은 로마의 첫 영구 극장
이다. 이 이전의 로마는 그리스 극장과 가설 극장이 병존한 시기였
다. 1천 개의 로마 제국의 도시는 영구적이건 가설이건 대부분 극장
을 가지고 있었다. 폼피 극장 이후 발부스 극장(기원전 13년), 마르셀
루스 극장(기원전 11년) 등이 기원전에 만들어진 로마 극장들이다.
이들 극장은 약 1만 7,500석(폼피 극장), 약 8천 석(발부스 극장), 약
1만 4천 석(마르셀루스 극장) 등으로 전성기 로마 시대에 지어진 극
장의 규모로 볼 때 그렇게 크지 않았다.

많은 수의 극장이 만들어졌지만 로마 시대의 영구 극장들은 상당한 통일성을 가진 것으로 평가받는다. 공통점은 평지에 건립되었다는 점에서 비롯된다. 이것은 여러 가지를 시사한다. 첫째, 평지에 건립한다는 것은 극장이 도시에 건립될 가능성이 크다는 점으로 이어진다. 그리스 시대 성소가 있는 언덕이나 산기슭에서 벗어나 도시로 들어온 것이다. 둘째, 평지에 건립한다는 것은 극장 건축에 있어서 큰 부담이 된다. 그동안 구릉의 경사면을 자연스럽게 이용하여 객석을 조성하던 것이 이제는 객석을 포함하여 시설 전체를 건축해야하기 때문이다. 극장이라는 공간이 하나의 건축물 세트인 것이다. 셋째, 이에 따라 평지에 건립된 극장은 시민들의 기호에 맞는 대중극장의 가능성이 그만큼 높아진다. 이에 따라 극장의 구조도 혁신적으로 개선되었다. 사실적이고 호화로운 무대배경이 등장했다. 심지어 관객의 편의를 위해 차양을 드리우는 장치를 도입했다.

전형적인 로마 극장 이외에 널리 발견되는 로마 시대의 건축 구조물로 원형 극장과 원형 경기장이 있다. 특히 콜로세움으로 대표되는 원형 극장은 5만 명 내외를 수용할 수 있는 매머드 이벤트 공간이었다. 콜로세움에서 이루어진 이벤트가 검투사 시합뿐 아니라 모의 해전 등 다양한 스펙터클이었다는 점에서 넓은 의미에서의 극장으로 봐야할 것이다. 특히 콜로세움은 무대 아래 공간을 비롯하여 과감하고 효율적인 극장 기능성을 시도했다. 콜로세움은 그 상징성에도 불구하고 로마 시대의 극장의 전형과는 거리가 있다.

마르셀루스 극장

마루셀루스(Marcellus) 극장은 로마에서 세 번째로 지어진 고대 로마 극장으로 알려져 있다. 그중에 일부나마 남아 있는 것은 마르셀루스 극장이다. 줄리어스 시저에 의해 계획되어 아우구스투스에 의해 기원전 13년에 완성되었다. 아우구스투스의 조카인 마르쿠스 클로디우스 마르셀루스(Marcus Claudius Marcellus)의 이름을 땄다. 카피톨(Capitoline) 언덕 서쪽에 위치한 이 극장은 이전 시대의 극장 터 위에 새로 지은 것으로 기원후 1세기경 로마 황제인 베스파시아누스에 의해 재건되기도 했다.

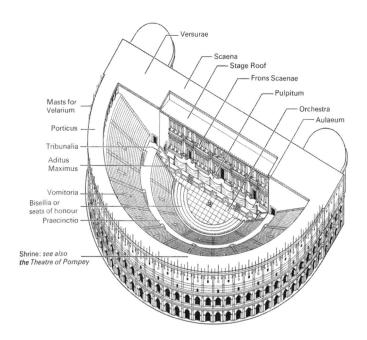

그림17 마르셀루스 극장(13-11 BC) 추정 단면도 © Methuen, 1984

약 11,000명에서 40,000명까지 수용할 수 있었던 것으로 알려진 마르셀루스 극장은 고대 로마 극장 중 가장 규모가 크고 중요한 극장이기도 하다. 파사드에 활용된 고대 그리스 양식인 도리스, 이오니아, 코린트 양식과 벽돌을 사용한 오픈형 원형 극장 구조는 로마 제국 내에서 가장 기본적인 극장 양식으로 여겨지면서 이후 등장하는 콜로세움 등의 극장 건축물에 큰 영향을 끼쳤다.

마르셀루스 극장에서의 첫 공연은 극장이 완성되기 전인 기원전 17년에 열린 백년제(Secular Game)인 것으로 알려진다. 건강과 장수를 빌고 로마의 부흥을 기리는 일종의 종교적인 이 축제에는 짐승을 바치는 희생 의식과 각종 공연 등이 3일 밤낮으로 펼쳐졌다. 기원전 3세기경부터 시작되어 맥이 끊겼던 것을 로마 제국에 이르러 처음으로 아우구스투스가 마르셀루스 극장에서 부활시켰다.

극장의 전성기 시절엔 연극, 음악 공연, 시 암송 등의 각종 문화 공연이 주로 행해졌으나 후에 콜로세움 등에서 펼쳐지는 서커스, 글래디에이터 게임 등의 인기가 높아지자 기원후 4세기경에는 극장의 일부가 헐려 다른 건축물에 쓰여질 정도로 버려진 극장이 되었다. 그 후 중세 시대에 걸쳐 요새 등으로 쓰이던 것을 16세기와 18세기에 걸쳐 복원과 재건축 등이 진행되어 현재의 모습으로 남았다.

콜로세움

콜로세움(Colosseum)은 전형적인 고대 로마 극장과는 다른 대규모 집회시설이다. 로마 시대의 극장의 전형이 무대와 객석으로 구분한 것과 달리 콜로세움은 완전한 원형 극장식 스타디움이다. 지금도

그림18 콜로세움 © Dennis Jarvis, 2010

그림19 콜로세움 © 이승엽, 2019

이탈리아와 로마를 상징하는 랜드마크인 콜로세움은 로마 제정 시대에 극장이나 집회시설을 보는 권력자와 사회의 시선이 담겨 있다.

로마 제국 시절 베스파시누스에 의해 계획되고 티투스 황제 시절 완성된 이 원형 극장은 당시 지어진 극장 중 가장 큰 규모를 자랑하며 약 5만 명까지 수용이 가능했다. 로마 제국으로서는 국가적 사업이었던 셈이다. 콜로세움이 세워진 자리는 전대 황제였던 네로가 개인 궁전을 지었던 곳이었다. 이곳에 시민들을 위한 시설을 세운 것도 상징적이다. 대형 건립사업에 드는 막대한 비용은 로마 제국의 원정에서 획득한 전리품으로 충당했다고 알려져 있다.

티투스 황제는 콜로세움을 통치에 적극 활용한 것으로 보인다. 대형 모의 해전을 비롯한 대형 엔터테인먼트 쇼는 물론 검투사 경기 등 다양한 대형 이벤트가 등장했다. 자극적인 내용과 형식이 대규모 관객과 만났다. 특별한 계급이나 상황을 제외하면 대체로 콜로세움의 입장료는 무료였다. 빵과 포도주도 공짜로 나눠주었다. 흥미진진한 스펙터클과 먹고 마실 것은 로마 시민들에게 주는 통치자의 선물이었다. 안정적이고 전제적인 정권 기반이 없었던 로마 제국은 시민들과 귀족들을 무시할 수 없었다.

콜로세움은 규모와 설비, 건축 양식, 본격적인 이벤트 등으로 같은 시기에 지어진 건축물 중 가장 유명하다. 그러나 마르셀루스 극장이 로마 극장의 원형 역할을 한 것과 비교하면 콜로세움을 본뜬 비슷한 형태는 널리 퍼지지 않았다.

콜로세움에서는 기존의 아레나 극장에서 펼쳐지던 글래디에이터 게임, 짐승들을 활용한 쇼뿐만 아니라 다양한 대형 이벤트들이 새로 등장하기도 했다, 나우마키아(Naumachiae)라고 불리는 대형 모의 해전이나, 배우의 죽음이 수반되는 고대 그리스극이나 신화로 위장한 사형식이 공연 형태로 펼쳐지기도 했다. 예를 들어 헤라클레스의 경우 범죄자에게 옷을 입히고 연기를 강제한 뒤 클라이막스에서 화형을 시키는 등의 행위 또한 성행하였다.

극장 주변에는 군사 기지와 병원, 사원 등이 같이 있어서 고대 로마의 중심부 역할을 했다. 기존의 고대 극장과 달리 로마 극장의 달라진 면이다. 도시 외곽이나 산등성이에 조성하여 주변 경관을 극장으로 끌어들였던 그리스 고대 극장이 로마 시대에는 인구가 밀집한 대도시의 중심부로 진입한 것이다. 콜로세움 프로젝트를 주도한 왕이나 왕족은 물론 관객의 다수를 차지하는 로마 시민에게도 콜로세움을 포함한 공공 공간은 다른 의미를 가진다. 제의적 성격에서 벗어나 자극적인 볼거리를 앞에 두고 많은 대중이 함께 호흡하는 드문 기회를 제공하기 때문이다. 사람에 따라 각각 다른 많은 가능성이 열려 있는 공간이었다.

오랑주 로마 극장

프랑스 남부 오랑주(Orange)에 있는 로마식 극장이다. 프랑스 남부에는 오랑주뿐 아니라 아를르, 님므 등 주요 도시에 로마식 극장이 남아 있다. 로마는 지중해를 둘러싸고 있는 제국 전역에 극장을 건설했다. 아프리카의 리비아, 아시아의 터키 지역과 중동 지역까지 지중해 연안의 유럽, 아프리카, 아시아 세 대륙에 걸쳐 대제국을 건설했던 것이다. 이 도시들마다 대규모 극장 시설이 들어서고 매일 화려한 이벤트가 펼쳐졌다. 로마식 통치 문화의 일부다.

그중 오랑주 로마 극장은 1세기경 아우구스투스에 의해 지어진 극장으로 현재의 프랑스에 해당하는 지역에서는 처음 지어진 로마식 극장이다. 이 지역은 당시 로마 제국의 식민지였던 아라우시오(Arausio)였다. 다른 도시와 마찬가지로 이 극장도 도시의 중심부에 독립적인 구조물로 건립되었으며 도시로 내려간 극장의 속성을 모두 가지고 있다. 공연 콘텐츠로는 희비극의 연극 공연보다 마임, 판토마임, 시 낭송 등이 주로 공연되었던 것으로 알려진다. 극장은 약 9,000여 명을 수용할 수 있었으며 계급에 따라 앉을 수 있는 객석이 구분되어 있었다. 도시의 규모와 비교할 때 큰 규모다. 극장은 반달 형태의 객석과 길이 130m, 높이 37m, 두께 1.8m의 무대 뒷벽이 무대를 둘러싸고 있다. 반원의 오케스트라와 거대한 무대, 무대 뒷벽이 압도적이면서 균형을 이루고 있다. 무대공간은 바닥에 해당

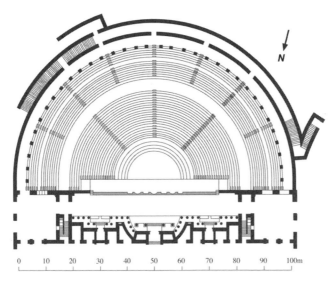

그림20 오랑주 극장
출처: Thomas G. Hines, The Ancient Theatre Archive, Whitman College, 2003

하는 오케스트라보다 1m 높이, 61m의 폭으로 조성되었다.

유럽 중세에 접어들면서 극장은 기능을 멈췄다. 대부분의 공연이 비도덕으로 간주되고 극장은 그런 공연의 온상으로 지목당한 것이다. 오랑주 로마 극장 또한 19세기에 재건될 때까지 다른 고대 극장처럼 다른 용도로 사용되었다. 극장 공간의 일부에 민가가 지어지기도 했다. 수 세기에 걸친 많은 전쟁 중에는 요새와 피난처로 사용되었다. 오랜 시간을 견뎌냈지만 로마 시절 극장 중에서 현재까지 가장 잘 보존된 극장으로 꼽히며 1981년 유네스코의 세계문화유산으로도 지정되었다. 재건 이후 현재까지 여름마다 공연과 공연 축제가 이루어지고 있다. 원형의 보존 상태와 극장 구조에 비추어 로마 시대의 극장 구조의 완성형으로 꼽힌다.

폼페이 대극장

폼페이(Pompeii)에는 상설 공연 공간이라고 할 만한 공간이 세 개 있다. 가장 큰 것은 원형 극장이다. 기원전 70년대에 건립된 원형 극장은 돌로 지은 야외 로마 극장으로 가장 오래된 극장이다. 그 다음이 콜로세움이라고 한다. 원형 극장은 콜로세움과 마찬가지로 원형 경기장 형태다.

로마 시대 극장의 전형적인 모습을 보이는 것은 '폼페이 대극장'이라고 번역되는 대극장과 '오데온'이라고 불리는 소극장이다. 두 개의 극장은 원형 극장의 반대편 구역에 함께 조성되어 있다. 기원전 3세기 후반에서 2세기 전반에 만든 것으로 추정되는 대극장은 5천여 석의 규모에 전형적인 로마식 극장을 보여준다. 오데온은 1천

5백여 명을 수용하는 상대적으로 작은 극장이다. 대극장에서는 연
극을 공연하는 데 비해 오데온에서는 주로 음악회가 열려 역할 분
담이 이루어졌다. 나무로 만든 지붕이 있었던 것으로 추정된다.

폼페이는 화산 폭발 이후 도시 전체가 화산재에 덮여 있
었다. 발굴된 도시는 타임머신을 타고 간 것처럼 당시를 보여준다.
무엇보다 이후 세대에 의해 더해지거나 고쳐진 것이 없기 때문에
화산 폭발의 시점인 서기 79년, 1세기 로마 극장의 모습을 확인할
수 있다.

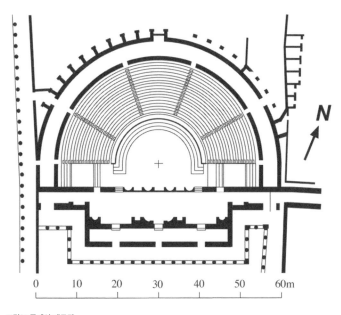

그림21 폼페이 대극장
출처: Thomas G. Hines, **The Ancient Theatre Archive**, Whitman College, 2003

그림22 폼페이 대극장 © 이승엽, 2019

헤로데 아티쿠스 극장

아테네 아크로폴리스에는 디오니소스 극장이라는 서양 역사상 현
존하는 기념비적인 고대 극장이 있지만 반대편 구릉에 또 하나의 극
장이 있다. 로마 시대에 지어진 '오데온: 헤로데 아티쿠스'(Odeon:
Herode Atticus)' 극장이다. '오데온'이라고 불리는 극장은 대부분
음악 공연을 주로 하는 극장이었다.

　　아크로폴리스의 구릉 지형을 최대한 활용해서 지었다. 건
립 시기는 기원후 161년으로 추정한다. 5천여 석의 객석은 아크로폴
리스의 기슭을 따라 급경사를 이루고 있다. 무대는 높아지고 무대

구조물은 정교하고 거창해졌다. 267년 무너지기 전까지 주로 음악당으로 사용되었다.

객석 부분을 복원한 1950년 이후 지금도 공연장으로 사용되고 있다. 음악당인 만큼 마리아 칼라스, 안드레아 보첼리, 프랭크 시나트라, 나나 무스쿠리, 엘튼 존 등 유명 음악가와 가수들이 공연한 바 있다.

그림23 헤로데 아티쿠스 극장 © 이승엽, 2018

유럽 중세 시대

유럽의 중세는 소위 고전 시대라 칭하는 그리스 로마 시대와 르네상스 또는 17세기 이후 근대 사이에 있는 시기를 일컫는다. 서로마 제국이 붕괴하면서 서유럽을 대표하는 체제가 사라지고 지역을 중심으로 한 자급자족 체제로 전환되었다. 권력은 종교, 특히 기독교를 중심으로 재편되었고 고대의 인본주의를 신학이 대체하였다. 연도로 따지면 서로마 제국이 멸망한 476년부터 동로마 제국이 멸망한 1453년 사이로 보는 견해가 다수다. 1천 년에 이르는 긴 시간이다.

전에는 유럽의 중세, 특히 500년에서 1,000년에 이르는 중세 전반기를 암흑기로 보는 견해가 일반적이었다. 그러나 이에 대한 이의도 만만찮다. 관점에 따라 평가가 달라진다는 것이다. 르네상스 시대의 지식인들의 성향 때문에 직전 시대인 중세를 백안시했다는 것이 반론의 주장이다.

그러나 극장의 측면에서 보면 암흑기가 맞다. 고정 극장이 사라지기 때문이다. 콜로세움 안에 교회가 세워지고 많은 그리스 로마 극장은 다른 용도로 사용되거나 폐쇄되었다. 그럴 수밖에 없는 것이 극장은 도시의 예술이다. 로마 시대가 그랬다. 유럽 중세의 특징 중 하나는 도시의 쇠락이다. 대도시는 사라지고 도시의 인구도 급감했다. 한때 백만 명에 육박했던 로마와 같은 대도시는 존재하지 않았다. 도시화가 촉진된 14세기에도 가장 인구가 많은 도시가 10만 명 수준이었고 대부분의 주요 도시들은 몇만 명 수준의 도시에 머물렀다.

중세를 지배한 종교적 지도력도 극장과 공연이라는 흥행 산업을 위축시킨 요소였다. 공연이 종교로부터 분리된 이후 현대에 이르기까지, 속해 있는 문화와 사회에 따라 공연예술을 미풍양속을 해치는 타락의 대상으로 견제하거나 또는 이를 뛰어넘는 가치를 부여하는 식으로 부침을 겪어왔다. 유럽 중세 시대는 전자가 더 강했던 것이다. 연극이 금욕적인 삶에 악영향을 미친다고 본 것은 물론 교회법으로 연극을 금지했다. 따라서 이 시기에 종교적 내용을 다룬 공연이 다수를 이룬 것은 자연스러웠다.

　　　이 시기의 극장은 임시 극장이 절대다수를 차지했다. 이전 시대의 극장은 폐쇄되고 새로운 공간에서 공연이 이루어지는 경우가 많았다. 이 때문에 중세의 공연이나 극장을 범주화하는 것은 쉬운 일이 아니다. 그래도 구분을 해보면 교회와 관련된 공연과 교회 밖의 공연으로 나눠볼 수 있겠다. 폭넓게 '예배극'이라고 부르는 이벤트는 교회 건물이 주요한 공연 장소였다. 교회 안의 공간과 시설이 그대로 공연의 무대와 배경이 되거나 교회 안에 임시로 시설

그림24 수난극의 첫째 날 (1583) © Methuen, 1984

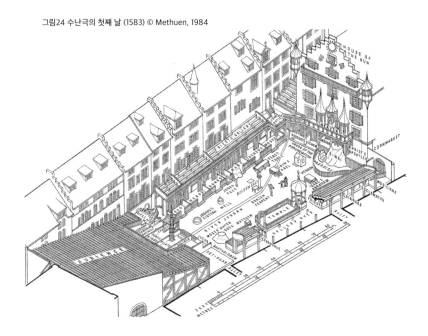

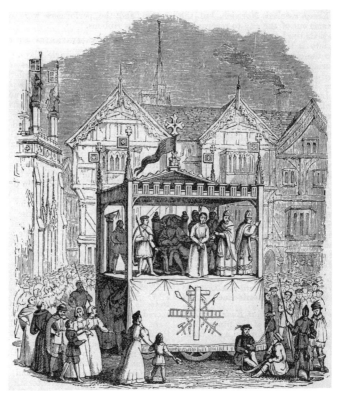

그림25 중세 시대 신비극(mystery plays) 전경

을 세우는 방식으로 공연 공간을 만들었다. 교회 안에서 공연 공간
은 기능에 따라 맨션(mansion)과 플레티아(platea)로 나뉜다. 맨션
은 무대장치가 되는 공간을 말하고 플레티아는 연기가 이루어지는
가운데 공간이다. 그런데 교회 안의 공연 공간에서 맨션은 종종 여
럿이다. 동시에 이야기가 전개되는 것이다. 현대적인 스토리텔링으
로는 익숙하지 않은 방식이다. 관객의 위치는 고정되지 않는다. 관객
은 극의 흐름에 따라 해당 공간으로 이동할 수도 있고 한꺼번에 여

러 장면을 소화해야 한다. 이러한 형태의 공연은 20세기 후반에 등장하는 사이트 스페시픽 공연과 그 이후에 선보이는 이머시브 씨어터의 한 형태로 다시 살아난다.

교회 밖에서의 공연에서 돋보이는 형태는 '수레무대' 형식이다. 관객들은 다양한 장소에 모이고 배우들은 각 관객 그룹을 찾아가며 공연하는 이동식 무대다. 당시 가장 전형적인 고정 무대는 '건물이나 늘어선 집을 배경으로 광장의 중간까지 차지한 긴 직사각형 모양'[19]이라고 추정한다. 물론 이 시설은 고정식이기는 하지만 가설 장치다. 이동식 무대와 고정식 무대는 중세의 대표적인 공연 형태인 종교적 순환극을 공연하기 위한 장치다.

19. 오스카 G. 브로켓, 프랭클린 J. 힐디 (전준택, 홍창수 옮김), 연극의 역사, 연극과 인간, 2005, 168쪽.

그림24는 수난극 중에서 첫째 날을 그린 것이다. 그림에서 보는 것처럼 무대는 임시로 만들어진 여러 개의 맨션으로 구성되어 있고 반대편에는 임시 객석이 있다. 맨션이 교회가 아닌 광장에 조성된 셈이다. 맨션과 시설물에 따라 의미와 메시지를 달리 하였다. 객석에서 보면 모든 공간이 동시에 전개된다. 그림25는 이동식 무대의 한 장면이다. 한 곳에서 한 에피소드를 공연하고 이동하여 다음 장소에서 다시 공연하는 식이다.

고대 그리스로부터 현대에 이르기까지 서구 극장사에서 상당히 예외적인 시기가 유럽 중세다. 유럽의 중세를 이은 르네상스는 중세의 극장과 공연예술의 전통을 건너뛰어 고대 그리스 로마에서 극장의 원형을 찾았고 이를 재현하려고 시도하였다. 그렇지만 중세를 암흑기라고 부르는데 이의를 제기하는 주장이 만만찮은 것처럼 공연과 극장의 흐름에서 그 시기를 마냥 무시하기는 어렵다.

르네상스 시대 이후

중세를 넘어 유럽 전역을 휩쓸고 지나간 르네상스는 현대 극장사까지 직접적으로 연결되어 있다. 신고전주의, 바로크, 낭만주의 등으로 이어지는 서구의 예술 사조들과 이를 담는 그릇으로써의 극장 형식이 르네상스로부터 비롯된 흐름의 연장선상에 있기 때문이다.

르네상스는 재생, 부활이라는 의미를 가지고 있는 유럽의 문명 흐름이다. 14세기부터 16세기에 걸쳐 있다. 고대 그리스 로마 문화를 이상으로 삼고 이를 부흥시킴으로써 새 문화를 창출해내려는 운동이다. 철학, 문학, 예술 등 전 영역에 걸쳐서 전개되었다. 5세기 로마 제국의 몰락과 함께 시작된 1천 년의 중세 시대는 극복과 배척의 대상이 되었다.

르네상스 운동의 중심지는 이탈리아다. 통일국가가 아니었던 도시국가 형태의 이탈리아에서 발현한 강력한 문화 운동은 프랑스, 독일, 영국 등 서유럽 지역에 널리 전파되어 각기 특색 있는 흐름을 형성했다. 르네상스 시대의 유럽은 격동과 변혁의 시대였지만 사회마다 상황은 판이하게 달랐다. 한편으로는 화약과 인쇄술의 발명과 같은 혁신적인 근대적 발견이 이루어지고 신대륙 탐험과 같은 도전이 감행되는 사회였다. 공연예술 부문도 예외가 아니어서 만개한 시대였다.

르네상스 시대의 극장에서 이후 극장 형태를 형성하는 데 결정적인 영향을 미치는 몇 가지를 발견할 수 있다. 르네상스 시대의 중요한 특성으로도 꼽히듯이 이 시기의 극장은 고대 그리스 로마의 극장을 재발견하고 재현하는 것으로 시작하여 무대에 원근법을 도입하였다. 오페라 장르가 꽃을 피웠고 프로시니엄 극장을 만들어냈다. 이런 요소들은 서로 영향을 주고받으며 근현대 극장에 이르렀다. 지난 600년 동안 서양의 극장은 일정한 패턴으로 변화해왔다. 그 실질적 출발이 르네상스 시대다. 르네상스 시대와 그 이후에 등장하는 극장 중 몇 개를 살펴본다. 이탈리아, 영국, 프랑스, 독일 등 유럽의 주요한 국가의 기념비적인 극장들이다. 이 기간에 등장한 수많은 극장의 사례와 비교하면 소박한 숫자지만 각 사례가 나름의 흐름을 대표한다.

영국 엘리자베스 시대의 스완 극장과 글로브 극장

르네상스 시대에 해당하는 시기 영국에는 다양한 극장과 공연이 이루어졌다. 실내 극장과 야외 극장, 대중 극장과 공공 극장이 공존했고 가설 극장과 영구 극장도 동시에 발견된다. 그중에서 스완 극장(Swan Theatre)과 글로브 극장(Globe Theatre)은 복원하여 지금도 사용하고 있는 두 개의 극장이다.

스완 극장은 로열 셰익스피어 컴퍼니(RSC)가 셰익스피어의 생가가 있는 스트랫포드 어폰 에이번(Stradford upon Avon)에 운영하고 있는 3개의 극장 중 하나다. 그중에 스완 극장은 1585년에 런던에 처음 지어진 극장을 재현하고 있다. 런던에 있던 이 극장은 쇠락하여 1630년대에 사라지고 스트랫포드 어폰 에이번에서 복원되어 1986년 다시 문을 열었다. 3면에 객석을 둔 깊은 돌출 무대 형식으로 원래의 형태를 잘 살렸다. 426석이다. 16세기 극장은 야외 극장이었지만 새 극장은 실내 극장이다.

글로브 극장은 런던의 템즈 강변에 재건한 극장이다. 1599

년 개관했으니 템즈 강변을 중심으로 형성되었던 극장가에서 그렇게 빠른 편은 아니다. 글로브 극장이 주목을 받아 유일하게 재건된 것은 이 극장이 셰익스피어와 직접 관련되었기 때문이다. 셰익스피어가 지분의 일부를 가지고 있었고 그의 걸작 대부분이 여기서 공연되었다. 1613년 화재로 소실되어 다시 지었지만 1644년 헐렸다.

그림26 스완 극장 (1596) © Project Gutenberg: Johannes de Will, 1596

글로브 극장은 O형 극장이라고 하는 데서 보는 것처럼 길이에 비해 높이가 강화되었다. 그만큼 무대와 객석 간의 친밀도가 높았다. 이러한 형태의 극장은 근대 이후에 표준화된 프로시니엄 극장과는 조금 다르다. 이탈리아를 중심으로 현대에 이르는 주류적 흐름과는 차이가 있는 것이다. 무대의 높이도 높았기 때문에 관객과 무대의 거리를 최대한 좁힐 수 있었다.

그림27 글로브 극장 (1614) © Methuen, 1984

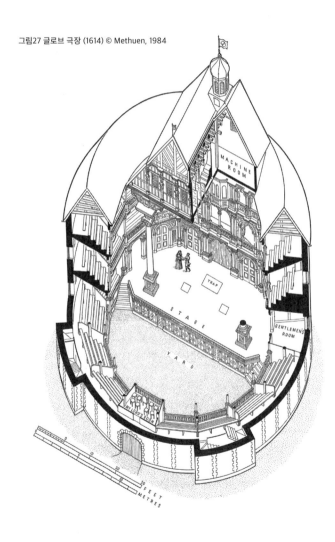

이탈리아의 올림피코 극장과 파르네제 극장

르네상스가 한창 진행 중이던 1580년에서 1584년 사이 비첸차의 올림픽 학술원을 위해 안드레아 팔라디오(Andrea Palladio)가 설계한 극장이 지어졌다.[20] 올림피코 극장(Teatro Olimpico)이다. 이 극장이 현존하는 가장 오래된 르네상스 극장이다. 팔라디오는 로마의 건축가 비트루비우스의 《건축 10서》를 포함한 문헌에 많은 영향을 받은 인물이다. 《건축 10서》를 번역했을 뿐 아니라 로마 시대 극장을 발굴하고 기록한 적도 있다. 비첸차의 올림피코 극장이 비트루비우스가 서술한 로마 극장의 재건이라고 보는 이유다. 로마 극장에 비해 규모는 크지 않았으니 야외 극장이었던 로마 극장을 실내 극장으로 끌어들인 축소판이라고 할 수 있겠다.

20. 팔라디오는 1580년 타계했기 때문에 완공을 보지는 못했다.

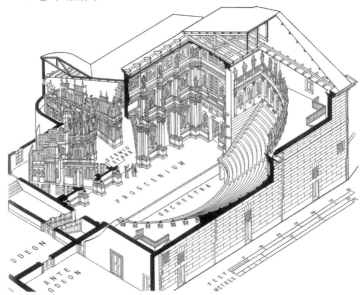

그림28 비첸차의 올림피코 극장 (1580-1584) © Methuen, 1984

올림피코 극장에는 반원형의 오케스트라 공간이 있었고
이에 따라 객석도 스케네까지 이어지는 반원형 구조를 갖추고 있었
다. 무대에는 5개의 문이 있었다. 3개는 정면을 바라보 21. 이를 복합쇄기(multi vista)
방식이라 부른다. 올림피코 극장
게 설치되었고 2개는 좌우 양측 면에 있었다.[21] 각 문의 직후인 1588년 건축된 사비오네
뒤에는 복도나 회랑, 거리 장면이 펼쳐지도록 설계되었 타 극장은 무대 뒷면에 하나의 원
경 배경 장치만 두었다. 단독쇄기
다. 문 뒤의 장면들은 원근법을 사용해서 거리감을 살 (single vista) 방식이라 부를 수
려 현실성을 확보했다. 결국 주 무대는 여러 길이 모이 있겠다. 이 점에서 사비오네타 극
는 광장과 같은 효과가 발생하였다. 1584년 완공된 올 장을 프로시니엄 아치가 정착되
는 과정이라고 보는 견해가 있다.
림피코 극장은 다음 해인 1585년 〈오이디푸스〉 공연으로 개관했다.
그리스 3대 비극으로 꼽히는 소포클레스의 작품을 개막작으로 선택
한 것도 자연스럽다.

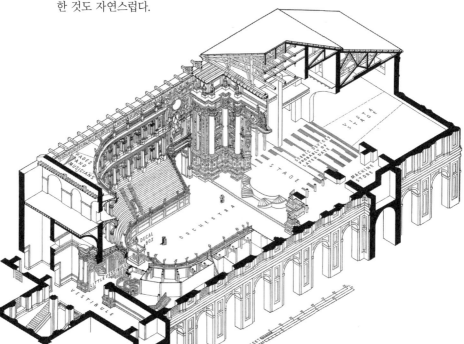

그림29 파르마의 파르네제 극장 (1618-1620) © Methuen, 1984

로마 극장을 실내 극장으로 재현한 중요한 의미를 가진 올림피코 극장은 막상 이후의 극장 흐름에 결정적 영향을 미치지는 못했다. 주류가 아니었던 것이다. 이후에 전승되는 현대 극장의 원형으로 간주하는 극장은 파르마에서 건립된 파르네제 극장이다. 1618년 완공하고 1628년 처음 사용되었다. 이 극장이 현대 무대의 원형이라고 하는 것은 영구적인 프로시니엄 아치를 가진 가장 오래된 극장이기 때문이다. 그림에서 보는 것처럼 프로시니엄 아치를 기준으로 백스테이지가 객석보다 크고 깊었다. 객석은 아직 전형적인 궁정 극장의 형태를 가지고 있었다. 전체적으로 경사진 말발굽형 객석으로 3,500명을 수용할 수 있는 규모였다. 반원형의 오케스트라가 있었는데 필요에 따라 객석이 되기도 하고 춤을 추는 연회용 공간으로 바뀌기도 하였다. 이 극장이 프로시니엄 극장의 원형이나 최초 사례는 아닐 것이다. 2차 세계대전 중 심하게 파손되어 재건되기는 했지만 원형 그대로 현존하는 가장 오래된 극장이라는 점에서 상징성이 크다.

영국의 바로크 극장: 씨어터 로열 드루리 레인

영국의 바로크 극장을 대표하며 런던의 현존하는 극장 중 가장 오래된 극장인 씨어터 로열 드루리 레인(Theatre Royal Drury Lane)은 같은 장소에서 4번 신축한 이력을 가지고 있다. 첫 번째 드루리 레인이 개관한 것은 1663년이다. 이 극장은 1672년 화재로 사라졌다. 첫 번째 드루리 레인은 자료도 없지만 알려진 바가 거의 없다. 지금 남아 있는 드루리 레인의 원형은 1674년에 다시 지은 두

번째 드루리 레인이다. 두 번째 드루리 레인은 1791년 해체되었고
1794년 세 번째 극장이 세워졌다. 세 번째 극장은 불과 15년간 운영
되다가 1809년 다시 화재의 제물이 되고 말았다. 그 후
같은 자리에 네 번째 극장이 건설되었다. 1812년 개관
한 이 극장이 현존하는 드루리 레인이다. 17세기 전반
부터 지금까지 350년 동안 한 자리를 지킨 드루리 레
인은 영국 근현대 극장의 전형을 확립하는 데 기여했다고 평가되기
도 하지만[22] 그 자체가 영국 근현대 극장의 흐름을 반영한 사례다.

22. 오스카 G. 브로켓, 프랭클
린 J. 힐디 (전준택, 홍창수 옮
김), 연극의 역사, 연극과 인간,
2005, 398쪽.

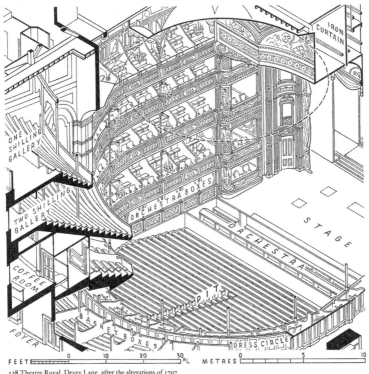

138 Theatre Royal, Drury Lane, after the alterations of 1797

그림30 드루리 레인 (1797) © Methuen, 1984

드루리 레인은 처음부터 프로시니엄 극장으로 건립되었다. 시간이 흐르면서 규모가 커졌다. 무대 공간은 깊어지고 무대는 스펙터클해졌지만 객석 규모의 확대는 특히 괄목할 만하다. 첫 극장의 객석이 650석이었지만 2,300석(1775년 리노베이션), 3,611석(1794년 재건축) 등으로 커졌고 현재의 극장은 2,196석으로 조정된 상태다. 당초 연극 중심의 극장이었지만 현재는 뮤지컬 전용 극장으로 운영되고 있다. 웨스트엔드의 주요 극장 중의 하나로 뮤지컬 작곡가 앤드류 로이드 웨버가 소유하고 있다.

이탈리아의 바로크 극장: 라 스칼라

라 스칼라(Teatro alla Scala)는 이탈리아 바로크 극장의 대표적인 극장일 뿐 아니라 이탈리아식 오페라 하우스의 전형으로 꼽힌다. 이탈리아의 첫 오페라 하우스는 1637년 개관한 베네치아 산 카시아노 극장(Teatro San Cassiano)이었다. 베네치아는 산 카시아노 극장을 시작으로 17세기 중반에만 5개의 오페라 하우스를 운영하는 도시가 되었다. 베네치아 오페라 하우스는 이후 로마의 아르젠티나 극장(1731년), 나폴리의 산 카를로 극장(1737년), 토리노의 레지오 극장(1740년) 등으로 확대되었고 이탈리아를 넘어 유럽 전역으로 확대되었다.

라 스칼라가 개관한 것이 1778년이니 이탈리아에서 오페라 하우스가 자리를 잡고 이탈리아 바로크가 막바지이자 절정인 시점이다. 라 스칼라는 르네상스의 흐름에서 벗어나 바로크풍의 화려하고 환상적인 공간을 창조하는 공간으로서의 극장에 걸맞은 규모

와 화려한 장식의 정점으로 꼽힌다. 말발굽 형식의 객석은 6개 층으
로 3천여 명[23]을 수용할 수 있었다. 객석 1층 위로 박스석으로 이루
어진 5개 층, 맨 위의 오픈 갤러리 등으로 구성되었다.
프로니시엄 아치를 중심으로 객석과 무대가 엄격히 구
분되었고 중간에는 오케스트라가 1층 객석과 같은 높
이로 자리를 잡았다. 무대 규모도 그때까지 만들어진 오페라 하우스
중 가장 넓은 편에 속했다. 무대에는 10개의 윙이 있었고 무대 양 옆
으로 장치 보관소를 두었다. 프론트 오브 하우스에도 다양한 편의시
설을 갖췄다.

23. 1907년 리노베이션을 거치
면서 1,987석으로 조정되었다.

그림31 라 스칼라 (1830) © Methuen, 1984

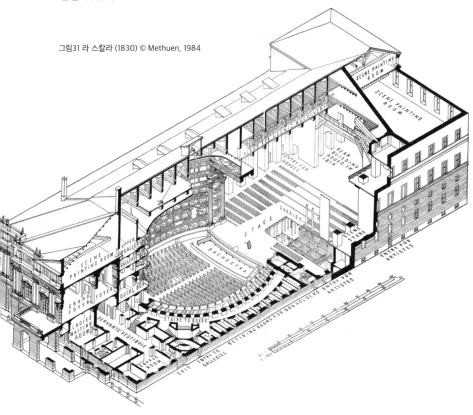

새 극장을 짓는데 필요한 비용은 박스석을 팔아 조달했다. 같은 곳에 있었던 극장이 화재로 소실된 후 새로 짓는 데 드는 막대한 비용을 기존 극장의 박스석을 소유한 90여 명의 귀족들이 추가로 출연하고 더하여 새로 후원자를 모아 충당한 것이다. 라 스칼라가 상류 계층의 사교장으로 사용되는 것은 자연스러운 일이다. 당시의 오페라 하우스들이 종종 그랬던 것처럼 라 스칼라는 카지노이기도 했다. 공연을 보는 것 외에도 다양한 유흥과 사교가 이루어진 것이다.

1778년 8월 3일 새 극장에 올려진 첫 공연은 안토니오 살리에리(Antonio Salieri)의 오페라 〈에우로파 리코노시우타 (L'Europa Riconosciuta)〉이다. 1812년부터 로시니의 주도로 라 스칼라는 그의 주요 작품을 포함해 주요 오페라 공연들을 위한 극장으로 자리 잡았다. 벨리니, 베르디, 토스카니니 등 동시대의 주요 예술가가 진두지휘한 라 스칼라는 오페라뿐 아니라 발레, 심포니 오케스트라 등을 통해서도 큰 성취를 이룰 수 있었고 현재까지 발레단, 오케스트라, 합창단 등이 보유한 전형적인 프로듀싱 씨어터로 운영되고 있다. 예술학교도 운영하고 있다. 2002년 초부터 2004년 말까지 3년여 간 극장을 닫고 대대적인 리노베이션을 감행했다. 2004년 12월 재개관 기념 공연도 살리에리의 〈에우로파 리코노시우타〉였다.

로열 오페라 하우스

극장의 역사가 그런 것처럼 영국의 로열 오페라 하우스(Royal Opera House)도 반복되는 화재와 재건축, 리노베이션의 길을 걸었다. 런던의 코벤트 가든의 현재 오페라 하우스 자리에 처음 극장이 지어진 것은 1732년이다. 이후 두 번의 화재와 대대적인 리노베이션이 이루어졌다. 현재의 극장은 1858년 재건축된 세 번째 극장이 기본이 되었다. 왕립극장으로서의 지금의 공식 명칭이 붙은 것도 1892년으로 그렇게 오래되지 않았다.

첫 번째 극장이 주로 연극을 상연하던 극장이라면 두 번째 극장이 지어진 1808년부터 50여 년간은 연극을 포함하여 오페라, 발레, 마임 등 다양한 포트폴리오를 선보였다. 오페라 하우스로서의 지금의 정체성이 만들어진 것은 두 번째 극장의 후반부터다. 1856년 화재로 극장이 불타기 전 이 극장의 명칭은 '로열 이탈리안 오페라(Royal Italian Opera)'였다. 1847년 로시니의 오페라로 개

그림32 로열 오페라 하우스 측면
출처: The Greater London Council의 자료를 토대로 T. P. O'Conor가 재구성

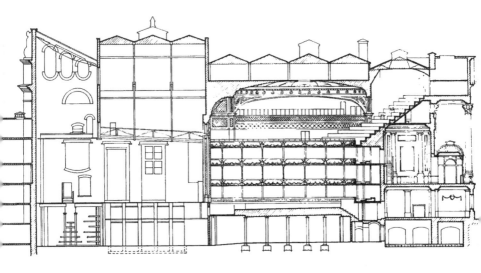

관했지만 프랑스와 독일 작품도 상연하는 극장이었다. 1858년 재건축 후 로열 잉글리쉬 오페라가 이 극장에 상주하면서 본격적인 오페라 하우스로 역할을 하기 시작했고 40년 후에는 지금의 명칭을 얻게 되었다. 그 이후에도 가구 보관소(1차 세계대전 중)나 댄스홀(2차 세계대전 중)로 사용되는 등 곡절을 겪었다.

로열 오페라 하우스가 세계적인 명성을 얻게 된 것은 2차 세계대전 종전 후 코벤트 가든을 오페라와 발레의 중심 지역으로 전환하며 로열 오페라 하우스를 본격 오페라 하우스로 운영하면서 부터다. 극장경영 부문에서 특히 관심을 끄는 것은 20세기말 영국예술위원회가 주도한 대대적인 리노베이션 프로젝트다. 극장의 내외부를 사실상 재구성한 이 프로젝트는 1997년부터 1999년까지 진행되었다. 2억 파운드 이상의 예산이 투입되었고 비용의 상당액이 복권기금으로 충당되었다. 복권기금이 상대적으로 저소득층이 구매한다는 점에 기반하여 가난한 사람이 잘사는 사람들의 취미활동에 돈을 댄다는 강력한 비판에 직면했다. 이 프로젝트를 추진하는 과정에 로열 오페라 하우스 사장으로 투입되어 수완을 발휘한 미국인 예술경영인 마이클 카이저(Michael Kaiser)가 이름을 알렸다.

새로 문을 연 새 로열 오페라 하우스는 이전과 같이 말발굽형 객석 구조와 여러 층의 발코니와 갤러리를 가진 객석을 프로시니엄 아치로 분리하는 이탈리아 스타일을 유지했지만 공간 운영에서 혁신적으로 변화하였다. 무대 공간을 확장해서 리허설 공간을 확보하고 무대 기계 등 기술적 효율을 도모했다. 방문자들이 이용하는 프론트 오브 하우스도 대대적으로 개편하여 극장 공간의 현대화를 이뤘다는 평가를 받고 있다. 로열 오페라 하우스는 시즌제와 레퍼토리 시스템을 운영하는 전형적인 프로듀싱 씨어터다. 오페라와 발레

시즌을 운영하며 오페라단, 발레단, 오케스트라 등 전속단체를 보유하고 있다.

오페라 가르니에

오페라 가르니에(Opéra Garnier)가 개관한 것은 1875년이다. 프랑스의 제2공화정 대통령에 이어 제2제국의 황제의 자리에 오른 나폴레옹 3세가 말년에 추진하던 극장이다. 이 극장에 처음 붙은 명칭이 '파리 새 오페라 하우스(Le nouvel Opéra de Paris)'라고 불린 것처럼 파리 오페라는 17세기 후반부터 200여 년 동안 11번 극장을 옮겨 다닌 끝에 마련한 파리 국립 오페라 발레단의 근거지다. 극장 이름에 붙은 '가르니에'는 극장을 설계한 건축가 장 샤를 가르니에(Jean Charles Garnier)에서 가져온 것이다. 오페라 하우스 중에서도 가장 인지도가 높은 극장이다. 가스통 르루(Goston Leroux)의 연극으로 시작하여 뮤지컬로 만들어진 〈오페라의 유령〉의 배경이 된 극장이기도 하다.

보자르 양식의 오페라 가르니에는 규모와 화려함에서 당대 최고, 최대 수준이다. 로비와 객석, 무대는 물론 지붕 위까지 호사스럽게 장식했다. 당시에 유행하던 철골을 주요 자재로 활용해서 공간적으로 효율이 높은 건축물로 꼽는다. 무대는 450명의 공연자가 동시에 무대에 설 수 있을 정도로 광활하다. 전형적인 프로시니엄 극장이다. 객석은 이탈리아식 말발굽형으로 1,979명을 수용할 수 있다. 시기적으로 오페라 하우스의 형태와 기능이 확고해진 상태에 지어졌기 때문에 그 이후 구조 변경 수준의 리노베이션은 이루어지지 않았다.

오페라 가르니에의 주요 장르는 오페라와 발레다. 특히 발레에 대한 애정과 자부심이 강한 프랑스의 중심 극장인 만큼 발레의 비중이 다른 오페라 하우스에 비해 상대적으로 컸다. 1989년 파리에 바스티유 오페라 하우스를 개관한 이후에 오페라 가르니에에서는 주로 발레를 공연하고, 바스티유 오페라 하우스에서는 오페라를 공연하는 식으로 역할 분담한 것도 자연스러운 맥락으로 이해된다.

오페라 가르니에와 바스티유 오페라 하우스는 같은 조직에서 운영하는 두 개의 오페라 하우스다. 후자는 프랑스 혁명의 상징적 공간이라고 할 수 있는 바스티유 감옥이 있던 지역에 지어진 오페라 하우스로 소수의 관객을 위한 장르라는 오페라에 대한 현대적 시선을 전복시켰다. 두 오페라 하우스는 시즌제로 운영하며 극장 조직 안에 오페라, 발레, 합창 등을 위한 예술가들과 오페라 발레 제작을 위한 스태프 등을 포함하여 2천여 명을 고용하며 이에 해당하는 작업 공간을 보유하고 있다.

그림33 오페라 가르니에 모형도 단면(오르세 미술관 소장) © 고희경

바이로이트 극장

바이로이트 극장(Bayreuth Festspielhaus)은 바그너에 의한 바그너식 극장이다. 독일의 작곡가 리하르트 바그너(Richard Wagner)가 설계와 건립을 주도한 극장이기도 하지만 극장을 건립한 의도가 바그너 자신의 작품을 상연하기 위해서였기 때문이다. 기존의 공간은 바그너의 오페라에 적합하지 않았다.

1872년에서 1876년에 걸쳐 건립된 이 극장에 대해 리차드 리크로프트(Richard Leacroft)는 두 가지 차별점을 들었다.[24] 무엇보다 객석이다. 대형 극장의 객석이 대부분 말발굽형으로 바뀌었는데 이 극장은 다시 부채형 객석으로 돌아갔고 객석 대부분을 차지하는 1층 객석은 단일 경사로 조성되었다. 좌석은 양 옆으로 끊기지 않고 끝까지 이어져 출입구는 정면이 아닌 양 옆으로 나있었다. 중간에 통로가 없었기 때문에 앞뒤 좌석 간에는 공간을 두었다. 이런 식의 좌석 배치를 '대륙식 좌석 배열(continental seating)'이라고도 한다. 무대를 온전히 볼 수 있는 1층 객석에 대부분의 객석을 배치한 바그너식 극장은 이후 현대 극장에도 큰 영향을 미쳤다.

24. Richard and Heken Leacroft, Theatre and Playhouse, Methuen, 1984, 113-114쪽.

1층 객석 뒤에는 300석 규모로 로열박스 등이 있었고 그 위로 작은 규모의 갤러리석을 갖추었다. 1층 객석보다 조금 낮은 높이로 만들어진 거대한 오케스트라 피트로 객석과 무대는 완전히 분리되었다. 이중 프로시니엄 아치도 차별점으로 꼽는다. 무대장치를 운용하거나 무대 위 안전에도 도움이 되는 장치였다. 거대한 오케스트라 피트와 이중 프로시니엄 아치 덕분에 관객과 무대 사이에 심연이 만들어지고 바그너 오페라의 신화적 요소들이 효과적으로 재현되었다. 공연 중에 객석은 어둡게 하는 전통을 만든 것도 이 극장에서다. 오페라를 반주하는 오케스트라를 보이지 않게 배치한 것과 같은 이유에서다. 이런 요소들은 관객이 오직 무대 위에 집중하도록 하자는 바그너의 의도를 반영한 것이다.

극장에 대한 바그너의 집념은 길고도 강했다. 처음 극장에 대한 설계도를 손에 넣은 것이 1850년대였고 마침내 극장 주춧돌을 놓은 날은 그의 59세 생일날이었다. 바이로이트에 극장을 짓기 시작하고도 공사를 계속할 비용을 마련하지 못해 개관을 여러 차례 미루어야 했다. 개관 후에도 재정난은 완전히 해소되지 않았다. 바그너의 대표작으로 꼽히는 〈니벨룽의 반지〉는 극장을 짓는 중에 완성되어 새 극장에서 시리즈 전체를 처음으로 전곡 공연하며 자신의 오랜 꿈의 실현을 기념했다.

그림34 바이로이트 극장 © Methuen, 1984

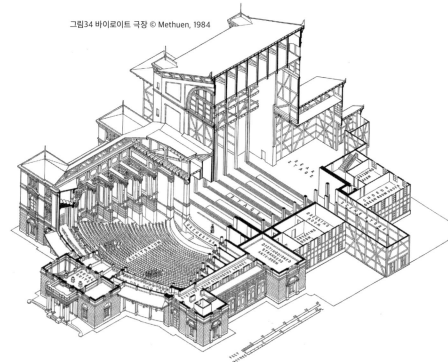

서양 근대 극장의 흐름

고대 그리스 로마 시대의 극장을 모델로 상설 전문 실내 극장의 문
을 연 이후 유럽의 근대 극장은 유럽 전역으로 퍼져 나갔다. 서구 문
명이 유럽을 넘어 세력을 넓혀나가면서 서양 근대 극장은 전세계로
그 영향력을 넓혔다. 서양의 근대 극장을 르네상스 시대 비첸차의
올림피코 극장을 기점으로 하면 500년이 넘었다.

서양의 극장은 올림피코 극장을 매개로 그리스 로마 극장
으로 이어진다. 그림35는 조지 아이젠누어(George Izenour)가 고
대부터 근대까지의 기본적인 극장 형태를 시기별로 구
분한 것이다.[25] 그리스 로마 시대의 고대 극장은 로마 시
대의 극장과 음악당의 형태로 진화했고 중세라는 1천

25. George Izenour, Theatre
Design, McGraw-Hill, 1977,
33쪽.

년의 간극을 뛰어넘어 이탈리아에서 재생되었다. 아이젠누어는 근
대 극장을 후기 르네상스(1550-1650년)로 보았고 이후 바로크와 네
오 바로크(1650-1870년)가 이어져 1870년 이후를 현대로 분류하였
다. 그의 주장은 1970년대에 출판한 저서에 나온 것이지만 지금까지
유효하다고 보았다.

르네상스 시대 바통을 이어받은 이후 근대 극장은 다양한
경로를 거쳐 현대에 이르렀다. 그동안 문화사회적 변화와 환경에 조
응하며 적응하고 성장해왔다. 무엇보다 이 시기 서구는 문화적으로
크게 확장되었다. 질적으로나 양적으로 크게 성장하고 문화적 붐 현
상을 형성했다. 서구 문명이 전 지구적 패권을 확보하는 데 따른 자
연스러운 현상이기도 하지만 현대에 이르기까지 길고 복잡한 흐름
중에서 주목할 만한 현상 몇 가지를 꼽아 보았다.

프로시니엄 극장의 정착과 그만큼 강력한 반작용, 오페라

를 비롯한 세부 장르의 강세, 극장과 공연예술을 떠받치는 근대 관객의 등장, 극장을 경영체의 하나로 인식하기 시작하는 것 등이 그것이다. 이들은 서로 연결되어 영향을 주고받는 한편 일관성을 가지고 있었다. 지금까지 여전히 위력을 발휘하고 있는 프로시니엄 극장이 가능한 것은 강력한 세부 장르와 새로운 관객이 있었기 때문이다. 대체로 팽창과 세분화 및 전문화가 동시에 진행되었다. 프로시니엄 극장과 이를 극복하려는 움직임이 동시에 목격되었다. 다양성과 왕성한 도전은 근대적 관객이 있어서 가능했다.

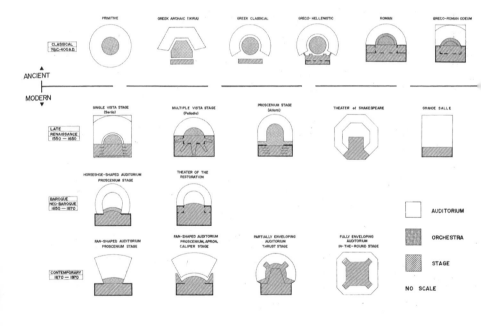

그림35 서양 극장 형태의 변천
출처: George Izenour, Theater Design, McGraw-Hill, 1977, 33쪽.

① 프로시니엄의 정착과 강력한 반작용

프로시니엄(proscenium)이라는 말은 객석과 무대를 구분하는 구조물을 말한다. 아치 형태이든 아니든 프로시니엄 아치라고 부른다. 프로시니엄을 경계로 현실 세계와 무대 위 세계가 구분된다. 프로시니엄은 두 공간을 엄격하게 구분하면서도 들여다볼 수 있다는 점에서 '창문'과 같다. 관객들은 한 방향으로 무대를 바라보게 된다. 객석도 관극에 집중할 수 있도록 배열한다. 이런 속성 때문에 프로시니엄 극장은 사실적인 공연 형식에 적합하다. 관객에게 보이는 무대 부분을 제외한 무대 양 옆과 무대 위는 관객에게 노출되지 않는다. 관객에게 보이지 않는 무대장치와 설비를 이용하여 극적이고 환상적인 장면을 연출한다.

프로시니엄은 그리스어 프로스케니온(προσκήνιον)에서 비롯된 것으로 본다. 뜻으로는 '스케네 앞부분' 정도로 해석할 수 있다. 헬레니즘 후기 극장에서 프로스케니온은 스케네 앞의 가로로 길고 좁게 설치된 공간으로 주로 주역 배우가 홀로 공연하는 공간을 가리켰다. 코러스와 연주자는 오케스트라에 있었다. 로마 시대 극장도 스케네 앞부분은 비슷하다. 그리스 시대나 로마 시대의 극장에 프로시니엄 아치는 없었다. 야외 극장이기도 했지만 무대 위에서 이루어지는 세계와 객석의 현실이 근대와 같이 분리되지 않았기 때문이다. 그럼에도 불구하고 표준적인 로마 시대 극장은 근대에 본격화된 프로시니엄 극장과 비슷한 점이 있었다고 본다. 로마 시대의 극장 콘텐츠가 속세적으로 극화되면서 관객들이 한 방향으로 집중할 수 있는 구도를 만들었기 때문이다.

중세 시대를 넘어 로마 시대의 극장을 재현했다는 올림피코 극장은 프로시니엄 극장이라고 보지는 않지만 그런 속성을 가진 것으로 판단하는 것도 같은 맥락에서다. 충실히 로마 극장을 재현했지만 가장 큰 차이는 올림피코 극장이 실내 극장이었다는 점이다. 자연스럽게 규모가 작아지면서 무대에 대한 집중도가 높아졌다. 지금과 같은 프로시니엄 아치 형태는 아니지만 기본적인 개념은 이어져 있다. 서양 극장사에서 영구 극장으로 프로시니움 극장의 원형으로 간주하는 극장은 1618년 파르마에서 개관한 파르네제 극장이다.

프로시니엄 극장은 그로부터 300년 이상 서양 극장사의 주류로 자리잡았고 20세기 이후에는 전세계 근현대 극장의 주류가 되었다. 우리나라도 20세기 이후에 만들어진 중대형 극장은 거의 프로시니엄 극장이다. 이렇게 오랫동안 프로시니엄 극장이 중대형 극장의 주류 행세를 한 것은 몇 가지 이유에서다. 첫째는 공연예술 장르의 변화다. 프로시니엄 극장은 공연자와 관객을 구분하는 기본 속성을 가지고 있다. 관객은 무대 위를 조용히 숨죽이며 바라보며 몰입하는 것이 보통이다. 프로시니엄 극장의 전형을 보여주는 것이 오페라 하우스다. 랜드마크급 오페라 하우스가 18세기 이후 유럽 각지에 세워졌다. 무대예술적 완성도를 중시하는 연극 장르가 널리 퍼진 것도 영향을 준 것으로 보인다. 둘째는 프로시니엄 극장이 갖는 효율성이다. 프로시니엄 극장은 다른 형태에 비해 다양한 형태와 특성의 공연을 수용할 수 있을 뿐 아니라 단위 면적당 객석 수도 많다. 공간 운영과 관리를 효율적으로 할 수 있기도 하다. 셋째는 정형성의 영향이다. 프로시니엄 극장이 표준이 되면서 이를 염두에 두고 만들어지는 공연은 프로시니엄 극장을 필요로 한다. 둘은 서로 영향을 주고받으며 모두 빈도와 비중이 높아진다. 눈덩이 효과다.

프로시니엄 극장이 주류로 자리를 잡는 것과 동시에 이에 대한 저항도 생긴다. 극장 공간 형식이 프로시니엄 극장으로 표준화되고 완성해가는 과정에 이에 머물지 않으려고 하는 시도와 도전이 동시에 전개되었다. 어떤 예술가나 집단에는 재정적으로 부담이 되기도 하지만 무엇보다 관행을 거부하는 창의적인 예술활동에서 관습과 한계로 작용한다고 보기 때문이다. 프로시니엄 극장이 절정에 달하는 순간 이에 대한 저항도 본격화되었다. 프로시니엄 극장이 여전히 위력을 발휘하고 있지만 그만큼 이를 극복하려는 다양한 시도와 도전은 쉽게 찾아볼 수 있다. 작용과 반작용에 해당하는 두 그룹의 공존은 지금도 계속되고 있다.

② 오페라, 콘서트의 강세
공연예술의 규모가 확장되면서 장르는 세분화되었다. 공간도 마찬가지다. 주가 되는 콘텐츠에 적합한 극장이 대두되는 것은 자연스러운 일이다. 프로시니엄 극장이 가장 잘 어울리는 예술장르가 오페라라고 언급한 바 있다. 18, 19세기 유럽 문화에서 가장 크고 화려한 극장은 오페라 하우스였다. 오페라라는 장르 자체가 종합예술인 만큼 오페라 하우스는 오페라 이외의 다양한 예술 이벤트를 수용하는 데도 적합했다. 1637년 베니스에서 세계 최초의 상업 극장으로 산 카시아노 극장(Teatro San Cassiano)이 개관한 것을 시작으로 18세기와 19세기에 걸쳐 중요한 도시마다 오페라 하우스가 문을 열었다. 현존하는 가장 오랜 오페라 하우스인 산 카를로 극장(1737년, 나폴리)을 비롯하여 라 스칼라(1778년, 밀라노), 테아트로 마시모(1897년, 팔레르모) 등 이탈리아는 오페라 중심지 역할을 했다. 오페라 하우스는 서양 문명의 확장에 따라 프랑스, 독일, 영국, 오스트리아 등 유럽 각국에서 미국, 아르헨티나, 일본 등으로 확대되어 세계적인 흐름을 형성했다.

오페라 하우스와 함께 유럽과 미국을 비롯한 서구의 도시에 들어선 새로운 형태의 극장은 콘서트홀이다. 지금 우리가 보는 클래식 음악 전용공간으로서의 콘서트홀이 처음 등장한 것은 19세기 중후반이다. 그 이전에는 일반적인 공연 공간이나 궁정 홀 등에서 연주되었다. 20세기 이후 본격적인 콘서트홀이 건립되었다. 대부분의 콘서트홀이 슈박스(shoebox)형태가 주종을 이뤘지만 점차 형태가 다양화되었다. 콘서트홀은 프로시니엄 극장과는 또 다른 전형을 만들었다. 연극은 영국에서 셰익스피어 등 연극 예술가들이 공연 예술의 판도와 극장 형태, 운영 방식에까지 영향을 미칠 만큼 활발했다. 유럽의 다른 나라들과 미국 등이 동행했다. 연극의 다양한 스펙트럼 때문에 영국의 글로브 극장 등 예외적이고 독특한 극장 형태를 만들어내지 못했을 뿐이다.

③ 근대 관객의 탄생

서구에서 근대는 큰 변화의 시기다. 문화와 예술 측면에서 보면 그중의 하나는 '팽창'이다. 산업혁명이 진행되고 서구 문명이 세계적 패권을 차지하는 과정에 문화와 예술도 같은 맥락이었다. 도널드 서순(Donald Sussoon)은 그의 책《유럽문화사》에서 유럽 문화의 팽창의 근원을 인구, 부(富,) 정치, 교육 등 4가지로 들었다.[26]

26. 도널드 서순(오숙은 외 옮김), 유럽문화사1, 뿌리와이파리, 2012, 41-70쪽.

가난하고 상대적으로 인구도 적었던 유럽은 19세기 들어 급격히 인구가 늘었다. 동시에 도시화가 촉진되었다. 이 시기 귀족 중심의 소비 패턴은 부르주아 소비주의로 전환했다. 가처분 소득을 확보한 계층이 급격히 두터워진 것이다. 서순이 언급한 정치는 문화에 대한 정치적 규제가 느슨해진 점을 지적하는 것이다. 자유주의의 확산에 힘입은 것이다. 대중을 상대로 한 문화 상품에서 규제와 검열은 중요한 억제제였다. 교육받는 사람이 많아지고 일반 시민을 대상으로 하는 교육이 보편화된 것은 근대 관객의 형성에 중요한 영향을 미쳤다. 국가가 국민의 교육에 선도적 역할을 수행하게 된 19세기 이후 교육받는 비중이 급격히 높아지고 문맹률은 낮아졌다.

소득, 교육, 성별 등과 직접 영향을 받는 현대 관객의 전형적인 요소들을 적용할 수 있게 된 것이다. 다중이 이용하는 극장의 지불자가 소수 귀족이나 왕실에서 익명의 다수로 확대된 것은 공연예술의 붐에 결정적인 조건이 된다. 관객이 주머니를 열고 공연을 선택하는 것은 이전과 같은 기준을 적용하기 어렵다. 그 후 지금까지 대부분의 극장에서 첫 번째 고객은 극장을 직접 찾아오는 관객이다.

④ 경영체로서의 극장

소수의 후원자의 비용으로 극장이 운영되는 시기에 비해 근대의 극장에는 더 많은 관객이 더 자발적으로 방문하고 더 집중했다. 이에 맞춰 극장 측에서는 더 높은 수준에 더 전문적인 공연을 만들려고 노력한다. 극장의 크기도 커지면서 콘텐츠의 규모가 덩달아 팽창했다. 공연집단은 극장을 중심으로 활동하게 되고 예술가의 직분들도 세분화되고 더 전문화된다. 이런 상황에서 극장과 공연 작품이 경영의 대상이라는 것은 당연하다. 고대 로마 시대부터 흥행업자가 있었던 것처럼 예술흥행업은 새로운 분야는 아니다. 고려의 대상이 달라진 것이다.

장르에 따라 속성에 따라 극장에서 공연되는 공연 콘텐츠의 형편은 다를 수밖에 없다. 극장이 속한 나라와 사회가 처한 처지도 큰 영향을 미친다. 여전히 소수의 유력자의 후원을 필수적으로 필요로 하는 장르와 사회도 있고 자유 시장으로 질주하는 사회에 적응하려고 노력하는 예술도 있다. 20세기 후반부에 등장하는 예술 경영과 문화경제학은 오래전에 이미 시작되었다.

3 한국의 극장사

우리말 '극장', '공연장'은 근대의 용어다. 그 전에 사용된 '산대(한국)', '희대(중국)' 등과 같은 용어는 근대화 과정에 서양식 단어인 '씨어터'가 들어오면서 밀려났다. 앞에서 언급한대로 씨어터는 장소로서의 극장과 공연예술 또는 연극 그리고 공연 단체 또는 극단 등 다의적으로 사용된다. 우리나라에서는 각각을 지칭하는 단어가 따로 있는 반면 서구에서는 이를 혼용해서 사용한다. 이는 한자 문화권으로 분류되는 동아시아 3국인 한국, 일본, 중국에서 공통적으로 발견되는 경향으로 근대화 또는 서구화되는 과정에서 각각을 구별하여 도입한 것으로 보인다. 세 나라는 각각 길고 강력한 공연예술 전통을 가지고 있었고 공연 공간 또한 서구의 근대 극장과는 차이가 있었다.

한국의 경우만 본다면 근대적 의미에서의 극장이 세워지고 운영된 것은 100년 남짓이다. 지금의 극장의 근원을 찾아가는 데는 일단 그 100여 년을 살펴보는 것이 도움이 될 것이다. 그중에서도 특히 해방 후 70여 년이 직접적인 관련이 있다. 일제강점기 시대의 극장은 극소수의 공간[27]을 제외한 대부분의 극장이 민간인에 의해 설립되고 운영됐다. 공공 지원 없이 운영된 이 극장들은 시장의 법칙에 그대로 기대고 있었다. 이때의 극장들 중 영화가 아닌 공연을 주요 콘텐츠로 삼은 극장은 많지 않았다. 짧지만 강렬한 자취를 남긴 동양극장의 사례를 보면 참고가 되겠다. 동양극장은 당시로서는 최신형 극장이기도 했지만 대부분의 프로그램을 자체적으로 조달한 극장이다. 공연은 동양

27. 황실극장으로 불린 협률사와 일본 총독부가 건립한 부민관이 대표적이다.

극장에서 운영하던 전속단체인 호화선과 청춘좌 등이 맡았다. 자연스러운 프로듀싱 씨어터인 셈이다. 극장의 대표격인 두 전속단체는 동양극장뿐 아니라 전국을 무대로 순회공연을 함으로써 유지 가능했다. 프로듀싱 시어터였지만 극장은 극장대로, 단체는 단체대로 운영한 셈이다.

해방 후 우리나라의 예술 상황은 매우 열악했다. 그런 중에도 국립극장이 만들어진 것은 대단한 사건이다. 일제강점기 부민관으로 지어진 공간이 첫 국립극장이었다. 당시의 국립극장이라는 것은 건물이나 공간으로 한정하지 않았다. 1950년에 제정된 '국립극장설치법'[28] 1조는 '민족예술의 발전과 연극문화의 향상을 도모하기 위하여 정부는 국립극장을 경영할 수 있다'고 명시하고 있다. '연극문화'라는 개념을 분명히 한 것은 이 극장이 유럽의 연극 중심 극장을 전제로 한 것이기 때문이다. 그럼에도 불구하고 국립극장은 2000년에 이르기까지 연극문화와 거리가 있는 국립예술단체를 연거푸 창단하게 된다. 국립극장 설립과 함께 1950년 창단된 국립극단에 이어 국립창극단, 국립무용단, 국립오페라단(이상 1962년), 국립교향악단(1969년)[29], 국립발레단, 국립합창단(이상 1973년), 국립국악관현악단(1995년) 등이 창단되어 국립극장을 홈으로 이용하는 예술단이 되었다. 지극히 한국적인 형태다. 절대적으로 부족했던 공연 공간을 필요에 의해 만들어진 여러 장르의 공연 단체가 공유하게 된 것이다. 극장의 콘텐츠를 담당할 주체인 공연 단체와 극장이라는 공연 공간이 소프트웨어와 하드웨어의 속성에 따라 각각 진행되어 국립극장이라는 공간에서 만나게 되었다. 우리나라 극장의 다수를 차지

28. 1950년 5월 8일자로 제정된 이 법률은 5개 조로 구성된 매우 간단한 법률이었다. 이 법률은 1973년 1월 정부조직법 개정과 함께 폐지되었다.
29. 1956년 KBS 소속 교향악단으로 창단되었다. 1969년 국립극장으로 운영권이 넘어가 국립교향악단이라는 명칭을 얻었다. 1981년 언론통폐합 과정에 KBS로 환원되어 이후 KBS교향악단으로 운영되고 있다.

하는 프리젠팅 씨어터 때문에 극장과 단체의 분리는 더욱 공고화된

다. 우리나라에서 지금의 극장 인프라 모양을 갖춘 것은 1980년대

이후다. 한편으로는 문예회관이라고 하는 공공 극장이 전국에 세워

지고 대학로에는 소극장 클러스터가 형성되었다. 공공 극장과 민간

극장이 앞서거니 뒷서거니 대거 개관하였다. 짧은 시간에 양적으로

크게 확대된 것이다.

일본에 근대 극장이 도입되는 과정도 비슷하다. 유민영은

일본에서 근대적 극장이 탄생한 시점을 1890년대로 잡고 있다.[30]

1896년 6월 동경 간다(神田)의 미사키초(三崎町)에 개

관한 가와카미좌(川上座)를 일본에서의 서양식 극장의

탄생으로 보는 것이다. 일본에는 그 이전에 가부키 극

장이나 노극장과 같은 전통 극장들이 있었다. 가와카미

30. 유민영, 예술경영으로 본 극
장사론, 태학사, 2017, 20-21쪽.
31. 랴오번(오수경 외 옮김), 중
국 고대극장의 역사, 솔출판사,
2007, 401-406쪽.

좌는 가와카미 오토지로라는 사람이 만든 것인데 그는 1893년 파

리를 시찰하고 돌아와 프랑스 극장을 모델로 신연극을 위한 공간을

새로 만들었다.

오래되고 강력한 문명과 공연 전통을 가진 중국도 마찬가

지다. 랴오번은 신식 무대의 출현을 1908년 상해의 남시 십육포에

세운 '신무대(新舞臺)'로 보았다.[31] 경극 배우들이 공동으로 세운 신

무대는 구식 극장인 희대(戲臺) 전면의 모서리 기둥을 없애고 돌출

무대를 프로시니엄 무대로 바꾸었다. 서양 극장의 관람 형태를 좇아

극장 안에서 차를 마시거나 손수건을 던지고 수고비를 요구하는 문

화를 없앴다. 무대는 회전무대를 포함하여 다양한 신식 무대설비와

조명, 음향장비를 갖춰 이전과 확연히 다른 공연 환경을 만들어 내

었다. 산만하고 유연한 극장에서 관객이 관극에 집중하는 공간으로

변화한 것이다. 북경에서 처음으로 '극장'이라는 명칭을 붙인 극장

은 1921년에 개관한 '진광극장(眞光劇場)'이었다. 북경이 비교적 보수적인 사회인 만큼 서양식 극장의 도입도 상해에 비해 시간이 걸린 것이다. 진광극장은 무대에 정면 막과 측면 막을 마련하고 지금과 같은 형태의 극장 시스템을 구현했다. 진광극장은 몇 년 후 연극 공연을 포기하고 전문 영화관으로 간판을 바꿨다.

중국과 일본의 서양식 근대 극장의 역사는 불과 1백여 년에 불과한 셈이다. 그중에서도 현재와 같은 극장망이 만들어진 것은 더욱 최근의 일이다. 일본에서는 1970년대 후반부터 전국에 공공 극장을 짓는 붐이 일기 시작한다. 전국에 2천여 개가 넘는 공간이 이 시기에 집중적으로 건립되었다. 이 극장의 대부분은 서양식 극장이다. 대체로 규모가 작은 편으로 커뮤니티 지향성이 강한 편이다.

중국의 극장 건립 붐은 최근의 일이다. 2000년대에 들어서 대형 아트센터의 건립이 1선 도시에서 2선 도시[32]로 확대되며 전국에 대형 아트센터 네트워크를 마련하고 있다. 이들 아트센터도 전형적인 서구 극장과 서구 아트센터의 형태를 띠고 있다. 중국의 극장 건립 붐은 지금도 진행 중이다.

일본과 중국의 건립 붐 사이에 한국이 있다. 동아시아 세 나라가 겪은 변화가 비교적 비슷하다. 극장 건립 붐이 문화폭발의 한 현상이라고 보면 넓은 의미에서의 문화 폭발의 패턴을 읽을 수 있다. 서양 극장사에서 근대 극장이 팽창하고 진화하는 데 여러 요소들이 나타난 것처럼 현대의 여러 국가에서 유난히 하드웨어가 폭발적으로 늘어난 사례에서 공통점을 발견할 수 있는 것이다. 문화폭발은 산업 구조의 고도화와 급격한 경제적 성장 후에 나타나는 후행적 현상이다. 개인 가처분 소득이 높아져 일정한 수준에 도달하

32. 중국 1선 도시는 베이징, 상하이, 광저우, 선전 4개 도시를 가리킨다. 신(新) 1선 도시는 청두, 항저우, 충칭, 우한, 시안, 쑤저우, 톈진, 난징, 창사 등 15개 대도시를, 2선 도시는 그보다 규모가 작은 30개 도시를 말한다.

고 삶의 질이 중요해지는 사회적 분위기가 조성되며 사회체제가 안
정되는 시기 이후에 문화와 예술에 대한 니즈가 구체화되고 이를 반
영하여 국가와 사회는 과감하게 대규모로 비용을 지불하기 시작하
는 것이다. 동아시아 세 나라는 나란히 서구 문명의 국외자라는 공
통점을 가지고 있어 더욱 비슷한 길을 걷고 있는 것으로 보인다.

한국의 고대 극장

신선희는《한국 고대극장의 역사》라는 책에서 우리 고대 극장을 다
루고 있다. 이 책에서 저자는 "자연공간을 향해 신속하게 열리고 닫
히는 한국 의례공간의 유동성은 고정된 관념적 극장공간을 해체하
는 현대 환경 극장의 원리와 같은 것이며, 인간의 극행동이 현시적
인 사건으로 확대되는 제의적 야외 극장의 양상과 일치한다"[33]고 주
장하고 있다. 여기서 그가 인용한 '환경 극장'은 "고대의
제의공간을 부활시켜야 한다는 신념으로 사실주의 액
자를 무대를 거부하고 일상의 공간이나 자연공간 속에

33. 신선희, 한국 고대극장의 역
사, 열화당, 2006, 6쪽.
34. 위의 책, 219쪽.

서 연극을 올리는 탈극장운동"[34]으로 설명하고 있다. '현대 환경 극
장'도 같은 의미로 사용된 것으로 보인다. 우리 고대 극장에서 초기
에는 자연이 주요한 요소였다면 후기에는 생활공간이 활용되었다.
　　　신선희의 이러한 주장은 서양 극장사와도 통한다. 동서양
의 고대 문명은 공통적으로 제의와 관련한 야외 공간에서 공연예술
의 원형이라고 할 수 있는 다양한 이벤트를 선보였다. 서양 문명도
마찬가지다. 공연을 하는 상설 공간으로 아직 남아 있는 그리스의
야외 극장 또한 자연 가까이 지어졌다. 성소 안팎이나 도시 외곽에

야외 극장을 조성한 것은 자연을 활용하는 데에 유리하기 때문이었다. 산과 바다와 같은 거대 자연은 제의적 성격이 강한 공연물에는 적절한 배경이고 환경이었다. 연희와 공연예술의 원형이 제의와 밀접한 관련이 있다는 점에서 자연스러운 공통점이다.

조선 시대의 공연 공간

삼국 시대와 고려 시대에 이어 연희의 전통은 조선 시대로 계승되었다. 사진실은 조선 시대의 공연 공간을 공연예술의 생산과 수용이 이루어지는 곳으로 보고 관객 구성의 특성과 물리적 개폐성에 따라 폐쇄공간, 준폐쇄공간, 준개방공간, 개방공간 네 가지로 구분하였다.[35]

폐쇄공간과 준폐쇄공간에서는 왕실과 관련된 공연들이 이루어졌다. 폐쇄공간의 대표적인 행사가 궁궐 안에서 이루어지는 잔치를 뜻하는 진연(進宴)이다. 이런 공연이 이루어지

35. 사진실, 조선시대 공연공간과 공연미학, 태학사, 2017, 18-25쪽.

는 동안 궁궐은 일시적으로 연희 공간이 되고 공연 공간이 된다. 관객은 제한되고 물리적 공간도 고정되어 있다. 준폐쇄공간은 왕실이 주최하는 행사이지만 공간 자체는 궁궐 바깥이었다는 차이가 있다. 종묘의례 등 궁 밖의 행사를 마치고 환궁할 때 광화문 앞에 이르는 연도에서 여러 가지 행사와 잡희가 연행되었다. 관객은 제한되었지만 최종적인 관객은 일반 백성을 지향하고 있었고 물리적으로도 궁궐 밖 연도로 민간인에게 노출되어 있었다. 무대는 고정되어 있지 않고 심지어 이동형이라고도 볼 수 있었다.

개방공간과 준개방공간은 관객을 제한하지 않았고 연희자와 관객(또는 대표 관객)간에 경제적 거래 관계가 있어야 이루어졌다. 개방공간과 준개방공간의 차이는 초청자의 유무로 갈린다. 후자는 대표 관객이라고 볼 수 있는 초청자가 연희자를 불러 판을 벌이는 경우가 전형적인 형태다. 경제적 능력뿐 아니라 예술 향유의 의지도 있어야 가능한 일이다.

조선 시대는 왕실과 민간 모두 다양한 공연 공간에서 다양한 이벤트를 벌였다. 공연 공간도 다양하고 관객의 구성도 그에 맞춰 이루어졌다. 그러나 극장이라고 할 만한 고정적 공간은 존재하지 않았다고 봐야겠다. 서구의 르네상스 이후 등장하는 본격적인 실내 극장과는 다른 공간에서 공연이 이루어진 셈이다. 궁궐이든 사대부의 사가든 이러한 실내외 공간은 공연을 목적으로 조성된 공간이 아니다. 광화문이나 연도, 장터 등은 더욱 그렇다. 이런 점은 우리 공연문화의 전통적 특징으로 삼을 수 있겠다. 사진실은 이를 '극장의 무형성', '건축물의 임시성', '공간전환의 일상성' 이라는 3대 특징으로 정리했다.[36]

폐쇄공간의 대표적인 이벤트는 궁궐 안에서 열린 진연(進宴)이었다. 세자 및 신하가 임금에게 임금이 대비에게 올리는 잔치로 기녀나 무동의 정재가 포함되었다. 진연은 외연과 내연으로 나뉘어 진행되었다. 외연은 주로 정전(正殿)에서 내연은 주로 편전(便殿)이나 내전에서 열렸다. 두 곳 모두 주 목적이 공연 공간이 아니니 일시적으로 조성된 공연 공간이 되는 셈이다. 진연 중에서도 '왕실극장'이라는 호칭을 얻은 창덕궁 연경당에서 열인 진작(소규모 진연)이 돋보인다. 1828년 연경당에서 열린 이 행사에는 19개의 창작 정재가 발표되는 등 공연예술사 측면

36. 사진실, 공연문화의 전통, 태학사, 2002, 68-69쪽.

에서 주목할 만한 의미를 지닌다.[37]

홍미롭게도 사진실은 유럽의 극장사에서 진연의 공연 공간과의 유사성을 찾고 있다.[38] 유럽은 1500년대 이후 궁정의 임시 극장이 마당에서 실내로 옮겨왔다는 것이다. 다른 용도로 지어진 넓은 강당을 극장으로 활용했다. 16세기 말에서 17세기 중반에 이르러 궁궐 내에 공연을 목적으로 하는 상설 궁정 극장이 건축되는데 우리의 경우와 발전 단계가 유사하다는 것이 그의 주장이다. 실제 르네상스 시대 코메디 프랑세즈 등의 극장 이전에 베르사이유 궁 안에 들어선 궁정 극장은 유럽 중세 이후에 등장한 새로운 극장 문화를 보여준다. 유럽의 공연 공간이 궁정 내에서 운영한 궁정 극장에서 시민을 대상으로 하는 본격적인 실내 극장으로 이어진 지점에서 우리와 다른 길을 걷게 된 것으로 보인다.

37. 사진실, 조선시대 공연공간과 공연미학, 태학사, 2017, 246쪽.
38. 사진실, 위의 책, 433쪽.
39. 신선희, 한국 고대극장의 역사, 열화당, 2006.

산대

인공적인 조형물로 극장 공간을 대신하는 경우가 있었으니 그것이 산대(山臺)다. 궁궐 밖의 의례는 물론 축제 공간을 형성하는 중심축이 되었다. 산대는 산(山)과 대(臺)로 이루어진 단어다. 산대는 형상도 산의 모양을 띠고 있었지만 규모와 정교함에서도 실제 산에 비유되었다. 신선희는 그의 책[39]에서 "산(山)의 장치와 대(臺)의 장치"라는 의미심장한 소제목을 내세우며 산대를 설명하고 있다. 그에 따르면 산은 한국인에게 지상에 존재하는 성역의 땅이다. 고대의 제천의례부터 삼국 시대, 고려, 조선에 이르기까지 일관된 상징이다. 그는

"한국의 의례공간에서 산은 실재하는 이상공간이었고 대는 이 세계를 공개적으로 보여주는 극행동의 공간"이었으며 "대를 둘러싼 세속의 공간은 마당이라는 놀이공간을 창조"했다고 설명하고 있다.[40]

가설 무대를 지칭하는 산대는 신라 시대에서 '채붕'이라는 이름으로 등장하여 고려 시대에 용어가 정착됐지만, 구체적인 실체가 드러난 것은 조선조다. 나례청의 주도로 광화문과 돈화문 앞에 연희를 위한 산대를 세워 각종 프로그램을 소화했다. 산대는 가설 무대지만 규모는 대단히 컸던 것으로 보인다. 규모가 큰 산대를 만들 때 기둥으로 사용한 대나무의 키가 90척(약 27m)에 달했다. 산대를 묘사한 '바퀴달린 기암괴석'이라는 말에서 보는 것처럼 산대는 사실적으로 제작되기도 했지만 이동이 가능한 무대였다. 세계 극장사상 유례를 찾아볼 수 없을 정도로 괴이한 야외 이동무대라는 해석이 가능하다. 산대의 종류 중에는 아예 다른 장소에서 만들거나 보관했다가 현장으로 이동해서 사용하는 예산대(曳山臺)도 있었다. 규모가 준 대신 이동성은 대폭 강화된 형태였다. 산대는 연희가 이루어지는 무대인 한편 무대배경 역할을 겸하였다. 산대를 무대로 사용하는 연희로 산대 위에 잡상(雜像)을 설치하고 놀리는 인형극 등이 있고 산대를 배경으로 산대 앞마당에서 펼쳐진 연희로는 탈춤, 줄타기, 땅재주 등이 있다. 산대에서의 행사는 왕실이 주최하고, 행사를 직접 운영하는 나례청은 의금부가 운영했지만 이루어진 연희는 궁정에서 이루어진 것과 달랐다. 따로 입장료를 받지도 않았기 때문에 누구나 관람할 수 있었다. 이런 특성 때문에 산대는 조선 시대의 공연 공간으로 매우 중요한 의미를 갖지만 한편으로는 지속성을 가질 수 없었다.

40. 신선희, 위의 책, 275쪽.

황실극장 협률사

우리나라 최초의 실내 극장으로 1902년에 대한제국 황실이 마련한 협률사(協律社)가 꼽힌다. 이 극장을 황실극장이라고 부르는 것은 황실에서 사용할 목적으로 운영한 극장이라는 뜻에서가 아니다. 그보다는 고종의 측근이었던 장봉환이 군악대 설치 경비를 보충하기 위해 고종에게 건의하여 황실의 내탕금을 종잣돈으로 하여 수익형 극장을 운영한 것에 가깝다. 유럽식 실내 극장을 표방했다고 하지만 공연된 내용은 판소리와 시조, 잡가, 잡희 등 다양한 연희가 주를 이루었다.

협률사는 대중의 기호를 충족시키는 전형적인 상업 극장으로 운영된 것으로 보인다. 이렇듯 대중의 니즈를 정확히 반영한 덕분인지 큰 인기를 끌었고 비슷한 형태의 무대가 추가적으로 등장한 것으로 기록되어 있다. 광무대, 단성사, 연흥사, 장안사 등의 공연장이 운영된 것은 물론이고 대형 고급 요릿집에도 비슷한 간이무대가 설치되었다고 한다. 협률사는 본격적인 엔터테인먼트 라이브 공연을 전문적으로 행하는 우리나라 최초의 실내 극장이었고 영향력도 작지 않았다.

원각사

협률사를 시작으로 몇 개의 극장이 운영되었지만 그중에서도 원각사(圓覺社)는 각별한 의미를 가진다. 원각사의 첫 공연이 신극 〈은세계〉라는 점에서 보이는 것처럼 이 극장의 주요 레퍼토리가 신극이었기 때문이다. 신극 〈은세계〉의 작가이기도 한 문인 이인직이 협률사의 후신인 관인구락부(군인회관)를 인수해 1908년에 개관했다.

　　이인직은 일본에서 연극을 공부하고 돌아온 지식인이었다. 이인직은 조선 최초의 신소설로 꼽히는 《혈의 루》의 작가이기도 하다. 이인직이 원각사에서 공연을 올리면서 '신연극'을 표방함으로써 그동안 조선에서 공연되었던 연행물들은 자연스럽게 '구극'으로 밀려났다. 일본을 통해 유입된 신식 공연예술의 힘이었다. 원각사가 〈은세계〉를 초연한 100년 후인 2008년 우리는 '한국 신연극 100년'을 기념했다. 사실상 우리 신연극의 시작을 〈은세계〉로 간주한 것이다. 원각사는 이 사건만으로도 주목할 가치가 큰 극장이다. 1995년 국립극장은 원각사의 전통을 계승한다는 명분으로 작은 극장을 하나 열고 정동극장이라 불렀다. 원래 원각사는 서울 광화문 새문안교회 자리에 있었던 것으로 알려져 있었으나 금호아트홀과 새문안교회 사이의 골목길 안쪽으로 새롭게 확인되었다.

그림36 원각사

동양극장

이인직의 〈은세계〉가 쏘아올린 신극은 오랫동안 창극, 신파극, 전통
연희 등과 공존하며 경쟁했다. 언제나처럼 한 가지 성격의 예술만
존재하지 않는다. 동양극장이 등장하는 1930년대까지도 마찬가지였
다. 이 시기에서 주목할 흐름은 두가지다. 하나는 1920년대부터 싹
트기 시작한 서구식 신극 운동으로 극예술연구회가 주축을 이루고
있었다. 다른 하나는 1910년대부터 계속된 신파극의 상
업적 확대였다.[41] 당연한 얘기지만 신극 운동은 관객 동
원과 재원 마련에 고전했다. 이에 비해 신파극은 시대
의 변화를 수용하고 관객의 니즈에 응답하면서 대중극으로 나아가
고 있었다. 동양극장은 대중극으로 성장한 신파극의 정수라 할 수
있는 극장이다.

41. 김기란, 서울의 연극, 서울역
사편찬원, 2019, 73쪽.

　　　1935년 무용가 배구자와 그의 남편인 홍순연에 의해 개관
한 동양극장은 당시 조선에서 가장 크고 좋은 시설을 자랑하는 본
격적인 전용 극장이었다. 두 개 층으로 나뉜 객석이 648석이었고 매
표소, 분장실, 소도구 제작실, 의상실 등을 갖추었으며 겨울에는 난
방도 가능한 극장이었다. 무대에 회전무대와 호리즌트를 갖추었고
장치 제작실을 두었다. 스스로 공연의 모든 것을 만들 수 있는 시스
템이었다.

　　　동양극장의 공연은 전속극단에 의해 만들어졌다. 처음 만
들어진 청춘좌를 비롯해 동극좌, 희극좌, 호화선 등은 우리나라 최
초의 직업극단(예술단)이었다. 전속작가와 제작진, 배우 등은 극장
에 소속되어 월급을 받았다. 일부 아티스트는 스타급 배우로 장안
에 큰 인기를 몰고 다녔다. 연중무휴로 공연하며 레퍼토리 시스템으

로 운영하며 동양극장뿐 아니라 지방 공연도 병행했다. 동양극장 청춘좌의 최대 히트작인 〈사랑에 속고 돈에 울고〉(속칭 '홍도야 우지 마라')의 경우에는 객석 수가 훨씬 컸던 부민관으로 장소를 옮겨 장기 공연한 사례도 있었다.

동양극장은 상업적 대중극을 하는 극장이었다. 정부나 기업의 지원은 생각할 수 없었다. 시장 판도의 변화에 따라 경영은 롤러코스터를 탔다. 1945년 해방까지 유지되었던 동양극장은 해방 후 대관 극장, 영화관을 거쳐 현대건설의 해외 파견 근로자 교육장으로 사용되다가 결국은 1990년 2월 완전히 철거되었다. 그 자리에는 문화일보사가 사옥을 지었고 문화일보사는 사옥의 2층에 문화일보홀이라는 극장을 두었다. 이 극장에는 실버 관객을 위한 프로그램으로 '청춘극장'을 운영하고 있다. '청춘좌'에서 따온 이름으로 보인다.

그림37 동양극장

부민관

부민관(府民館)이 개관한 해는 동양극장과 같은 1935년이다. 부민관은 조선총독부가 주도하고 공기업인 조선전기가 비용을 대고 건립한 대규모 공공 극장이다. 총독부는 본토의 주요 도시에 준하는 규모와 시설을 가진 복합문화공간을 식민지 수도에도 지었다. 대강당의 객석이 1,800석에 달하고 다양한 종류의 공연과 영화 등을 수용할 수 있도록 첨단의 무대 설비 시스템을 갖췄다. 냉난방이 되는 매우 드문 공간이기도 했고 다양한 편의 시설이 입주해 단번에 경성의 명소로 떠올랐다.

　　부민관은 동양극장과 여러모로 대비가 되었다. 첫째는 자본과 운영 주체의 차이다. 동양극장이 민간 상업 극장인 반면 부민관은 공공 극장이었다.[42] 둘째, 부민관은 별도의 전속단체를 두지 않고 대관과 기획 위주로 극장을 운영한 반면 동양극장은 전형적인 프로듀싱 씨어터였다. 부민관은 창극과 연극, 무용, 영화 등 다양한 장르의 다양한 속성을 가진 공연을 수용했다. 이만한 규모와 시설이 전무했던 조선에서 부민관은 최고 수준의 공연물이 공연되었다. 이에 비해 동양극장의 콘텐츠는 스스로 마련했다. 동양극장의 브랜드가 콘텐츠와 하나였던 것이다. 셋째, 두 극장의 운명도 달랐다. 부민관은 해방 후 우리나라 최초의 국립극장으로 사용되다가 대한민국 국회, 세종문화회관 별관, 서울시 의회 등으로 용도가 바뀌었지만 여전히 서울 한복판에서 위용을 뽐내고 있다. 동양극장은 소리소문없이 허물어져 흔적을 찾을 수 없다. 〈동양극장〉이라는 TV 드라마로 남아 있을 뿐이다.[43]

42. 여기서 공공 극장은 public theatre의 단순한 번역어이다. 부민관은 1935년 개관의 주요 동기가 식민지 통치 차원이었음은 물론 일본 제국주의 전쟁이 본격화된 이후에는 친일의 본거지로 활용되었다. 그럼에도 불구하고 굳이 분류하면 '공공 극장'이다.
43. KBS 2TV에서 2001년 방영되었다.

국립극장

아시아 최초의 국립극장이기도 한 우리나라 국립극장은 1950년 4월 개관했다. 국립극장의 성립은 1950년 제정된 '국립극장설치법'에 따른 것이다. 현재의 국립극장의 정식 명칭이 국립중앙극장인 것에서 짐작할 수 있듯이 우리나라 국립극장은 서울뿐 아니라 지역에도 같은 형태의 국립극장을 둔다는 것이 처음의 계획이었다.

　　식민지 시절 공공 극장으로 건립되었던 부민관이 1950년 첫 번째 국립극장으로 재탄생했다. 한국전쟁으로 첫 국립극장은 2개월 만에 문을 닫았다. 1953년 대구 문화극장이 문을 닫은 서울의 국립극장을 계승해 두 번째 국립극장의 간판을 내걸었다. 서울에서 다시 국립극장의 문을 연 것은 1957년이었다. 명동에 있던 명동예술회관을 국립극장으로 사용하게 된 것이다. 새로 국립극장이 된 명동예술회관은 1936년 명치좌로 개관하여 이후 국제극장, 시공관, 명

그림38 첫 번째 국립극장(구 부민관) ⓒ 한양대학교 동아시아 건축 역사 연구실

그림39 두 번째 국립극장(구 대구문화극장)

그림40 세 번째 국립극장(구 명동예술회관)
출처: 국가기록원

동예술회관으로 이름을 바꾸며 온 영화관에서 극장으로 전환한 곳이다. 일본인 자본에 의해 일본인 중심 지역에 지어졌고 주로 일본 영화를 상영한 것으로 알려져 있다. 객석 수가 1천 석이 넘는 대형 극장인 만큼 당시 경성의 유력한 위락시설이었다. 명동예술회관은 1957년부터 1973년까지 국립극장으로 운영되었다. 명동 국립극장은 국립극장이 남산 기슭에 새로 지은 장충동 극장으로 이전한 후 1975년 한 금융사에 매각되었다. 이 건물을 정부가 다시 매입한 것은 2004년이다. 지금은 명동예술극장이라는 이름으로 국립극단이 운영하고 있다.

현재의 국립극장은 1973년 완공한 새 건축물이다. 1967년 착공한 후 6년이 걸린 새 극장은 시설과 규모에서 기존의 극장들을 압도했다. 무대도 커지고 시설은 첨단화되었다. 전속단체도 5개에서 8개로 늘어나 고용 인원만 500명을 넘는 대규모 공연기관으로 자리 잡았다.

장충동 국립극장은 이후 여러 번의 변화를 겪었다. 그중에 대표적인 것이 2000년의 책임운영기관 지정이다. IMF사태와 함께 집권한 김대중 정부는 미증유의 경제 위기를 극복하는 데 온 힘을 쏟았다. 그중의 하나가 '민영화'다. 민영화는 공공 부문을 매각하는 적극적인 방안부터 공공기관에 민간경영을 도입하는 방안까지 다양하게 이루어졌다. 책임운영기관제도는 후자의 대표적인 정책이었다. 예술 부문에서도 경쟁력과 자생력을 요구받았다. 국립극장은 이후 극장장에 외부 전문가를 임용하는 등 다양한 변화를 도모하였다.

그 변화의 결과 중의 하나가 전속단체들의 독립 법인화다. 책임운영기관 출범 당시 8개였던 전속단체는 4개를 남기고 모두 법인화되었다. 국립오페라단, 국립합창단, 국립발레단, 국립합창단 4개

단체는 각각 개별적인 재단법인으로 독립하고 홈을 예술의전당으로 옮긴다. 입주단체로 국립극장에 상주하던 코리안심포니오케스트라까지 이 대열에 합류했다. 국립극단이 법인화된 2010년 이후 지금은 전속단체 중에서 국립창극단, 국립무용단, 국립국악관현악단 등 전통 기반의 공연단 3개가 남았다. 하드웨어는 여러 번의 리노베이션과 증축 과정을 거쳐 4개의 공연장 체제로 정착되었다. 2020년 초 현재도 대극장인 해오름극장은 전면적인 리노베이션 중이다. 국립극장이 브랜드와 콘텐츠에서 가능성을 보인 것은 2012년부터 선보인 시즌제를 통해서다. 본격적인 시즌제로는 우리나라 최초라고 할 수 있는 국립극장 시즌제는 내부 역량을 최대한 활용하면서 우리식 시즌제와 레퍼토리 시스템을 구축한 사례로 꼽힌다.

그림41 현 국립극장(장충동) © 국립극장

드라마센터

연극 전용 극장으로 건립된 드라마센터는 1962년 개관했다. 500석 규모의 드라마센터는 탄생과 운영에서 독특한 행보를 보인 극장이었다. 드라마센터의 주인공은 유치진이었다. 일제강점기의 친일 행적에도 불구하고 유치진은 해방 후에도 공연예술계에서 왕성하게 활동했다. 유치진의 주요 활동은 교육 부문으로 확장되었다. 그의 예술 활동과 교육 활동의 접점에 드라마센터가 있었다. 김중업이 설계한 이 극장의 건립에는 록펠러재단의 지원이 한몫했다. 드라마센터는 20세기 중반의 현대적 트렌드를 반영한 극장으로 알려져 있다. 프로시니엄 극장에서 벗어나 관객 속으로 깊숙이 들어간 돌출 무대 스타일이 그 중의 하나다.

　　드라마센터의 현실은 녹록치 않았다. 정상적으로 운영된 것이 개관 후 1년도 안 된다는 말이 나올 정도다. 순수한 민간 극장

그림42 드라마센터 (1962)
출처: 국가기록원

이면서 현대적 작품을 공연하는 극장이 가지는 한계를 극복하기 어려웠을 것이다. 드라마센터가 극장으로서 되살아난 것은 오랫동안 예술대학의 학습장으로 이용되다가 서울시에 임차된 2009년 이후다.[44] 서울시는 서울문화재단에 이 극장을 위탁했다. 서울문화재단에 의해 '남산예술센터'라는 새 이름을 얻은 드라마센터는 모든 작품을 자체적으로 기획, 제작하는 제작 극장의 하나로 자리 잡았다.

44. 3년 단위로 임대차 계약을 갱신하고 있다.

소극장

공연 생태계에서 소극장의 역할은 적지 않다. 크고 시설이 좋은 극장은 그만큼 조건과 제한이 많은 법이다. 초기 소극장은 예술적 동기가 강하게 작용하였다. 마땅한 공연 공간이 부족하기도 했다. 극단이나 공연 집단이 주동이 된 것도 같은 맥락에서 볼 수 있겠다. 그만큼 지속성에서는 취약하다. 대부분의 소극장이 기존 건물의 일부를 임대해서 극장으로 조성했다. 지역일수록 소극장은 수도 적지만 오래 운영하기 어려웠다. 이 때문에 일부 소극장은 정부의 지원을 받아 운영을 지속하기도 한다. 삼일로창고극장과 세실극장이 대표적인 사례. 두 소극장은 서울시가 나서서 폐쇄를 막은 경우다. 삼일로창고극장은 서울문화재단이, 세실극장은 서울연극협회가 위탁 운영 중이다.

소극장이라 할 만한 극장이 등장한 것은 서울 을지로 입구에 마련한 원각사(1958년)를 시작으로 카페 테아트르(1958년, 서울 명동), 실험소극장(1973년, 서울 운니동), 삼일로 창고극장(1975

년, 서울 명동), 세실극장 (1976년, 서울 정동), 공간 사랑(1977년, 서울 원서동) 등으로 이어졌다. 1970년대 중반에는 신촌을 중심으로 소극장들이 운영되었다. 당시 청년 문화의 중심지가 신촌인 데다 비교적 임대료가 낮았기 때문이었다. 76극단의 76극장, 산울림소극장, 민예극장, 서라벌극장 등이 신촌 소극장군을 형성했다. 1985년에 개관한 연우소극장도 가세했다.

우리나라 소극장의 1차 붐은 1970년대에 이어 1980년대에 더욱 본격화되었다. 1981년부터 1985년 사이 개관한 소극장의 수가 29개였다. 이는 1970년대 말을 기준으로 할 때 존재했던 11개에 비하면 크게 늘어난 것이다. 1989년을 기준으로는 50여 개의 소극장이 서울 시내에서 운영되고 있었다. 그 중 40여 개는 1980년대에 개관한 것이었다. 이러한 소극장 1차 붐은 1980년대라는 시대성으로 읽을 수 있다. 군사 정권은 한편으로는 문화예술에 유화적인 제스처를 취했고 공연법을 개정하며 소극장 운영의 걸림돌의 일부를 치웠다. 사회적으로 청년 문화가 활성화되면서 새로운 예술에 대한 니즈가 힘을 얻어갔다. 서울의 소극장 붐은 지역으로도 확대되었다.

소극장의 2차 붐이라고 볼 수 있는 대학로는 1차 붐의 연장선상에 있다. 신촌을 중심으로 형성되었던 소극장들은 상업화와 지가 상승에 밀려 대학로라는 새로운 지역으로 둥지를 옮겼다. 1975년 서울대학교의 관악구 이전으로 인해 공간 여유가 생긴 지역이라는 점과 문예회관(현 아르코예술극장)의 개관은 샘터 파랑새극장, 바탕골소극장, 동숭아트센터, 연우소극장 등으로 이어지는 소극장 붐을 촉발했다. 대학로는 소극장을 중심으로 극장이 밀집하는 속도만큼 지역 상업화도 급속히 진행되었다. 문예진흥법이 정한 문화지구로 지정되기도 했지만 시장의 성장은 젠트리피케이션의 전형을 보여준다. 대학로를 넘어 '오프 대학로'라고 부르는 지역까지 그 영역이 확장되고 있다. 다른 지역에 클러스터를 새로 만들자는 논의도 진행 중이다.

1970년대 이후 우리나라 극장 인프라의 흐름[45]

1970년대는 우리나라 문화정책에 있어 의미가 깊은 시기이다. 1970년대 초반에 처음으로 법적으로 문화정책이라는 것이 수립되었기 때문이다. 1972년 문화예술진흥법이 제정되고 이 법률에 의거하여 1973년 한국문화예술진흥원(현재의 한국문화예술위원회)이 문을 열었다. 한국문화예술진흥원이 건립한 문예회관은 국가나 지방정부가 직접 건립하지 않은 최초의 공공 극장이자 대학로 클러스터

45. 한국 신연극 100주년을 맞아 개최한 세미나에서 필자가 발표한 원고를 수정해 실었다. 이승엽, 공공 극장 활성화를 위한 진단과 제언, 한국연극 100년 대계 수립 프로젝트 - 한국 신연극 100주년, 새로운 100년을 준비하는 연속 세미나, 한국연극협회, 2007.11.19.

구분	선도 공간	기초 인프라	민간 부문
1970년대	국립극장(장충동) 세종문화회관	시민회관	소극장 활성화
1980년대	예술의전당 1차 개관	문예회관 망 사업 시작	대학로 소극장 밀집 시작
1990년대	예술의전당 전관 개관 국립국악원 전관 개관	문예회관 망 사업 본격화 (69 개 시설)	대학로 활성화
2000년대	LG아트센터 명동예술극장 대형 문예회관	공공 극장의 법인화 차별적 프로젝트: 대형화, 전문화 문예회관 건립 계속(91 개 시설)	LG아트센터 개관 대학로 문화지구 지정 뮤지컬 극장 개관(샤롯데)
2010년대	국립아시아문화전당 뮤지컬 전용 극장 붐 제작 극장 클래식 전용 극장	문예회관 망 사업 완료 다양한 극장 재생 극장	뮤지컬 전용 극장 본격화 융복합 문화 공간 등장 다양한 극장

표1 1970년대 이후 극장의 흐름

조성의 씨앗이 된 극장이다. 우리가 지금 우리가 경험하는 극장의 세계는 대부분 이 시기 이후에 건립된 것들이다. 국립극장(1973년), 세종문화회관(1978년), 대학로 문예회관(1981년), 예술의전당(1988년) 등 대형 극장들과 1980년대 이후 서울 대학로를 중심으로 독보적인 공연 집결지를 형성한 소극장들 그리고 1990년대에 들어서 본격화된 전국의 문예회관 등이 운영되고 있는 극장의 다수를 차지한다. 이런 이유로 1970년대 이후부터 최근까지 공연 공간의 환경과 위상의 변화를 간추려본다. 편의상 10년 단위로 시대를 나누었다.

1970년대: 위용과 규제의 시기

유신과 긴급조치로 이어지는 독재의 시대지만, 아이러니하게도 이 기간에 문화발전 5개년 계획이 수립되는 등 처음으로 문화정책이란 것이 등장한다. 문예진흥원(지금의 한국문화예술위원회)이 설립되고 문화예술 부문에 지원을 시작하는 것도 이때부터다. 그 이전의 문화정책은 문화재정책이라고 불릴 정도로 고답적인 수준에 그쳤다.

공연 공간으로는 거의 단절된 두 개의 그룹이 공존한다. 대규모의 공공 극장과 지원이 아닌 규제의 대상으로 간주되는 민간 소극장이 그 둘이다. 전자의 예로 장충동의 국립극장과 광화문의 세종문화회관이 차례로 개관한다. 두 공연장은 모두 변형된 프로듀싱 씨어터 형식을 띠는데 규모나 형태 면에서 각각 이전보다 크게 확대된 모습을 보인다. 이들은 사실상 우리 손으로 지은 첫 대형 공연 공간이다. 현대 극장사에서 첫 전환기라고 볼 수 있다. 지역에서도 시민회관(또는 군민회관)이라는 이름으로 대중 집회시설이 꾸준히 지어지지만 공연 용도로 사용이 가능할 뿐 전문적인 공연 공간이라고 하기에는 어려운 공간들이다. 일제강점기의 부민관이나 시민회관의 연장선상에 있기도 하다. 민간 부문에서는 1960년대 중반부터 싹이 트기 시작한 소극장 운동이 자유, 실험, 에저또, 세실, 엘칸토, 공간 사랑, 76소극장 등 10여 개로 늘어나 독자적인 영역을 개척하기 시작한다. 이 시기의 소극장은 공연 상품의 생산과 유통 기능을 동시에 수행한 것으로 평가된다.

1980년대: 그랑 프로제의 시대

쿠데타로 집권한 신군부 정권은 취약한 정권의 정통성을 만회하기 위해 사회 전 부문에 소위 '개혁'을 전개한다. 언론 통폐합이나 삼청교육대 같은 조치의 한쪽에서 문화예술 부문에서는 그랑 프로제에 해당하는 건립사업이 전개된다. 국립현대미술관, 예술의전당, 독립기념관 건립 등이 이 기간에 이루어진다. 그랑 프로제는 정치적인 배경이 강하게 작용할 수밖에 없다. 해외의 대형 문화 프로젝트들이 전면에 문화예술을 내세우고는 있으나 특정 정치적, 사회적, 경제적 편익을 도모하는 것은 보편적인 일이다. 공연 공간으로서는 1980년대 초반에 나온 아이디어가 구체화되어 1988년에 1차 개관하게 되는 예술의전당이 무엇보다 중요한 현상이다. 예술의전당은 이전의 대형 공공 공간들과는 전혀 다른 개념과 방향을 설정한다. 소위 복합예술공간(Arts Complex)이라는 개념의 새 공간은 전용 공간들이 한 장소에 모여 있을 뿐 아니라 기능의 범위도 시각예술이나 축제, 교육, 정보 등으로 크게 확대한다. 논 프로듀싱 씨어터를 기본으로 하여 효율을 중시하는 한편, 처음부터 민간법인의 형태로 운영을 시작한다. 예술의전당은 우리 공연 역사에서 많은 '첫' 기록을 가지며 두 번째 중요한 전환점을 기록한다. 이후 우리나라의 대형 극장들은 사실상 이 연장선상에 있다고 봐야 할 것이다.

동시에 이 시기에 나타나는 두 가지 중요한 현상은 문예회관 망 사업이 전국 단위로 확산되기 시작한 점과 대학로를 중심으로 소극장이 모여들기 시작했다는 점이다. 시민회관이라는 집회시설을 버리고 문예회관(초기에는 '문화회관'이라는 이름을 더러 사용하는데 이는 세종문화회관을 벤치마킹했기 때문으로 보인다. 마찬가지로 후에는 '예술의전당'이라는 고유명사를 많이 사용하여 상표권 위반으로 송사로 비화되기도 한다)이라고 하는 새로운 형태의 문화 공간이 만들어지기 시작한다. 통상 문예회관이라고 부르는 이 공간은 대체로 크고 작은 2, 3개의 공연장과 전시공간을 동시에 갖춘 공간으로 이전에 비해 현격히 전문적이고 큰 규모다. 대부분 논 프로듀싱 씨어터이며 전시공간도 콜렉션 기능이 없는 갤러리 형태다. 1980년대 말부터 본격적으로 등장하기 시작하여 각 지역에 건립되었다. 문예회관은 짧은 기간 동안 공연예술 시장의 판도를 바꾼 주역 중의 하나다. 뮤지컬 등 극소수의 부문을 제외하고 공공 부문의 비중이 크게 확대된 것도 같은 흐름이다.

또 하나의 현상은 대학로라는 세계적으로 유례를 찾아보기 어려운 소극장 밀집지구가 자연적으로 조성된 것이다. 대학로의 첫 신호탄은 1981년에 개관한 문예회관이다. 신촌 등 소극장들이 몰려 있던 구역은 이미 소극장이 감당할 수 없을 만큼 임대료 등의 비용이 올라버린 상태였기 때문에 서울대학교의 이전으로 공동화된 동숭동 일대로 몰려들기 시작한 것이다.

1990년대: '문화 복지'와 '문화 산업'

1990년대 초반 문민정부가 들어서면서 30여 년간의 군부 통치가 종식된다. 문민정부에 이어 국민의 정부에 이르는 이 기간 동안에는 정권교체에 못지않게 혁신적인 조치인 지방자치제 실시 등 사회 민주화가 크게 진전된다.

문화 부문에서 이 시기의 키워드 두 개는 '문화 복지'와 '문화 산업'이다. 문민정부의 문화정책을 대변하는 '문화 복지'와 국민의 정부의 정책 방향을 보여주는 '문화 산업'이라는, 이전에는 전혀 낯설었던 단어가 새로운 힘을 얻는다. 수사의 차원이 아니라 문화예술을 보는 가치체계의 변화로 본다. 단순히 여가를 보내는 수단으로서의 문화가 아니라 '삶의 질'을 결정하는 필수 불가결한 요소로 문화예술을 보았고 그러므로 문화예술 소비는 의료나 교육과 같은 복지 차원에서 지원해야 한다는 것이다. 문화예술은 산업적으로나 국가 경쟁력 차원에서도 매우 중요한 자원일뿐만 아니라 그 자체가 고부가가치 산업이라는 데까지 나아간다. 20세기를 문화의 세기라고 할 때는 이런 개념들이 전제된 것이다. 두 개의 새로운 가치 개념의 등장은 공공 부문의 획기적 확대에 크게 기여한다. (2004년에 복권기금이 처음 문화예술 부문에 지원된 씨앗은 이로부터 시작된다고 해도 과언이 아니다.) 처음으로 중앙정부에 문화부가 만들어지고 문화 예산 1%가 달성된다.

이 기간에 눈에 띄는 것은 역시 문예회관 망의 원기 왕성한 번식력이다. 1990년대에만 69개의 문예회관이 건립되었다. 문예회관은 다른 공간과는 차이를 보인다. 한편으로는 국립극장, 예술의전당, 세종문화회관처럼 중앙집권적인 대표성을 갖춘 공간들과,

1980년대 이전에 지방에 건립, 운영한 다중 집회시설에 가까운 시민 회관과 차별성을 보이는 것이다. 첫 번째 그룹과의 차이는 지역의 문예회관들이 '지역 주민의 문화향수'라는 분명한 니즈를 전제로 한다는 점이고, 후자와의 차이는 보다 본격적인 예술 공간이라는 점이다. 이러한 인프라 확대 드라이브 정책은 여전히 유효하다. 2000년대에 들어서도 그 기세는 멈추지 않는다. 중앙정부의 목표대로 기초자치단체마다 1개 이상의 문예회관이 들어설 때까지 계속되었다.

1988년 1차 개관에 이어 1996년 전관 개관한 국립국악원은 우리나라의 다른 공공 극장과는 다른 운영 모델이다. 정악단, 민속악단, 창작악단, 무용단 등 전속 예술단체를 보유하고 남원, 진도, 부산 등에 분원을 운영한다. 우리 전통예술에 기반을 둔 극장이면서 프로듀싱 씨어터로 독자적인 네트워크를 운용하는 독특한 위상을 획득한다.

2000년대: 성장통과 조정의 시기

2000년대는 1990년대 말의 IMF의 연장선상에 있지만 시장 확대와 양극화라는 두 가지 양상이 더욱 첨예화되는 시기다. 공연 분야에서 가장 시장지향적인 장르라고 할 수 있는 뮤지컬이 시장 폭발의 주역으로 등장하는 한편 '기초예술'이라는 새로운 개념이 등장한다. 기초예술은 양적인 확대에서 질적인 밀도와 건강성을 묻는 패러다임의 변화다. 종 다양성은 새로운 문화예술 부문의 화두가 된 것이다. 이러한 관점에 따라 그동안 방치되어 왔던 소극장 등 민간 부문에 관심이 모아진다. 대학로를 문화지구로 지정하고 홍대 지역을 근심스럽게 바라본다. '기초예술'은 '문화 복지'와 '문화 산업'에 이어 2000년대의 핵심 키워드다.

문예회관 망 사업이라는 인프라 확대 정책의 후반부이므로 자연스럽게 콘텐츠와 소프트웨어로 관심의 축이 옮겨간다. 그동안 짧은 기간에 갑자기 폭발적으로 늘어난 대형 공간들의 운영 난맥상이 가중되며 이에 대한 비판과 반성이 만연한다. ① 차별화되지 않은 비슷비슷한 공간의 난립 ② 소프트웨어의 부재 ③ 역할과 기능의 혼돈 ④ 행정 구분에 따른 기계적인 건립 등 문제점에 대한 공감대가 확대되면서 두 가지 새로운 발전적인 양상을 보인다. 첫 번째는 기존의 시행착오를 대폭 줄이고자 노력하는 공간들이 나타나기 시작한다. 전문가를 경영자로 영입하거나 민간법인 운영이나 위탁 운영 등을 통해 전문성과 효율성을 강화하려는 시도가 목격된다. 두 번째는 기존의 문예회관 망의 프로그램을 지원하는 정책들이 속속 전개된다. 전국문예회관연합회를 중심으로 공동 제작이나 프로그램 네트워킹 사업이 전개되고 2004년부터는 복권기금의 지원에 힘입어 주로 지역의 문예회관을 위한 아트페어를 개최하기에 이른다.

새로 만들어지는 공간의 규모가 부쩍 커지는 것도 특기할 만한 사항이다. 안산문화예술의전당, 고양의 어울림누리와 아람누리, 성남아트센터, 대전문화예술의전당 등 1천억 원 이상의 건립비가 소요된 공간들이 2000년대에 들어 속속 개관한다. 막대한 건립비가 소요된 공간은 운영비도 비례해서 커지게 마련이다. 이들 극장은 이전의 공간들보다 현격하게 전문적이고 효율적인 운영을 지향하고 있다. 2000년대 최대의 문화 공간 사업은 여전히 광주 국립아시아문화전당으로 남을 전망이다. 약 7천억 원이 소요된 이 사업은 광주 문화중심도시의 동력으로 설정된 핵심시설로 2000년대 내내 논란과 관심의 대상이 된다.

2000년대에 들어 민간 부문에 특기할 만한 극장으로 LG 아트센터(LG)와 대구오페라하우스(제일모직)가 등장한다. 민간 부문에서 주로 기업이 주도한 공연 공간 운영은 이전에도 많았다. 호암아트홀(삼성), 금호아트홀(금호), 한전아트센터(한전) 등 기업이 관여된 여러 형태의 공연장이 있었지만 앞의 두 극장은 좀 다르다. LG 아트센터는 공공 부문의 대형 공간 못지않은 대규모 집중 투자를 통해 고급스러운 독자 브랜드를 구축하는 데 성공했고 후자는 대형 공간을 건립하여 공공 부문에 기부채납하여 운영케 한 첫 사례를 기록한다. (그 조건이나 건립 배경이 어떻다 하더라도) 특히 LG아트센터는 1980년대 후반 이후 공공 부문이 압도하게 된 중대형 극장 시장의 판도에 참신한 영향을 미친다. 전략적 포지셔닝과 프로그래밍으로 극장경영의 한 모델을 제시한 것이다.

이 시기 상징적인 사건으로 사실상 우리나라의 첫 국립극장으로 여겨지는 명동의 옛 국립극장을 다시 사들여 리모델링해 사용하게 된 사건이 있다. 장충동에 새 국립극장을 짓자 서둘러 시장에 내다 팔아버렸던 것을 그로부터 30여 년이 지난 후에 다시 산 것이다. 이 30년이 그동안 우리 공연예술계의 변화를 웅변하고 있는 셈이다. 이로부터 불과 10년 전인 1990년에 첫 연극 전용 극장으로 꼽히는 동양극장이 오랜 무관심 속에 방치되다가 결국은 최신식 건물과 자리를 바꾸었던 사례에 비추어 보라.

이 시기에는 문예회관 망 사업에 비교적 뒤쳐져 있던 수도권 지역에도 위에 예로 든 대형 공간과 충무아트센터, 나루아트센터, 노원문예회관 등 기초자치단체가 주도하는 문예회관들이 속속 들어선다.

2010년대: 변화와 차별화의 시대

2010년대에 들어서면서 가장 눈에 띄는 변화는 뮤지컬 전용 극장의 가세다. 2011년 9월 디큐브아트센터 개관을 시작으로 같은 해 11월에 문을 연 블루스퀘어는 기존의 샤롯데(2006년 개관)와 함께 뮤지컬 극장 망을 형성했다. 2012년 지역에서는 최초로 부산에 소향씨어터가 개관했다. 부산은 2019년 드림씨어터까지 개관하여 뮤지컬 전용 극장을 두 개 보유하게 되었다. 2013년에도 광림아트센터, 대학로뮤지컬센터, 홍익대 대학로아트센터 등이 연이어 개관했다. 뮤지컬 전용 극장들은 기존의 대형 공공 극장들인 예술의전당, 세종문화회관, 충무아트센터 등에 대한 의존도를 낮추며 LG아트센터, 두산아트센터 등 민간 극장과 함께 뮤지컬 시장의 급격한 확대를 이끌었다.

2010년대는 보다 다양한 공간들이 더 많이 선을 보인 시기다. 2010년 재단법인으로 독립한 국립극단이 서계동 차량기지를 개조해서 선보인 극장은 많은 한계와 단점에도 불구하고 국립극단 최초의 전용 극장으로 각광을 받았다. 국립극단은 백성희장민호극장과 소극장 판 등 2개의 공연장과 연습실 등 부대시설을 갖춘 서계동 문화 공간에 더해 2015년 명동예술극장과 합쳐지면서 각각 다른 특성을 가진 세 개의 극장을 보유한 공연 집단이 되었다. 세 개의 공연장은 극장 형태부터 규모에 이르기까지 각각의 개성을 가진 공간이다.

클래식 음악 전용 극장도 연달아 개관했다. 성남아트센터와 고양어울림누리 등의 문예회관에 콘서트홀이 포함되어 있기는 했지만 콘서트홀을 전면에 내세운 극장은 통영국제음악당(2015년 개관), 롯데콘서트홀(2016년 개관) 등이 처음이다. 서울에서는 예술의전당 음악당과 롯데콘서트홀이 대형 클래식 음악회를 양분하게 되었다. 두 개의 콘서트홀이 개관하기 전 2014년 수원에도 클래식 음악에 적합한 수원SK아트리움이 개관된 바 있다. 2018년에는 인천 송도국제도시에 아트센터 인천이 1단계로 콘서트홀을 개관했다. 4개의 콘서트홀(수원SK아트리움은 다목적 극장이기는 하다)은 각각 건립의 배경도 다르다. 기업이 건립하고 운영하는 롯데콘서트홀, 지방정부가 국고 지원을 일부 받아 건립하고 비영리법인을 세워 운영하는 통영국제음악당, 기업이 건립비를 부담하여 건립하고 지방정부에 기부채납하고 운영은 지방정부가 설립한 비영리법인이 맡은 수원SK아트리움, 인천경제자유구역청이라는 인천시 외청이 개발이익으로 짓고 운영하는 아트센터 인천 등 다양하다.

10년 이상의 준비과정을 거쳐 국립아시아문화전당이 2015년 광주에서 개관했다. 2000년대 초반에 논의가 시작되어 정권이 두 번 교체되는 과정에 많은 변화를 거쳐 지금의 형태로 문을 연 것이다. 기존의 문화 공간과는 확연히 다른 목표와 포지셔닝으로 주목을 받고 있다. 2011년 부산에 개관한 영화의전당도 특이하다. 부산국제영화제의 베이스이기도 한 공연장이라는 컨셉이다.

작고 복합적이며 비정형적인 공간들도 대거 등장했다. 이런 흐름에는 다양한 건립 배경이 작용했다. 기존의 인프라 건립이 크고 화려한 공간을 정부가 일방적으로 주도했던 것에 비하면 당사자나 목적, 용도에서 차이가 컸다. 민간 부문에서도 다양한 용도를 가진 공간들이 속속 등장했다. 노들섬 라이브하우스는 그 변화를 잘 보여준다. 2005년 건립 계획을 발표한 원래의 노들섬 프로젝트에 포함되었던 공연 공간은 오페라 하우스였다. 규모도 5천억 원을 웃도는 전형적인 그랑 프로제다. 서울시장이 바뀌는 과정에 여러 차례 계획이 바뀌어 2019년 개관한 노들섬 라이브하우스는 규모와 장르가 모두 바뀌었고 운영 방식도 전적으로 외부 전문 그룹에 위탁하는 방식이다. 프로젝트가 이어져온 우리나라의 15년은 공연 공간에 대한 생각이 바뀌기에 충분히 긴 시간이었던 것이다.

구분	기간 중 운영을 시작한 주요 공연 공간
1970년대 및 이전	1960-1970년 드라마센터(현 남산예술센터), 순천시민회관, 수원시민회관 1971년 광주시민회관 1972년 춘천시민회관 1973년 국립극장(장충동) 부산시민회관 1975년 대구시민회관 1977년 덕진예술회관 1978년 세종문화회관 1979년 대전시민회관, 청주시민회관, 효자아트홀
1980년대	1980년 숭의음악당, 대구문화예술회관, 남도예술회관 1981년 아르코예술극장, 유니버설 아트센터, 성남시민회관 1982년 전북예술회관 1985년 호암아트홀, 제천문화회관, 논산시민회관 1986년 단양군민회관, 공주문예회관, 완도군민회관 1987년 옥천관성회관, 난계국악당(영동), 천안시민회관, 여수시민회관, 곡성군민회관, 장성군민회관 1988년 예술의전당, 국립국악원 1차 개관, 부산문화회관, 부천시민회관, 충주문화회관, 홍성문화회관, 김제문예회관, 경남문예회관, 제주문예회관 1989년 동숭아트센터, 고양시문예회관, 안양시문예회관, 용인시문예회관, 이천시민회관, 군산시민문화회관, 구미문예회관, 영천시민회관
1990년대	1990년 평택북부문예회관, 광명시민회관, 광주문예회관, 속초시문예회관, 서산문화회관, 상주문회회관 1991년 KBS홀, 서울교육문화회관, 강화군 문예회관, 광주문예회관, 경기도문예회관, 평택서부문예회관, 담양군민회관 1992년 정읍예술회관, 백운아트홀 1993년 두산아트센터, 예술의전당 전관개관, 평택남부문예회관, 동두천시민회관, 춘천시문예회관, 강릉문예회관, 영월문예회관, 예산문화회관, 순천문예회관, 강진문화회관, 안강문화회관, 안동시민종합회관, 문경문화회관 1994년 파주시민회관, 삼척문예회관, 보은문화회관 1995년 정동극장, 인천종합문화예술회관, 서구문화회관(인천), 울산시문예회관, 원주치악예술관, 동해문예회관, 홍성문예회관, 청주예술의전당, 천안문예회관, 춘향문예회관(남원) 포항문예회관, 예천문예회관, 합천문예회관 1996년 국립국악원 전관 개관, 계양문화회관(인천), 화천문예회관, 솜리문예회관(익산), 경산시민회관, 영양문화체육센터, 과천시민회관, 광양문예회관, 한전아트센터(서울) 1997년 양주문예회관, 충남학생회관, 국립민속국악원(남원), 영암문예회관, 진도향토문화회관, 통영문화회관, 목포문예회관 1998년 서구문화예술회관(대구), 대덕문화전당(대구), 현대예술관(울산), 나주문예회관, 군포문예회관 1999년 동래문화회관(부산), 북구예술의전당(대구), 평창문예회관, 광양문예회관, 고흥종합문화회관

2000년대	2000년 난타전용 극장, 금정문화회관(부산), 서구문화센터(광주), 성산아트홀(창원)
	남해문화체육센터, 김천문예회관
	2001년 LG아트센터, 소리문화의전당(전주), 의정부예술의전당, 거창교육문화센터,
	하동문화예술복지회관
	2002년 해남문예회관, 사천문예회관, 양산문예회관, 을숙도 문화회관
	(부산), 금호아트홀
	2003년 포천반월아트홀, 대전문화예술의전당, 거제문예회관, 태백문예회관, 성주문예회관,
	오페라하우스(대구) 북구문예회관(대구)
	2004년 안산시문화예술의전당, 덕양어울림누리(고양), 노원문예회관, 오산문예회관,
	예주문예회관(영덕), 달서구첨단문화회관(대구), 백암아트홀
	2005년 성남아트센터, 충무아트센터, 김해문화의전당, 나루아트센터, 당진종합문예회관,
	고성군문화복지센터, 함안문화예술회관, 부산북구문예회관
	2006년 청양문예회관, 충주시문예회관, 산청문화예술회관, 청양문화예술회관,
	샤롯데씨어터, 영산아트홀
	2007년 일산아람누리, 하남문예회관, 수성아트피아, 신라밀레니엄파크
	2008년 옥천문화예술회관, 3·15아트센터(창원), 울릉한마음회관,
	구로아트벨리, 음성문화예술회관, 금나래아트홀(서울), 고창문화의전당, 화성아트홀
	2009년 명동예술극장, 김제문화예술회관, 이천아트홀, 동구문화센터(광주),
	인제하늘내린센터, 영도문화예술회관, 울주문화예술회관
2010년대	2010년 서계동 문화공간(백성희장민호극장, 소극장 판), 빛고을시민문화관(광주),
	곡성레저문화센터, 부평아트센터, 제주아트센터, 화강문화센터(철원),
	완도문화예술의전당, 안동문화예술의전당, 중앙아트홀(포항), 경주예술의전당,
	알펜시아콘서트홀(평창)
	2011년 디큐브아트센터, 블루스퀘어, 호원아트홀, 부산예술회관, 연천수레울아트홀,
	반석아트홀(화성), 강진아트홀, 계룡문화예술의전당, 달성문화센터(대구), 강동아트센터,
	장성문화예술회관, 남한산성아트홀, 영화의전당(부산), 남동소래아트홀(인천),
	함양문화예술회관, 아리울예술창고(군산)
	2012년 완주문예회관, 영주문화예술회관, 예울마루(여수), 천안예술의전당,
	성수문화복지회관, 관저문예회관(대전), 중구문화회관(인천), 용인포은아트홀,
	창녕문화예술회관, 트라이보울(인천), 충청남도문화예술회관, 홍대난타극장,
	소향씨어터(부산)
	2013년 운정행복센터(파주), 군산예술의전당, 구리아트홀, 청송문화예술회관,
	횡성문화예술회관, 광림아트센터, 대학로뮤지컬센터, 홍익대 대학로아트센터, 유니플렉스
	2014년 KBS아트홀, KT체임버홀 수원SK아트리움, 통영국제음악당, 김포아트홀,
	서귀포예술의전당(제주), 영광예술의전당, 중구문화의전당(울산)
	2015년 아시아문화의전당(광주), 익산예술의전당, 구례문화예술회관, 보성군문화예술회관,
	남도소리올림터(무안), 고령문화예술회관
	2016년 롯데콘서트홀, 신한카드 FAN(판)스퀘어, 아리랑센터(밀양)
	2017년 사천세계문화콘텐츠공연장, 누림아트홀(화성),
	강동문화복지회관, 연지아트홀(정읍), 안성맞춤아트홀
	2018년 서부문화센터(김해), 아트센터인천, 김해서부문화센터, 다산아트홀(남양주)
	2019년 노들섬 라이브하우스, 예스24 스테이지, 드림씨어터(부산), 쌍벽루아트홀(양산),
	영동복합문화예술회관, 칠곡향사아트센터, 미로센터(광주)

표2 시기별 중요 극장의 등장
출처: 문화체육관광부, 2019 등록공연장 현황(2018년 기준), 2019 문화기반시설총람(2019.1.1. 기준)
내용 재구성

예술정책 지형의 색다른 시간 구간

지나간 시간(역사라 해도 좋다)을 보면 뛰어난 활약을 한 인물들이 특정한
시기에 몰려 있는 경우가 있다. 특별한 인연으로 엮어진 경우도 있다.
예술사에서도 그렇다. 소위 천재들이 특별히 같은 시대에 공존하는 예가 종종
있다. 실제로 그들이 다른 시대의 예술가들보다 뛰어난 것인지는 알 수 없다.
사실이라 해도 그것이 우연인지 필연인지 명확하지 않다. 우리나라 예술정책
지형에서도 색다른 시간의 구간이 있다. 예술정책 시각에서(특히 공연
부문에서) 볼 때 다양한 변화가 한꺼번에 목격된다. 제도와 구도가 눈에 띄게
바뀌는데 그것이 시기적으로 몰려 있다.

대표적인 때가 2000년과 2010년이다. 두 해는 공통점이 있다.
첫째, 정권 교체 후 3년 차에 해당되는 해다. 김대중 정부와 이명박 정부는
모두 여야 정권 교체로 탄생한 정권이다. 전자는 수십년 만에 후자는 10년
만에 정권이 바뀌었다. 둘째로 둘 다 비슷한 시기의 차이를 두고 글로벌
경제위기를 겪었다. 1997년과 2007년에 각각 IMF 사태와 미국 서브프라임
경제위기를 겪었다. 경제와 정치의 패러다임 변화가 사회 전반에 영향을
미쳤음은 미루어 짐작할 수 있을 것이다.

2010년은 이명박 정부의 예술정책이 표면으로 드러난 때다.
이명박 정부는 2008년 2월에 출범했다. 10년 만에 여야 간 정권 교체가
이뤄진 터라 미리부터 큰 변화가 예상되었다. 이 정부의 예술정책이
공식적으로 나온 것은 2008년 9월이다. 유인촌 당시 문화부 장관은
국립중앙박물관내의 한 레스토랑에서 선택과 집중을 기치로 지원방식
개선, 한국문화예술위원회 개편, 국립예술기관 특성화, 인큐베이팅
제도 도입 등을 내세운 예술정책을 제시했다. 이에 따라 지원제도부터
바뀌었다. 당장 2008년 창작 팩토리 사업이 도입되었다. 선택과 집중을

실현하기 위한 사업이다. 공연장 상주예술단체 지원제도도 유인촌표
지원정책이다. 공연예술 부문의 집중 지원제도를 수정하여 2009년
시범 시행하고 차츰 전국으로 범위를 넓혔다. 공공 부문의 예술기관
변화도 가시화된다. 국립극단이 법인화되었고, 국립현대무용단이 창단된
것이 2010년이다. 대학로예술극장이 완공되자 아르코예술극장을
인수하며 한국공연예술센터라는 이름으로 재단법인화했다.
한국공연예술센터는 독립법인으로 운영되던 서울국제공연예술제도
인수하였다. 국립예술자료원은 한국문화예술위원회로부터 떨어져
나와 재단법인으로 홀로 섰다. 모두 2010년에 이루어진 일이다. 전 해인
2009년에는 명동예술극장을 기존의 정동극장에 소속시키고 법인명을
(재)명동정동극장으로 바꾸었다. 한국예술위원회는 2008년의 기본 방향
발표 후 대부분의 지원 사업을 지역에 이관하여 영향력과 선도력을 거의
상실했다(이 조치 중 일부는 그 이후 원상회복되거나 또 바뀌었다).

그로부터 10년 전인 2000년은 더욱 드라마틱하다. 무엇보다도
2년 전인 1998년 김대중 정부의 출범으로 1960년대 이후 최초로 여야 정권
교체가 이루어졌다. 초유의 경제위기 사태를 겪으며 한국사회가 큰 변화의
소용돌이에 휩싸였다. 문화예술 부문도 예외가 아니었다. 관련 법률들이 전면
개정되고 제도가 정비되었다. 전문예술법인단체 제도, 무대예술전문인 제도,
공연장 안전진단 제도 등이 새로 도입되었다. 국립극장이 책임운영기관으로
전환됐다. 국립극장의 전속단체 중 국립오페라단 등 3개 예술단이 법인으로
독립하며 예술의전당으로 베이스를 옮겼다. 예술의전당은 법 개정을
통해 특별 법인으로 전환됐다. 1999년 세종문화회관은 재단법인으로
민영화되었다. 예술 부문에 경영과 효율이라는 이슈가 본격적으로 등장했다.
민영화와 문화 산업, 전문인 경영 등과 같은 트렌드가 마련된 것도 이
무렵이다.

두 시기가 의미 있는 것은 당시의 변화가 지금까지 영향력을 미치고 있기 때문이다. 내외부의 변화를 수렴하여 등장한 것이 제도와 구도의 변화이기 때문일 것이다. 법률과 제도의 변화와 조정으로 이루어진 것들은 지금도 유효하다. 예술단의 법인화는 아직 진행 중이고 중점 사업들도 상당수는 계속되고 있다. 공과를 따지면 평가가 같을 수는 없다(개인적으로 나는 소위 '2010년 체제'에 아쉬운 점이 많다). 어느 날 이런저런 제도가 생기고 새로운 사업이 발표되며 새로운 조직이 만들어진다면 그 뿌리를 거슬러 올라가봐야 한다. 2-3년 전부터 작동한 내외부의 힘과 반응이 그때서야 수면 위로 밀어 올려지는 것이기 때문이다. 2000년과 2010년에 이어 비슷한 양상이 2020년(또는 2019년)에 벌어지지 않을까 전망된다. 그리고 그것은 새 정부의 새 예술정책의 발현이 될 것이다. 호된 진통 끝에 등장할 새 정부는, 그래서 더 관심 있게 지켜봐야 한다.

문화공간 175, 2017.2.28.

4 우리나라 극장의 오늘

예술 시장의 현재를 보여주는 조사는 의외로 많지 않다. 브로드웨이
와 웨스트엔드처럼 매출이 가장 중요한 데이터가 되는 시장은 매표
실적과 관객 실태를 자세히 공개하지만 이 또한 특정 지역, 특정 유
형의 극장에 한정된다. 문화향수 실태와 같은 광범위한
조사를 발표하는 나라는 몇 개 있지만 구체적인 극장

46. 예술경영지원센터, 2018 공
연예술실태조사, 2018.

현황을 파악하기 쉽지 않다. 그런 의미에서 우리나라에
서 전국을 단위로 실시하는 '공연예술실태조사'는 우리나라 극장의
현재를 파악하는 데 좋은 자료가 된다.

　　현재 예술경영지원센터가 주관하는 공연예술실태조사는
우리나라 통계청이 승인한 몇 안 되는 서베이 중 하나다. 2007년 이
후 지금까지 매년 전년도를 기준으로 조사하는 공연 분야의 공식 통
계로 총 세 부분으로 이루어진다. 공공 지원 현황, 공연 단체 현황 그
리고 공연 시설 현황이 그 셋이다. 앞의 두 파트는 격년으로 이루어
지고 극장을 대상으로 한 조사는 매년 이루어진다. 2016년부터는 세
파트 모두 매년 조사하고 있다. 덕분에 극장의 운영과 현황을 시계열
로 파악할 수 있게 되었다. 전국의 모든 극장이 조사대상이며 극장은
속성에 따라 중앙정부 관련 극장, 문예회관, 그 외 공공 극장, 대학로
극장, 대학로 제외 민간 극장 등 5개 카테고리로 나누었다. 그중 중앙
정부 소관 극장과 문예회관은 전수조사로 진행하고 나머지는 표본
조사로 진행된다. 2018년 조사의 경우 표본조사로 이루어진 카테고
리의 경우에도 약 60%가 조사되었다. 상당히 많은 표본인 셈이다.
아래는 이 조사[46]에 근거한 내용을 중심으로 작성했다.

특성별 분포

속성으로 본 5가지 카테고리 중에서 개수 기준으로 가장 많은 수는
대학로 외의 민간 극장이다. '중앙정부', '문예회관', '기타(공공)'등
세 개 카테고리를 합친 공공 극장이 496개로 48.7%를 차지한다. 문
예회관은 전체 극장 중 1/4에 해당하는 24.6%인 251개지만 규모를
감안하면 절반에 가깝다. 중앙정부가 직접 운영하거나 위탁 운영하
는 극장은 12개로 1.2%에 불과하지만 영향력에 있어서는 그보다 훨
씬 크다.

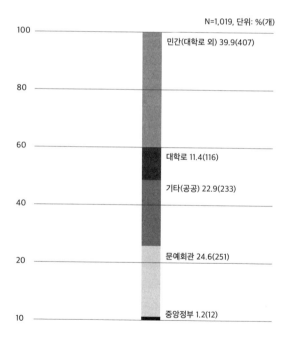

그림43 공연 시설 특성별 분포

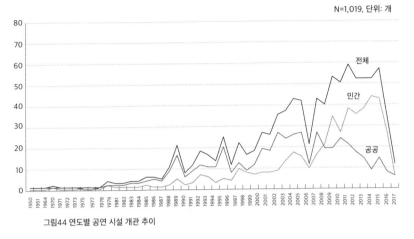

극장의 추이

N=1,019, 단위: 개

전체

민간

공공

그림44 연도별 공연 시설 개관 추이

그림44는 민간과 공공으로 나누어 극장의 개관연도 추이를 나타낸 것이다. 이 그림에서 두 가지를 확인할 수 있다. 첫째는 인프라의 확장이 어느 시기에 집중적으로 이루어졌고 그 붐은 진정세라는 점이다. 공연 인프라는 1990년대 이후에 급격히 확장되었고 2000년 이후만 따져도 약 76%가 이 시기에 개관한 극장들이다. 이 시기는 극장뿐 아니라 공연예술이 양적으로 크게 확장한 시기다. 둘째는 확장을 공공 부문이 선도했다는 점이다. 문예회관을 중심으로 공공 극장이 집중적으로 개관했다. 위 그래프는 공연 기관을 기준으로 작성했기 때문에 공공 극장과 민간 극장의 규모의 차이는 보여주지 않는다. 공공 극장은 보유 공연장 수에서도 많지만 규모에서 큰 차이를 보이며 민간 극장보다 크다. 2018년 조사를 기준으로 볼 때 공공 극장은 민간 극장보다 평균 객석 수가 1.78배 많았다. 이를 감안하면 공공 극장이 전체 극장에서 차지하는 상대적 비중은 훨씬 크다고 봐야 할 것이다.

지역별 분포

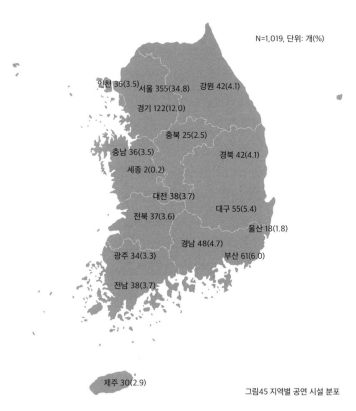

N=1,019, 단위: 개(%)

인천 36(3.5) 서울 355(34.8) 강원 42(4.1)

경기 122(12.0)

충북 25(2.5)

충남 36(3.5) 경북 42(4.1)

세종 2(0.2)

대전 38(3.7)

전북 37(3.6) 대구 55(5.4)

울산 18(1.8)

경남 48(4.7)

광주 34(3.3) 부산 61(6.0)

전남 38(3.7)

제주 30(2.9)

그림45 지역별 공연 시설 분포

서울과 경기, 인천 등 수도권에 있는 극장이 50.3%로 과반을 차지
하고 있다. 인구 분포나 경제적, 사회적 쏠림 현상에 비하면 집중도
는 그렇게 높은 편은 아니다. 그 다음으로는 부산, 경남과 대구, 경북
이 각 10% 내외를 보이고 있다. 인구수와 비교할 때, 즉 인구 1천 명
당 평균 객석 수를 비교해보면 가장 많은 곳은 제주(30.6석)와 강원
(18.7석)이지만 서울(16.4석), 경기(18.7석)도 평균(10.8석)보다 많은
객석 수를 기록하고 있다.

설립 주체와 운영 주체

표3과 표4는 '2018공연예술실태조사(2017년 기준)'에서 가져왔다. 전국에 있는 공연시설 1,019개를 누가 설립했는지, 누가 운영하는지를 표로 만든 것이다. 이를 모아 비교하는 그림이 그림46이다. 설립 주체로 볼 때 가장 빈도가 높은 것은 지방정부다. 지방정부 35.5%를 포함하여 정부가 설립한 극장이 450개 기관으로 44.2%를 차지한다. 그런데 운영 주체를 보면 그 수는 228개로 전체에서 차지하는 비중이 22.4%로 줄어든다. 줄어든 만큼 설립 주체가 현재의 운영 주체에게 극장의 운영을 위탁한 것으로 해석한다.

설립 주체와 운영 주체간의 간격이 가장 큰 곳은 재단법인이다. 설립 주체는 25개(2.5%)에 불과한데 재단법인이 운영 주체가 되는 극장은 165개(16.2%)로 6.6배나 늘어난다. 중앙, 광역, 기초 등 여러 단위의 정부가 직접 극장을 건립한 후 극장을 운영할 재단법인

N=1,019, 단위: 개(%)

구분		시설수 개(%)	중앙 정부	광역 자치 단체	기초 자치 단체	공 기업	재단 법인	사단 법인	상 법인	교육 기관	개인	기타
전체		1,019	12 (1.2)	76 (7.5)	362 (35.5)	15 (1.5)	25 (2.5)	18 (1.8)	170 (16.7)	65 (6.4)	253 (24.8)	23 (2.3)
시설 특성	중앙 정부	12	12 (1.2)	-	-	-	-	-	-	-	-	-
	문예 회관	251	-	29 (11.6)	221 (88.0)	-	1 (0.4)	-	-	-	-	-
	기타 (공공)	233	-	47 (20.2)	140 (60.1)	14 (6.0)	5 (2.1)	-	-	16 (6.9)	-	11 (4.7)
	대학 로	116	-	-	-	-	1 (0.9)	2 (1.7)	31 (26.7)	9 (7.8)	73 (62.9)	-
	민간 (대학로 외)	407	-	-	1 (0.2)	1 (0.2)	18 (4.4)	16 (3.9)	139 (34.2)	40 (9.8)	180 (44.2)	12 (2.9)

표3 공연시설 설립 주체별 현황

을 스스로 설립하여 운영을 맡도록 하는 경향이 반영된 것으로 보인다. 그 외에는 특히 민간 부문은 설립 주체와 운영 주체 간에 차이가 별로 없었다.

N=1,019, 단위: 개(%)

구분		시설수 개(%)	중앙 정부	광역 자치 단체	기초 자치 단체	공 기업	재단 법인	사단 법인	상 법인	교육 기관	개인	기타
전체		1,019	6 (0.6)	25 (2.5)	197 (19.3)	66 (6.5)	165 (16.2)	34 (3.3)	170 (16.7)	65 (6.4)	253 (24.8)	23 (2.3)
시설 특성	중앙 정부	12	6 (50.0)	-	-	1 (8.3)	5 (41.7)	-	-	-	-	-
	문예 회관	251	-	12 (4.8)	135 (53.8)	23 (9.2)	72 (28.7)	4 (1.6)	1 (0.4)	2 (0.8)	-	2 (0.8)
	기타 (공공)	233	-	13 (5.6)	62 (26.6)	41 (17.6)	62 (26.6)	13 (5.6)	3 (1.3)	17 (7.3)	6 (26)	16 (6.9)
	대학 로	116	-	-	-	1 (0.9)	2 (1.7)		39 (33.6)	7 (6.0)	67 (57.8)	-
	민간 (대학로 외)	407	-	-	-	1 (0.2)	25 (6.1)	15 (3.7)	139 (34.2)	34 (8.4)	182 (44.7)	1 (2.7)

표4 공연 시설 운영 주체별 현황

N=1,019, 단위: 개(%)

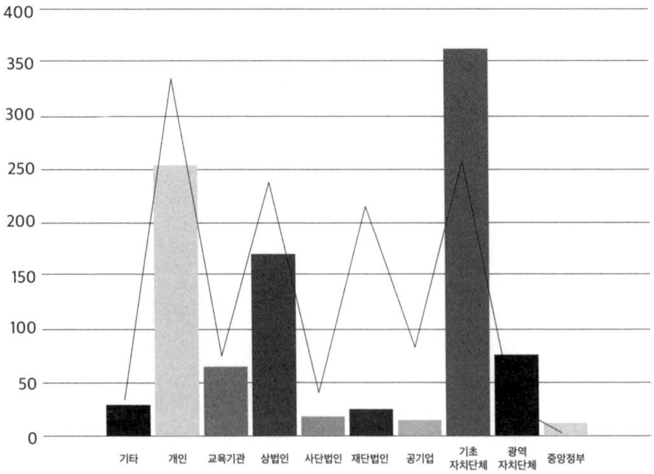

그림46 설립 주체와 운영 주체의 차이   막대그래프: 설립 주체, 선그래프: 운영 주체

가동률

우리나라 극장의 가동률은 높지 않다. 그림47은 시설 특성별로 본 공연 프로그램 가동률이다. 공연 프로그램 가동률은 공연장 가동일 수 중에서 공연 프로그램을 운영한 기간만을 계산한 것이다. 기타 행사까지 포함하면 평균적으로 가동률이 10% 이상 높아진다. 공연 프로그램 가동률에서 중앙정부 소관 극장과 대학로 극장은 70% 이상이었다. 이에 비해 문예회관과 기타 공공 극장은 30% 선에 머물렀다. 지역별로도 편차가 컸다. 광역 단위로 공연 프로그램 가동률이 20%대에 불과한 시도가 6개나 되었다. 이 정도 가동률이라면 정상적인 극장으로 운영하고 있는지 점검해봐야 할 수준이다.

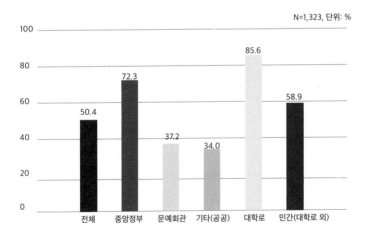

그림47 공연 시설 가동률 현황

재정

극장의 재정은 유형별로 상당히 다르다. 그림48은 우리나라 극장 전체를 대상으로 한 것이다. 수입에서 공공 지원금이 차지하는 비중이 압도적이다. 63.9%가 공공 지원금이었다. 이 비율은 공공 극장이 77.9%로 민간 극장의 15.4%에 비해 월등히 높았다. 지출에서 차지하는 비중은 유형별로 큰 차이는 없었다. 사업비 비중이 대부분의 유형에서 30%대였다. 인건비와 시설관리비 등 경상비는 대부분 60%대였다. 중앙정부가 운영하는 극장만이 사업비 비중은 40%대였고 경상비도 50% 초반이었다.

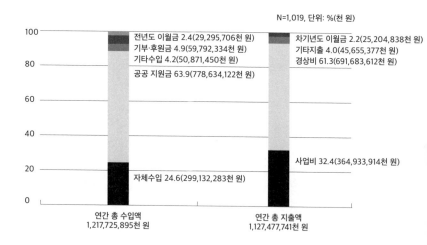

그림48 공연 시설의 재정

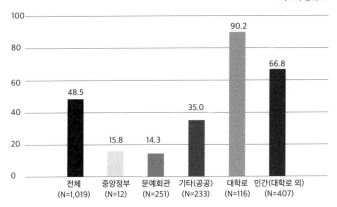

N=1,019, 단위: %

그림49 공연 시설의 재정 자립도

전체 평균 재정 자립도는 48.5%였다. 자체 수입과 지원금이 재정의 반반씩을 차지한다는 의미다. 재정 자립도는 유형에 따라 큰 차이를 보였다. 중앙정부 소관 공공 극장이 15.8%, 문예회관이 14.3%로 공공 극장의 재정 자립도는 20% 미만이었다. 재정 자립도가 극장 운영 성과를 측정하는 절대적인 지표는 아니다. 극장의 성격과 지향에 따라 다를 수밖에 없는 지표이기 때문이다. 재정 자립도가 높다고 잘 운영한다는 뜻이 될 수 없고, 재정 자립도가 낮다고 공공성을 잘 구현하고 있다고 보기도 어렵다. 그럼에도 프리젠팅 씨어터가 다수를 차지하는 공공 극장이 10%대의 낮은 재정 자립도를 보이는 것은 주목해야할 점이다.

인력

우리나라 극장이 고용하고 있는 인력은 모두 합쳐 1만 2천여 명이었다. 그중에서 행정지원(36.3%)과 무대기술(19.6%), 공연사업(15.6%), 공연장 운영 및 지원(13.3%) 등의 인력이 다수를 차지했다. 평균적으로 12.1명이니 상당히 낮은 수준임을 알 수 있다. 공공 극장은 민간 극장에 비해 상황이 나은 편이었지만 18.4명에 불과했다.

공공 극장 중에서 중앙정부 소관 극장이 76.3명으로 가장 많고 문예회관은 평균 20.4명을 고용하고 있었다.

N=1,019, 단위: %(명)

공연이외 사업 15.3(1,892)

무대기술 19.6(2,429)

공연장 운영 및 지원 13.3(1,640)

공연사업 15.5(1,922)

행정지원 36.3(4,493)

총 인력수
12,377명

그림50 공연 시설의 인력

극장의 공연 단체

어떤 형태로든 공연 단체를 보유하고 있는 극장은 전체의 31.2%에 불과했다. 공공 극장이 그나마 38.3%로 비율이 높았다. 특히 중앙 정부 소관 극장은 58.3%, 문예회관은 50.7%를 기록했다. 그러나 극장과 한 몸인 전속단체는 전체 극장 중에서 11.6%에 그쳤다. 나머지는 계약 단체인 상주단체와 입주단체였다. 극장이 공연 단체와 직접적이고 특별한 관계를 형성하지 못하고 있는 것이 일반적인 상태라는 의미다. 극장에 공연 단체가 있는 경우만을 보면 극장당 평균 2.5개였다. 전속단체(1.6개)와 상주단체(1.4개)는 12개에 머물렀고 입주단체만 4.6개로 많았다.

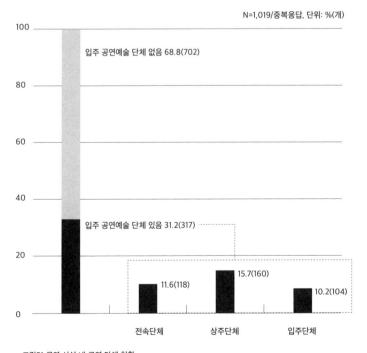

그림51 공연 시설 내 공연 단체 현황

제2장
극장을 이해하는 10가지 키워드

이 세상에 같은 극장은 없다. 모든 극장은 각각 다 다르고 나름 특별하다. 의도와 내력, 배경이 다르고 극장이 가지고 있는 내외부 환경이 같을 수 없다. 운영의 목적과 방식도 다르고 관객을 비롯한 이해당사자 구성도 제각각이다. 극장의 크기와 형태도 다르고 부지 모양과 위치도 제각각이다. 극장경영에서 정답에 해당하는 단일한 방법과 해법이 있을 수 없는 것은 자연스러운 일이다. 극장을 새로 지으려고 할 때, 운영 중인 극장을 점검할 때, 극장의 리포지셔닝을 고민할 때 먼저 극장의 실체를 파악해야 한다. 가까이 또는 멀리 그리고여러 각도에서 보아야 이해된다. 그 이해를 바탕으로 진단하고 고민을 펼칠 수 있다.

극장을 무수히 많은 면을 가진 다각형 물체라고 본다면 이장에서 다룰 10가지 요소는 그중에서도 비중이 큰 면에 해당한다. 어떤 면은 넓고 평평해서 물체의 모양에 절대적인 영향력을 미친다. 어떤 면은 주의 깊게 보지 않으면 잘 안 보인다. 외양에 미치는 영향은 덜할 수 있다. 그런 다양한 면들이 합쳐져서 하나의 다각형 물체가 된다. 개별 극장을 잘 설명하는 데 필요한 요소를 모아놓은 셈이다. 당연히 이 10가지가 극장의 속성을 밝히는 요소의 전부는 아니다. 극장에 따라서 10가지 중 일부는 의미가 없을 수 있다. 한두 개의 요소가 나머지를 압도하는 경우도 있을 수 있다. 그러므로 이 10가지 요소는 극장의 실체를 파악하고 점검하는데 사용하고자 만든 체크리스트쯤으로 보면 된다. 솔루션을 향해 가는 과정의 초반부에 해당된다.

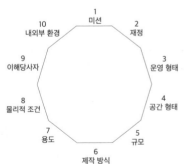

그림1 극장을 이해하는 10가지 키워드

1 미션

모든 조직의 출발점은 미션(mission)이다. 영리, 비영리를 막론하고 조직이나 단체는 설립 목적과 이루고자 하는 핵심 가치가 있다. 미션은 조직이나 단체의 설립목적과 핵심가치에 해당된다. 미션 스테이트먼트(mission statement)는 사명선언문이라고 번역해 쓴다. 극장도 예외가 아니다. 우리나라 법인 또는 단체의 정관은 이 극장을 왜 설립하고 운영하는가를 밝히는 것으로 시작한다. 법인의 정관은 최상위 규정이기 때문에 바꾸거나 수정하는 것이 까다롭다. 대체로 광범위하고 추상적으로 기술하는 이유다. 공공 극장들은 유연성이 더욱 떨어지는 개별 근거 법률이나 조례 등의 지원을 받는다. 특별법인은 근거 법률에, 지방자치단체가 설립하거나 운영하는 극장 중 법인으로 운영하는 공공 극장은 해당 지자체의 조례에 설립과 운영의 근거를 밝힌다. 이 경우도 정관과 같은 수준에서 언급하는 것이 보통이다.

예를 들어 특수법인인 예술의전당은 법인의 설립과 운영의 근거가 되는 법률인 문화예술진흥법에 '문화예술을 창달하고 국민의 문화 향유 기회를 확대하며, 그 밖에 문화예술 진흥을 위한 사업을 추진하기 위하여'[1] 예술의전당을 둔다고 기술하고 있다. 이에 따라 예술의전당은 정관에도 이를 대체로 반복하고 있다.[2] 예술의전당은 홈페이지에도 '예술의전당이 추구하는 가치'라는 제목으로 기관의 미션을 맨 앞에 내세우며 '문화예술 창달', '국민의 문화향유 기회 확대', '문화예술 진흥' 3가지를 내세우고 있다.[3]

1. 문화예술진흥법 제37조(예술의전당) ①문화예술을 창달하고 국민의 문화 향유 기회를 확대하며, 그 밖에 문화예술 진흥을 위한 사업을 추진하기 위하여 예술의 전당을 둔다.
2. 예술의전당 정관 제3조(목적) 문화예술의 창달과 국민의 문화 향수 기회의 확대를 위한 문화예술 공간의 운영과 문화 예술진흥을 위한 사업을 추진하는 데 그 목적을 둔다.
3. http://www.sac.or.kr/ SacHome/org/intro/idee

우리나라를 대표한다고 자부하는 공연시설의 미션도 비슷한 양상을 보인다. 세종문화회관은 정관에 '시민의 문화향수 기회를 확대하고 문화창달에 기여할 수 있는 문화예술 공간의 조성 및 운영 등을 통해 시민문화복지 구현에 이바지함'을 목적으로 한다고 쓰고 있다.[4] 세종문화회관을 지원하기 위한 조례인 '서울특별시 재단법인 세종문화회관 설립 및 운영 조례'는 '문화예술진흥을 위한 각종 사업의 수행을 위하여' 세종문화회관을 설립하고 운영한다고 쓰고 있다.[5] 세종문화회관은 홈페이지 등에서 '미션'이라는 카테고리로 특별한 메시지를 전하고 있지는 않다.

국립극장도 비슷하다. 해방 후 대한민국 정부 수립 후 최초로 설립된 국립극장을 위한 법률 '국립극장 설치법'[6] 제1조도 목적을 담고 있다. '민족예술의 발전과 연극문화의 향상을 도모하기 위하여 정부는 국립극장을 경영할 수 있다'고 명시하고 있다. 국립극장은 홈페이지에 '전통에 기반한 동시대적 공연예술의 창작으로 국민 삶의 질 향상에 기여'라고 미션을 밝히고 있다. 기존의 법률 진술에서 한 발 나아갔다.

우리나라를 대표하는 극장 중 3개인 국립극장, 예술의전당, 세종문화회관의 미션은 상당히 비슷하다. 문화예술 발전과 문화향유 확대를 공통된 미션으로 설정하는 것이다. 그나마 국립극장이 전통에 기반해서 새로 창작한다는 의미를 분명히 하여 차별적이다. 세종문화회관이나 예술의전당의 미션은 다른 예술기관에서 주장한다고 해도 어색할 것이 없는 것이다. 이러한 상황은 교과서적으로 미션은 어때야 하는가라는 점과 간극이 있다.

4. 세종문화회관 정관 제1조(목적) 이 법인은 민법(이하 "법"이라 한다)과 서울특별시 재단법인 세종문화회관 설립 및 운영 조례(이하 "조례"라 한다)가 정하는 바에 의하여 시민의 문화향수 기회를 확대하고 문화창달에 기여할 수 있는 문화예술 공간의 조성 및 운영 등을 통해 시민문화복지 구현에 이바지함을 목적으로 한다.
5. 서울특별시 재단법인 세종문화회관 설립·운영 조례 제1조(목적) 이 조례는 문화 예술진흥을 위한 각종 사업의 수행을 위하여 서울특별시 재단법인 세종문화회관을 설립하고 그 운영에 관하여 필요한 사항을 규정함을 목적으로 한다.
6. 1950년 5월 8일자로 제정된 이 법률은 5개 조로 구성된 초간단 법률이었다. 이 법률은 1973년 1월 정부조직법 개정과 함께 폐지되었다.

지역 문예회관 중 하나인 성남아트센터를 품고 있는 성남 문화재단은 정관에 '지방문화예술의 진흥을 위한 성남시의 정체성 확립, 시민의 문화향수 기회의 확대, 문화 창달 활동 등을 통하여 시민의 문화복지 구현에 이바지함'을 목적으로 한다고 적고 있다.[7] 그러면서 홈페이지에는 '역동적 기획과 콘텐츠 다양화'와 '시민의 지혜로 여는 성남형 생활예술'을 미션으로 내세우고 있다. 이러한 미션은 성남아트센터 개관 초기와는 상당히 달라진 것이다. 성남문화재단 설립과 운영을 지원하는 성남시 조례 '성남시 문화재단 설립 및 운영에 관한 조례'(2004년 제정)는 '문화예술 진흥과 문화복지 발전을 위하여' 성남시문화재단을 설립하고 운영하다고 규정하고 있다. 이에 따라 성남아트센터 초기의 운영방향이었던 수월성 중심에서 시민의 문화복지 구현으로 중심 이동하는 것이 가능했던 것이다. 모두 관련 조례와 정관의 범위 안에 있다는 의미이며 그만큼 그 범위가 넓다는 뜻이기도 하다.

LG아트센터는 좀 다르다. LG아트센터의 홈페이지에는 극장 소개의 첫 페이지를 '우리의 믿음'이라고 소개하고 있다. 이것이 미션인지는 분명하지 않지만 그 아래 예술적 목표와 고객 서비스와 공익성 목표를 기술한 것으로 보아 미션으로 봐도 무방하다. LG아트센터는 여기서 '소통의 공간', '최고의 공연', '최고의 무대와 관객' 등을 들고 있다. 이에 비해 두산아트센터는 이렇다 저렇다 표시 없이 '두산은 젊은 예술가들의 새로운 시도를 응원하고 지원합니다'라고 내세우고 있다. 두산아트센터의 주고객은 젊은 예술가이며 젊은 예술가들의 혁신적인 실험을 주요한 가치라고 주장하는 것이다.

7. 재단법인 성남문화재단 정관 제1조(목적) 이 법인은 성남시 문화재단 설립 및 운영에 관한 조례가 정하는 바에 의하여 지방문화예술의 진흥을 위한 성남시의 정체성 확립, 시민의 문화향수 기회의 확대, 문화 창달 활동 등을 통하여 시민의 문화복지 구현에 이바지함을 그 목적으로 한다.

미션은 세 가지를 담고 있어야 한다는 주장이 있다.[8] 즉 누구를 위해 무엇을 어떻게 제공할 것인가를 담아야 한다는 것이다. 첫 번째 요소는 극장은 누구를 고객으로 하는가를 분명히 해야 한다는 것이다. 여기서 고객은 관객만을 의미하는 것이 아니다. 극장의 고객은 복합적이다. 관객뿐 아니라 극장의 다양한 이해당사자가 넓은 의미에서의 고객이다. 대표적으로 극장 안팎의 예술가들이 있을 수 있으며 좀체 극장에 오지 않는 주민도 고객일 수 있다. 공연을 보러오는 관객도 단일한 집단일 수 없다. 복합적이지만 비중과 속성이 다른 고객을 정의하는 것은 미션 설정의 바탕이 된다. 두 번째 요소는 무엇을 하는 극장인가이다. 설정된 고객에게 어떤 공연 또는 예술 서비스를 제공할 것인지를 분명히 하자는 것이다. 세 번째 요소는 실현 방법이다. 다양한 아이디어가 있을 수 있을 것이다.

번스타인은 적절한 미션의 조건으로 세 가지를 들고 있다. 즉 실현 가능하고(feasible) 동기부여할 수 있으며(motivating) 차별적(distinctive)이어야 한다는 것이다.[9] 이 세 가지 미덕은 미션 설정뿐 아니라 조직 운영에 다양하게 필요한 것들이다. 뜬구름 잡는 것같이 이상적이고 추상적이어서 실현이 어려울 뿐 아니라 실현 가능한지도, 가늠되지도 않는 임무는 피하자는 것이다. 그런 한편 너무 쉽거나 이미 달성된 목표를 내세움으로써 구성원들이나 이해당사자들의 동기부여가 어렵게 하는 것도 적절하지 않다는 것이다. 그들이 자부심을 가질 수준에서 설정되어야 한다. 차별성은 모든 조직이나 단체의 기본적인 정체성과 관련된 것이다. 내외부 고객의 충성도는 차별성에서 기인한 것이다. 미션이란 무엇인가에 대해 로버트 린치(Robert Lynch)의 정의도 참고할 만하다. 즉 '조직의 미션 또는 목적은 왜

8. 조앤 셰프 번스타인 (임연철 등 옮김), 공연예술 마케팅, 커뮤니케이션북스, 2016, 148쪽.
9. 위의 책, 149쪽.

그 조직이 존재해야 하는지, 누구를 위한 것인지, 성취하고자 하는 결과는 무엇인지를 담아야 한다'[10]는 것이다.

미션을 조금 확장시켜보면 우리 공연예술 생태계에서 어떤 역할을 하는 것이 바람직한가 하는 이슈로 옮겨간다. 개별 단위의 극장이 스스로 미션을 구축해가는 것은 당연하고 자연스럽다. 그런 한편 전체 생태계에서 특히 공공 극장이라면 수행해야 할 역할에 대해 고민을 공유할 필요가 있다는 생각이 다. 예를 들면 문예회관 네트워크는 각각 자기 길을 찾 는다. 모든 문예회관이 모든 분야에서 최고 수준의 실 행력을 설정할 수는 없다. 어떤 극장은 창작을, 어떤 극 장은 매개나 유통 기능을 특화할 수 있을 것이다. 우리에게도 문예 회관의 역할과 관련해서 논의가 없지 않았다. 박영정이 연구한 〈문예회관 운영 표준모델 연구〉[11]가 대표적이다. 처지가 다른 문예회관을 속성에 따라 역할을 달리하자고 권하고 있다.

10. Tobie S. Stein & Jessica Bathurst, Performing Arts Management, Allworth Oress, 2008, 51쪽.
11. 박영정, 문예회관 운영 표준모델 연구, 전국문예회관연합회, 2000.

왜 회식의 끝은 항상 노래방일까?

노래방이 모든 여흥의 피날레를 장식하던 시절이 있었다. 얼마 전까지
그랬다(지금은 모르겠다). 나는 노래방에 가는 것을 좋아하지 않는다.
노래방 광풍에도 불구하고 평생 노래방에 간 것이 손으로 꼽을 정도다.
모든 회식과 모임이 노래방으로 끝나는 것을 이해할 수 없었다. 우리나라
사람들이 노래방을 좋아하기는 좋아하는구나 막연히 생각했다. 그런데
문득 주변을 보니 꼭 그런 것도 아니었다. 정식으로 조사해보지는 않았지만,
노래방에 가는 것을 좋아한다고 대놓고 말하는 사람은 대충 10명 중 두세
명 정도였다. 적극적으로 노래방에 가는 것이 싫다는 사람도 그 정도였다.
나머지는 딱히 좋아하지는 않지만 분위기를 깨는 것보다는 노래방을 가는
것을 선택하는 부류였다. 따지고 보면 7할이 노래방에 가는 것을 특별히
즐기지 않으면서 결국은 모두가 노래방에 몸을 맡기는 자신을 발견하게 되는
것이다. '노래방파'라는 소수파가 이렇게 분위기를 주도할 수 있는 것은 어떤
기재일까, 궁금했다.

      토리 하긴스라는 심리학자는 인간형을 둘로 구분한다. 하이디
그랜트 할버슨이라는 사회 심리학자와 함께 쓴《어떻게 의욕을 끌어낼
것인가(원제: Focus)》에 나오는 얘기다. 그 둘은 '성취지향형' 인간과
'안정지향형' 인간이다. 물론 한 개인에는 두 기질이 섞여 있다. 우세한
성향이 있을 뿐이다. 두 인간형은 동기 성향은 물론 자극받는 방식 등에서도
큰 차이를 보인다. 손실을 최소화하고 실패를 피하는 것을 우선시하는
안정지향형과 이익을 극대화하고 기회를 놓치지 않으려고 하는 성취지향형은
다를 수밖에 없다. 한쪽은 지지 않기 위해 또 한쪽은 이기기 위해 게임을 한다.

      그는 위에 인용한 책에서 같은 상황에서 두 인간형이 어떻게
판단하는지 사례를 들고 있다. 우주 어드벤처 영화 속 한 장면이다. 광활한

우주를 순찰하다가 레이더에 포착된 정체불명의 물체를 발견한다. 이 물체는 조치를 취해야 할 적군이거나 조치가 필요 없는 지나가는 물체일 수 있다. 순찰선에는 제한적이지만 값비싼 핵무기를 장착하고 있다. 이때 생길 수 있는 경우의 수는 네 가지다. 첫째, 핵폭탄을 발사했는데 적인 경우다. 이 경우는 영웅이 된다. 둘째, 핵폭탄을 발사했는데 적이 아닌 경우다. 낭패를 당한다. 셋째, 아무 조치를 취하지 않았는데 적이 아닌 경우다. 아무 일 없이 넘어간다. 넷째, 아무 조치를 취하지 않았는데 적인 경우다. 선제공격을 당한다. 성취지향형 인간은 앞의 두 경우에 해당된다. 성공과 성취의 가능성에 꽂히는 것이다. 안정지향형 인간은 뒤의 두 경우에 해당된다. 불확실함과 실수를 피하고 싶은 것이다.

회사 CEO 역할을 두 해 하면서 고민이 많다. 그중 하나는 어떻게 변화를 리드할 것인가 하는 것이다. 우리 회사도 그렇지만 모든 조직이 위기가 아닌 적이 없을 것이다. 보통 위기는 변화나 혁신을 통해 극복하려고 한다. 여기까지는 구성원들의 뜻이 맞는다고 치자. 그 이후가 더 어렵다. 어떤 것으로, 어떤 식으로, 어떤 속도로 일을 도모할지 의견을 모으기 쉽지 않은 것이다. 하긴스의 주장에 따르면 목표나 방향도 문제고 거기까지 가는 과정도 쉽지 않다. 물론 구성원이 다양한 성향을 가지고 있기 때문이다. 같은 사인도 다르게 해석한다.

예를 들어 성취지향형은 성취의 증거에 반응한다. 안정지향형은 그를 경계한다. '우리가 잘하고 있습니다'라는 말은 성취지향형에게 더 잘할 거리를 제공하지만, 안정지향형에게는 별 흥미를 끌지 못한다. 안정지향형은 '잘못될 가능성이 크다'에 반응한다. 강조하는 것이 성취냐 위험이냐는 사람에 따라 전혀 다르게 작용하는 것이다. 전체 구성원을 대상으로 한 변화가 어려운 것은 그 때문이다. 이런 고민을 하는 것 자체가 내가 안정지향형 주류에 속하기 때문일 것이라는 생각이 든다. 전형적인 성취지향형 인간이라면 고민을 생략하고 위험을 무릅쓰며 돌파하려고 할 것이다.

우연하게도 하긴스의 주장에 따르면 일본이나 우리나라는 안정지향형이 65% 정도 된다고 한다. 성취지향형 35%는 '노래방파'의 비중과 비슷하다. 그동안 겪어본 바에 따르면 우리 회사도 그 비중은 비슷한 것 같다. 또 하긴스의 말을 인용하면(한 신문과 한 인터뷰에서 한 말이다), 이 두 가지 성향을 갖춘 사람이 팀을 이뤄 일할 때 좋은 결과가 나온다. 축구팀에 비유하면 '한 골을 넣기 위해' 뛰는 선수와 '한 골을 막기 위해' 움직이는 선수가 모두 필요하다는 것이다. 실행하기는 어렵지만 지혜로운 말이다. 더 고민된다.

뉴시스, 2016.10.23.

2 재원

극장 운영을 장치 산업적 측면이 있다고 보는 견해가 있다. 공연 분야에서 초기에 대규모 설비투자가 이루어지고 수익은 장기간에 걸쳐 발생하기 때문이다. 여기서 수익은 재정적 이익만을 의미하는 것은 아니다. 극장을 건립하고 운영할 때 설정한 방향에 따라 발생하는 편익의 합이다. 비용에 합당한 입장료를 내지 않고 예술을 소비하는 관객이 많다고 해서 편익이 발생하지 않았다고 할 수 없는 것이다. 심지어는 방문하지 않는 시민에게도 편익이 없다고 할 수 없다.

예술 분야에서 극장이 중요 인프라 중의 하나로 인식되는 것은 막대한 초기 재정 투입에도 불구하고 극장이 공연예술에서는 필수 불가결한 거점이자 교차점이기 때문이다. 극장은 공연예술이라고 하는 상품이 최종적으로 생산되고 동시에 최종적으로 소비되는 곳이라 한다. 극장을 공연예술의 꽃으로 부르는 이유이기도 하다.

재정적 부담이 크다고 했는데 이 문제는 건립이 끝났다고 해소되는 이슈가 아니다. 일반적으로 건립비의 10%를 매년 운영비로 사용하는 것이 바람직하다고 말한다.[12] 운영을 시작하면 기약 없이 비용을 지출해야 하는 것이다. 대부분의 극장이 자체 운영만으로 비용 이상의 수익을 창출하기 어렵기 때문에 개관 후 계속되는 운영 비용 부담은 프로젝트 기획 단계부터 고려해야 할 상수다.

12. 특별한 근거는 없다. 활발하게 운영 중인 극장들의 예에 기대고 있다.

복합 지불자

다음의 그림2는 누가 극장에 비용을 지불하는가를 도식화한 것이다. 극장이 다중이용시설이라는 점에서 첫 번째 지불자는 관객이다. 직접 극장을 방문하여 비용을 댄다. 입장권을 구매하지 않은 관객도 직접 방문 지불자이기는 마찬가지다. 입장권 외에도 다양한 비용을 지불하기 때문이다. 두 번째 지불자는 정부 또는 공공 재원을 관리하는 주체다. 이들은 공공 지원으로 불리는 방식으로 극장에 비용을 지원한다. 이 비용은 대체로 익명의 시민들이 세금 등의 형태로 지불한 것이다. 그 재원을 일정한 과정을 거쳐 공공 지원하는 것이

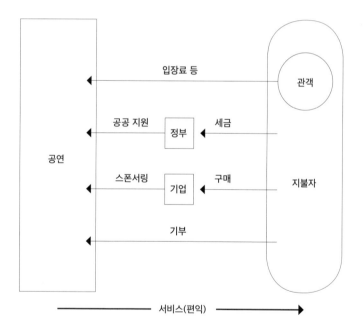

그림2 복합 지불자

다. 세 번째 지불자는 기업이다. 기업 예술 지원의 재원은 일반 구매자다. 상품이나 서비스를 구매한 매출의 일부를 기업이 협찬과 스폰서십 형태로 예술에 지원한다. 마지막 지불자는 기부자다. 기부하는 형태로 지불한다.

이러한 지불에 대해 극장이나 예술은 반대급부로 편익을 제공한다. 관객에게는 감동을 제공하는 것이 보통이다. 그 감동을 기대하며 관객은 지불을 결정한다. 문제는 지불자들이 기대하는 편익이 일치하지 않는다는 점이다. 다양한 지불자는 다양한 고객으로 치환되는 것이다. 공공 지원은 공공성과 수월성이라는 편익과 명분이 전제되지 않으면 이루어지기 어렵다. 기업이 예술에 돈을 대는 것도 단순히 예술을 돕기 위해서가 아니라 예술을 돕는 이미지를 갖기 위해서이다. 그런 점에서 기대하는 편익은 다른 지불자들과 다를 것이다. 기부자들도 차별적인 기대를 할 것으로 추정할 수 있다.

극장은 지불에 대해 반대급부를 제공할 의무를 피할 수 없다. 관객이 내는 비용이 재원에서 차지하는 비중이 절대적이라면 그 극장은 관객을 보며 운영해야 한다. 관객 취향에만 맞춘다는 뜻이 아니라 모든 의사결정의 기준이 관객일 수밖에 없다는 뜻이다. 경우에 따라서는 새로운 관객을 위해 기존 관객을 배신하는 경우도 생길 수 있다.

공공 극장의 기본적인 딜레마는 이 복합 지불자라는 관계에서 비롯된다. 공공 극장은 대부분 위 지불자 대부분을 주요 고객으로 설정하고 있다. 주요 지불자가 여럿이기 때문에 반대급부로 제공해야 할 편익 또는 서비스의 특성이 나뉠 수밖에 없다. 공공 극장에게 공공성과 대중성 또는 예술성과 대중성 등 엇갈리는 가치 사이에서 애매한 주문을 하는 것은 이 때문이다. 공공 극장이 관객의 입맛에 맞는, 또는 흥행이 되는 프로그램 위주로만 운영할 수 없는 것과 마찬가지로 명분에 따른 프로그램으로만 운영할 수 없는 것이다.

공공 극장과 비영리 극장

재원과 운영 목적에 따라 아래의 표와 같은 유형이 생긴다. 재원을 공공과 민간으로 나누고 운영목적에 따라 영리와 비영리로 나눴다. 이에 따라 4가지 타입이 나온다. 우리는 A를 공공 극장이라고 부른다. 민간 재원에 의해 건립, 운영되는 극장은 비영리 극장이라 부르는 것이 적당하겠다. 공공 극장과 민간 재원에 의한 비영리 극장, 즉 A와 C의 합이 비영리 극장이다.

실제로는 B타입은 존재하기 힘들기 때문에 영리 극장은 민간 재원이 전제된다. B타입으로는 BTO 방식에 의해 설립, 운영되는 경우는 애매하지만 일부 해당된다고 볼 수 있겠다. BTO 방식에 의해 운영되는 극장은 우리나라에 블루스퀘어 하나다. 이 경우를 들여다보면 이해가 될 것이다. 이 극장의 부지는 서울시 소유였고 현재

재원 \ 운영 목적	비영리	영리
공공 재원	A	B
민간 재원	C	D

표 1 재원과 운영 목적에 따른 구분

극장의 소유권도 서울시가 가지고 있다. 민간 재원이 투입되어 건립 후 기부채납했기 때문이다. 그 대신 사업자는 25년간의 운영권을 획득했다. 운영을 통해 건립에 투입된 초기 투자금과 운영비를 회수하도록 되어 있는 것이다. 이때 서울시라는 지방정부가 직접적으로 건립비용을 투입하지는 않았으니 공공 재원이라고 분류하기 어렵지만 토지와 기회비용의 측면에서 공공의 재원이 전혀 투입되지 않았다고 보기도 어렵다.

공공 재원

우리나라 공연예술 생태계에서 극장은 공공 극장이 다수를 차지한다. 공공 재원은 정부예산인 경우가 절대적이다. 그중에서도 지방정부의 예산이 차지하는 비중이 크다. 그것은 1990년대 이후 급증한 문예회관이 거의 지방정부의 부담으로 건립되었기 때문이다. 문예회관은 해당 지방자치단체가 거의 대부분을 부담하는 방식으로 진행되어 왔다.

문예회관 건립에는 1984년부터 국고 또는 공공 재원이 지원되었다. 하드웨어 확충 정책을 뒷받침한 것이다. 1996년까지는 문예진흥기금에서, 1997년부터 2004년까지는 국고에서, 2005년부터 현재까지는 중앙정부의 국가균형발전특별회계에 편성하여 지원하고 있다. 1개 문예회관 당 20억 원 이내로 지원하는 데 광역 및 기초자치단체당 1개 문예회관을 기준으로 하고 있다. 이 지원금을 제외한 건립비는 모두 지방정부의 몫이다. 일부 기초자치단체가 해당 광역자치단체의 지원을 받는 경우도 있지만 그렇더라도 막대한 부담이다. 빈약한 재정 사정에도 불구하고 막대한 초기 비용을 부담하는 지방정부로서는 그에 대한 반대급부로 사실상 해당 문예회관의 운영과 관련해서 전적인 책임과 권한을 진다. 그럼에도 불구하고 지방정부가 문예회관을 건립할 때 중앙정부의 승인은 필수 불가결 조건이다. 지방정부가 절대적으로 불리한 형식적인 매칭펀드 형태지만 중앙정부가 지원을 결정하지 않으면 지방비 편성이 어렵기 때문이다.

중앙정부가 극장을 지을 때는 중앙정부가 홀로 비용을 부담한다. 다만 건립 시기에 따라 공공 재원의 성격이 조금씩 다르다. 예를 들어 예술의전당 건립비는 전액을 방송발전기금에서 조달했다. 방송발전기금은 1980년 언론 통폐합으로 생긴 한국방송광고공사가 관리한 공익자금이다. 한국방송광고공사는 방송, 신문 등 언론에 광고를 게재하면서 의무적으로 거쳐야 하는 창구였고 그 과정에서 수수료를 챙겼다. 공공 재원이면서도 사실상 통제되지 않는 자금이었다. 전두환, 노태우 정부의 통치자금으로 사용되었다는 것이 중론이다. 이 돈이 조건부 기부 형태로 문예진흥원(한국문화예술위원회의 전신)을 통하여 예술의전당 건립에 투입되었다. 2000년 예술의전당이 특별법인화하면서 재산권을 확보하기 전까지 예술의전당 재산권의 소유주가 문예진흥원이었던 것은 이 때문이다.

대학로가 공연의 집결지가 되게 만든 단서를 제공한 것으로 평가받는 문예회관(아르코예술극장의 전신) 건립과 운영에는 문예진흥기금이 쓰였다. 문예진흥원이 예술 지원을 위해 설립, 운영된 공공예술지원기관이기 때문에 여기서 조성한 문예진흥기금 또한 공공 재원이다. 예술의전당 이후 중앙정부가 주도하여 조성한 극장들의 재원은 주로 국고로 보면 된다.

BTL과 BTO

2005년 사회기반시설에 대한 민간투자법이 개정되어 기존의 항만, 철도, 도로 등의 교통시설 위주의 민자 사업에서, 문화, 교육, 복지 분야 등의 생활기반시설로 민간 투자의 범위가 확대되었다. 이러한 제도 도입에는 몇 가지 배경이 작용했다. 먼저 자본시장의 상황이다. IMF 위기를 극복한 우리 사회는 금리가 안정되고 유동성은 넘치는 상황을 맞았다. 마땅한 투자처를 찾지 못한 기업의 돈들은 기업내부 유보금으로 머물렀다. 안정적이면서도 적당한 수익을 보장할 수 있는 곳이면 환영받을 수 있는 분위기다.

이에 비해 재정 당국은 재원 확보에 어려움을 겪고 있었다. 사회적, 경제적으로 성장이 이루어지면 사회적, 문화적, 복지적 수요가 급증한다. 이에 따른 재정수요를 감당하기에 부담이 컸다. 문예회관과 같은 건립사업은 초기에 비용이 한꺼번에 지출되기 때문에 부담은 급격하고 컸다. 대부분의 문예회관 건립이 지방비로 지출된다고 하지만, 우리나라 모든 지방정부가 재정자립을 하지 못하고 중앙정부의 재정보조에 의존해야 하는 형편이라 지방정부의 부담은 곧 중앙정부의 부담이기도 했다. 지방정부의 입장에서는 1990년대 도입된 지방자치제도의 실시와 함께 주민친화적인 사업개발에 힘쓸 수밖에 없다. 문예회관은 그중의 단골 메뉴였던 것이다. 다른 지역에 너무 뒤지지 않게 문예회관을 가지는 것은 대부분 지방정부의 소망이었다.

이렇게 해서 도입된 것이 민자 사업이다. 민자 사업의 중요한 방식은 BTO(Build Transfer Operate)와 BTL(Build Transfer Lease) 방식이다. 둘 다 민간 재원을 투입한다는 측면에서는 동일하다. 가장 중요한 차이는 투자된 민간 재원을 어떤 방식으로 회수할 수 있도록 하는가이다. BTO 방식은 일정 기간 운영권을 보장해줌으로써 사업자가 운영(operation)을 통해 투자금을 회수하라는 것이다. 그런데 문예회관이나 학교, 군대 막사 등은 운영을 통해 투자금을 회수할 수 없다. 오히려 추가적인 비용이 운영비로 투입되어야 한다. 이들 시설은 공공재적인 성격이 강해 공공 재정부담이 상당한 재화이기 때문이다. 운영을 하면 할수록 적자가 쌓이는 사업에 민간 재원이 몰릴 가능성은 없다.

　　BTL 방식은 민간 재원으로 문예회관을 건립하여 해당 지방정부에 기부채납한 후 사용료에 준하는 금액을 일정한 기간에 나누어 받는 방식이다. 한꺼번에 들어갈 비용을 수십 년에 걸쳐 나눠서 부담하는 방식이다. 이 방식은 양쪽의 이익에 다른 방식으로 부응함으로써 어필했다. 지방정부는 당장의 큰 부담없이 문예회관이라는 번듯한 예술 인프라를 가지게 된 것이고 투자자는 결정적인 리스크가 있을 수 없는 안정적인 투자처를 찾은 셈이다.

추진 방식	BTO	BTL
대상/성격	이용자에게 사용료를 부과하여 투자비 회수(고속도로, 지하철 등)	원 소유자에게 임대료를 부과하여 투자비 회수(문화시설, 학교 등)
투자 회수	최종이용자의 사용료 (수익자 부담 원칙)	원 소유자의 시설임대료 (원 소유자 재정 부담)
리스크	높은 위험, 높은 목표수익률 운영 수입의 변동 위험	낮은 위험, 낮은 수익률 운영 수입 확정
사용료	총사업비 기준 기준사용료 산정, 물가변동 별도 반영	총투자비 기준 임대료 산정 후 균등분할 지급

표2 BTO와 BTL 비교

시설명	운영개시일	고시액(억 원)
부평아트센터	2010년	416
경주문화예술회관	2011년	700
안동문화예술의전당	2010년	498
계룡문화예술의전당	2011년	208
천안예술의전당	2012년	610
완도문화예술의전당	2010년	150
강진아트홀	2011년	490
익산예술의전당	2015년	336
제주아트센터	2009년	150

표3 BTL로 건립된 극장
출처: 기획재정부, 2017년도 민간투자사업 운영현황 및 추진실적 등에 관한 보고서 (2018.05) & 국회예산정책처, 문화시설 BTL사업 평가 (2014.11) & 문화체육관광부 국회제출자료, 문화 분야 임대형 민자사업(BTL) 추진현황 및 향후계획 (2010.07)을 토대로 재구성

그럼에도 불구하고 2019년 현재 BTL로 건립하여 운영중인 극장은 전국에 9개에 불과하다. 중앙정부로부터 사업승인을 받고 중간에 포기하는 경우도 있었다. 지금 운영 중인 대부분의 극장이 제도가 도입될 당시 일었던 붐의 결과로 2010년 전후에 운영을 시작했다. 그 이후 BTL 방식은 중요한 재원 조달방식에서 한발 물러난 상태다. 이것은 BTL 방식의 약점에 비해 강력한 장점이 마땅히 없기 때문으로 보인다.

BTO 방식으로 건립된 유일한 사례가 서울시 한남동 소재 블루스퀘어다. 블루스퀘어는 2011년 개관한 뮤지컬 전문공연장이다. 부지 자체가 서울시 소유이고 건립 후 건물의 소유권이 서울시에 기부채납된 상태다. 재산권은 서울시에 있는 것이다. 그 대신 운

영 주체인 인터파크씨어터는 20년간의 운영권을 갖는다. 운영 기간 동안 인터파크씨어터는 초기 투자금과 이후 운영에 들어가는 운영비를 극장 및 부대시설 운영을 통해 회수해야 한다. 심지어 토지사용료도 매년 서울시에 지불해야 한다. 블루스퀘어가 공연 분야에서 가장 상업적인 장르이자 형태인 뮤지컬(인터파크홀)과 대중음악(아이마켓홀) 공연을 주요 콘텐츠로 한 것은 이 극장에게 수익성이 필수적인 과제이기 때문이다. 재원의 측면에서 건립비는 민간 재원이고 운영 방식도 상업 극장 방식을 띠는 한편 극장 소유권은 서울시가 갖고 있기 때문에 이 극장을 뭐라고 불러야 할지 곤란한 점이 있다. '민간 재원에 의해 설립, 운영되는 영리 극장'으로 보는 것이 그나마 합리적이다. 블루스퀘어에 이어 건립 계획 중인 '서울 아레나 공연장'(가칭)이 우리나라에서 두 번째로 BTO 방식으로 건립되는 극장이 될 전망이다. 이 극장 또한 대중음악을 주요 콘텐츠로 하는 운영을 통해 초기 투자비와 운영비를 회수하려고 하지 않을까 전망한다.

민간 재원

민간 재원이 투입된 극장은 목적에 따라 영리와 비영리 극장으로 운영된다. 민간 재원이라고 해서 모두 영리를 목적으로 건립, 운영하는 것은 아니기 때문이다. 기업이 설립한 문화재단이 운영하는 극장은 대부분 비영리 극장이다. 문화재단은 민법에 의해 설립된 비영리법인이다. 우리나라에서 상당한 규모로 운영되는 민간 극장의 대부분은 비영리 극장이다.

기업이 영리를 목적으로 하지 않으면서 극장을 운영하는 방식은 크게 세 가지다. 첫째는 비영리재단을 설립하고 이 재단이 운영하도록 하는 것이다. LG아트센터(연암문화재단), 두산아트센터(두산연강재단), 금호아트홀 연세(금호아시아나문화재단) 등이 여기에 해당된다. 운영을 하는 비영리재단은 문화예술뿐 아니라 복지, 교육 등에도 힘쓰는 것이 보통이다. 둘째는 기업이 직접 운영하거나 위탁 운영하는 것이다. 기업이 있는 캠퍼스 안에 있기도 하지만 그렇지 않을 수도 있다. 효자음악당(포철), 현대예술관(현대중공업), 한전아트센터(한국전력), 백화점 안에 위치한 극장, 언론사가 운영하는 문화일보홀, 영산아트홀 등이 여기에 해당된다. 셋째는 기업이 건립 또는 운영을 지원하는 경우다. 현재는 서울시가 장기 임대해 재개관한 세실극장이 한때 제일화재에게서 운영지원을 받았던 것이 대표적이다.

드물지만 강력한 영향력을 미치는 영리 극장 또는 상업 극장이 있다. 영리 극장은 크게 두 가지 카테고리로 나뉜다. 그야말로 영리를 목적으로 설립, 운영되는 뮤지컬, 대중음악 콘서트홀 등이 첫 번째 유형이다. 뮤지컬 전용 극장이 전형적이다. 21세기 들어 개관하고 운영하기 시작한 뮤지컬 전용 극장의 공통점은 규모가 크다는 점이다. 극장의 크기가 비즈니스의 기본이기 때문이다. 이들 극장은 공연 사업을 통해 수익을 올리기 위해 운영한다. 결과적으로는 부동산 사업의 일환으로 운영할 수도 있다. 브로드웨이와 미국의 주요 도시의 큰 극장들의 소유인 극장주 카르텔들은 극장과 함께 다른 부동산도 동시에 소유하고 운영하고 있다.

두 번째 카테고리는 민간 소극장이다. 대학로를 중심으로 집중 분포되어 있어 민간 소극장을 영리를 목적으로 운영하는 영리 극장으로 분류하는 것은 가혹해보일 것이다. 민간 소극장이 수익을 올리기 힘들기 때문이기도 하고 많은 경우 극단 등 예술 단체나 예술가가 운영하기 때문이다. 후자의 경우 예술 활동을 위해 운영하는 것이지 금전적 이익을 얻기 위한 것이 아니다. 그런데 영리와 비영리를 가르는 것은 활동을 통해 획득한 손익을 어떻게 처분할 수 있는가를 기준으로 한다. 이익이 생긴다면 어떻게 할 수 있는지를 보면 알 수 있는 것이다. 소극장의 운영자는 대부분은 개인사업자로 등록하여 운영 중이다. 개인사업자는 손실을 홀로 무한대로 부담해야 하는 것처럼 이익도 자유롭게 처분할 권리가 있다. 개인사업자는 기본적으로 영리사업자에 준한다. 별도의 법인 설립 절차가 필요 없을 뿐이다.

민간 재원으로 건립, 운영하는 극장 중에 특별히 학교나 종교단체가 조성한 극장들이 있다. 학교와 종교단체는 비영리법인이나 단체에 속하기 때문에 기본적으로 영리 극장이 될 수는 없다. 민법에 의해 설립되는 재단법인 등 비영리법인이 그렇듯 수익사업을 할 수는 있다.

3 운영 형태

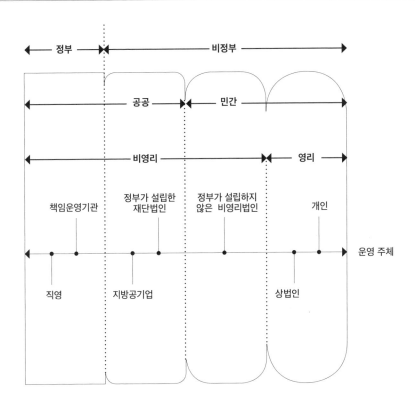

그림3 운영 형태 스펙트럼

극장의 설립과 운영에 들어가는 비용을 누가 부담하는가가 극장의
기본 성격을 형성한다. 극장은 그 바탕 위에서 다양한 방식으로 운
영된다. 위의 그림은 극장의 운영 형태를 공공성의 정도를 기준으로

줄 세워본 것이다. 예를 들면 정부가 직접 운영하는 극장은 위탁 운영하는 극장보다 공공성은 떨어지고 유연성은 증가한다.

그림3에서 비교하면서 볼 구분점은 세 가지다. 정부와 비정부, 공공과 민간, 영리와 비영리가 그 셋이다. 정부와 비정부는 운영 주체가 정부인가 아닌가이다. 공공 재원을 들여 건립했고 운영도 지방정부를 포함한 다양한 수준의 정부가 직접 운영하는 극장은 정부 직영 극장이다. 정부 직영 극장 중에는 책임운영기관이 포함된다. 그 외의 모든 극장은 정부가 직접 운영하지 않는다.

공공과 민간은 극장 건립 재원의 출처가 공적 재원인지의 여부다. 공적 재원을 통해 건립한 극장 중에는 정부가 직영하지 않는 극장도 있기 때문이다. 여러 방식의 위탁 운영이 그것이다. 위탁 운영하고 있는 극장도 공공 극장의 범주에 포함된다. 위탁 운영은 해당되는 정부가 출연하고 운영하는 지방공기업(시설관리공단)이나 재단법인을 비롯하여 정부와 관련 없는 주체가 위탁받아 운영하는 형태까지 다양하다.

영리와 비영리는 운영 목적에 따라 나뉜다. 공공 재원으로 건립된 공공 극장은 물론 비영리 목적으로 운영하는 민간 극장까지 비영리 극장으로 분류된다. 정부가 설립하지 않은 비영리법인은 정부가 출연하고 운영하는 법인과 같은 성격의 재단법인이다. 같은 법적 근거를 바탕으로 만든 법인이지만 기본 성격이 다르다. 영리 목적으로 건립하고 운영하는 민간 극장만이 영리 극장이다. 영리 극장은 상법인부터 개인사업자까지가 일반적이다. 여기서는 주로 공공 극장과 민간 극장으로 구분하여 살펴본다.

공공 극장

중앙정부, 광역지방자치단체, 기초자치단체 등 여러 수준의 정부를 비롯하여 공공 재원이 투입된 기관이 설립을 주도했을 경우 공공 극장이라 부른다. 극장을 위탁한 경우에도 공공 극장의 정체성을 지우는 경우는 없기 때문에 설립을 기준으로 공공 극장이라 분류해도 틀리지 않는다. 공공 극장은 건립 주체에 따라 여러 형태를 보인다. 중앙정부가 설립한 극장은 주로 '국립'이라는 이름으로 불린다. 국립극장, 국립국악원 등이 대표적이다. 그 외에도 중앙정부 특히 문체부가 설립한 극장으로는 예술의전당, 정동극장, 명동예술극장, 극장 용 등이 있다. 광역지자체와 기초자치단체가 설립한 공공 극장은 소위 '문예회관'이라고 분류되는 극장이 대부분이다. 설립에 투입된 비용은 공통적으로 공공 재원이지만 운영하는 방식은 다르다. 공공 극장의 운영은 크게 직영과 위탁 운영으로 나눌 수 있다.

공공 극장의 직영

설립한 주체가 운영도 그대로 하는 경우다. 재정을 담당한 곳이 직접 조직을 만들어 운영한다. 운영하는 조직의 구성원은 국가 또는 지방 공무원이거나 이에 준하는 지위를 부여받는다. 문화예술 관련부서의 하부조직으로 운영하거나 사업소로 운영한다. 대구문예회관, 인천종합문화예술회관, 광주시문화예술회관, 대전문화예술의전당, 경상남도문화예술회관 등 광역자치단체 소속의 공공 극장은 직영인 경우가 많다. 광역자치단체가 설립한 공공 극장은 2018년 재단법인으로 전환한 부산문화회관처럼 재단법인을 설립하여 위탁형식으로 운영하는 사례가 늘고 있다. 기초자치단체가 설립한 극장 중에는 직영의 비중이 가장 높다. 중앙정부인 문화체육관광부 소속의 직영 공연장은 국립국악원과 국립극장 2개다.

그중에서 국립극장은 책임운영기관이라는 별도의 형태를 띠고 있다. 책임운영기관제도는 2000년에 시행하기 시작한 제도다. 국립극장은 시행 첫해에 지정된 10개의 책임운영기관 중 하나였다. 근거가 되는 법률은 '책임운영기관의 설치·운영에 관한 법률'(1999년 제정)이다. 법률은 책임운영기관을 '정부가 수행하는 사무 중 공공성을 유지하면서도 경쟁원리에 따라 운영하는 것이 바람직하거나 전문성이 있어 성과 관리를 강화할 필요가 있는 사무에 대하여 책임운영기관의 장에게 행정 및 재정상의 자율성을 부여하고 그 운영 성과에 대하여 책임을 지도록 하는 행정기관'이라고 정의하고 있다. 전문적 운영과 효율을 위해 일부 경쟁 원리를 도입하자는 것이다. 이를 위해 책임운영기관은 조직, 운영, 평가, 인사, 예산, 회계 등에서 일정한 수준의 독립성과 자율성을 보장받는다. 책임운영기관의 장은 공개모집을 통해 임기제 공무원으로 임용된다. 국립극장 극장장은 개방형 직위 중에서도 민간의 경험과 전문성을 활용하기 위해 민간 출신만 지원이 가능한 경력개방형 직위로 되어 있다. 현재 국립극장은 문화형 책임운영기관으로 분류되어 있다.

13. 2019년 12월 기준.

문화예술 부문에는 국립현대미술관(2006년 지정) 국립아시아문화전당(2015년 지정) 등 3개가 지정되어 있다. 전체 책임운영기관은 중앙책임운영기관 1곳(특허청)을 포함하여 모두 50개가 지정되어 운영 중이다.[13]

공공 극장의 위탁 운영

여러 수준의 정부가 설립한 극장은 그 탄생에 막대한 공공 재원이 투입된 만큼 웬만해서는 공공 극장의 속성을 버릴 수 없다. 일반 기업형 공기업처럼 민간에 불하한다고 하더라도 공공성을 유지하는 동시에 이익을 남기기는 어렵다. 둘 중의 하나의 가치는 희생될 것이 뻔한 일이다. 특별한 정책적 전환점이 생기지 않는 이상 공공 재원을 투입하여 건립한 극장을 영리 극장으로 전환하는 것은 불가능하다.

정부가 직영으로 운영하는 데는 장단점이 있다. 재정안정성이 대표적인 장점이다. 공공 재원을 바탕으로 정부 예산을 편성하여 운영하기 때문이다. 그렇지만 공무원 조직으로 예술기관을 운영하는 데는 한계가 많다. 전문성을 확보하기 어렵고 경영 효율도 떨어지기 때문이다. 극장을 건립한 해당 정부(지자체 등)가 한정된 조직 정원 안에서 충분한 인력을 확보하기도 어렵다. 새로운 인력이나 사업을 확보하는 것은 더 어렵다. 이런 점을 고려해 재산권은 정부가 그대로 소유하고 운영을 위탁하는 방식을 채택하는 극장이 늘고 있다.

공공 극장의 위탁 운영이 가능한 것은 진작부터 우리 법률에서 이를 허용하고 있기 때문이다. 문화예술진흥법 제5조 3항은 '국가와 지방자치단체는 문화시설의 효율적인 관리와 이용을 촉진하기 위하여 필요하면 그 문화시설의 관리를 비영리 법인·단체 또는 개인에게 위탁할 수 있다'고 명시하고 있다. 공연법에도 이를 구체적으로 다시 언급하며 공공 공연장을 위탁 운영할 경우 경비를 보조할 수 있으며 시설을 무상으로 사용할 수 있도록 규정하고 있다.[14] 국유 및 공유재산권을 양도할 수는 없지

14. 공연법 제8조(공공 공연장 및 공연연습장) ① 국가와 지방자치단체는 공연예술의 육성을 위하여 공연장 및 공연연습장을 설치하여 운영할 수 있다. ② 국가나 지방자치단체는 제1항에 따른 공연장 및 공연연습장 운영의 전문성과 효율성을 높이기 위하여 개인이나 단체에 위탁하여 운영할 수 있다. ③ 국가나 지방자치단체가 제2항에 따라 공연장 및 공연연습장을 위탁하여 운영할 경우 그 활동과 운영에 필요한 경비를 보조할 수 있으며, 국가나 지방자치단체는 「국유재산법」 및 「공유재산 및 물품 관리법」에도 불구하고 그 공연장 및 공연연습장의 원활한 운영에 필요한 재산 및 시설을 무상으로 사용·수익하게 할 수 있다.

만 사용료를 내지 않고 운영할 수 있으며 예산도 지원할 수 있다는 것이다.

　우리와 유사한 사례로 일본에는 '지정관리자제도'가 있다. 이 제도는 일본의 버블경제 붕괴 이후 등장한다. 우리나라에 다양한 민영화 조치가 IMF 사태 이후 도입된 것과 같은 맥락이다. 2003년 지방자치법 개정을 통해 본격 도입된 지정관리자제도 덕분에 공립문화시설을 비영리단체는 물론 영리기업과 시민단체 등이 위탁하여 운영하는 것이 가능하게 되었다. 제도 실시 후 일본의 공립문화시설의 절반 가까이가 지정관리자에 의해 위탁 운영되고 있다.

　아래의 표는 2014년 문화 부문의 공립문화시설을 전수조사한 보고서에 나오는 자료다. 3,588개의 공립문화시설 중 극장에 해당하는 문화회관 등의 시설은 2천 5백여 개로 추정된다(나머지는 미술관과 예술공방 등이다). 전체 공립문화시설 중 지정관리자가 운영하는 시설이 42.5%에 달하고 있다. 제도가 도입된 지 10년 만에 직영 시설이 절반으로 준 것이다.

　동아시아 세 개 나라중 하나인 중국은 또 다른 독특한 위탁 운영 방식을 가지고 있다. 정부와 관련된 두 개의 기업이 전국의 주요한 아트센터를 운영하고 있다. 공기업으로 분류되는 폴리극장경

구분	대상시설 전체	지정관리 (공모)	지정관리 (비공모)	직영	불명 (미응답)
시설수	3,588	922	604	2,305	27
(%)	100.0	25.7	16.8	56.7	0.8

표4 관리운영형태별 시설 (시설수, %)
출처: 一般財団法人地域創造,「平成26年度 地域の公立文化施設実態調査」報告書, 2015, 9쪽.

영공사(保利劇院管理有限公司, Poly Theatre Management Co., Ltd)는 2019년 기준으로 중국 전역에서 58개 시에서 68개의 아트센터를 운영하고 있다. 폴리가 운영하는 아트센터의 일부는 직영이지만 대부분은 지방정부와 협약을 맺고 위탁 운영 방식으로 운영하는 극장이다. 68개 아트센터의 125개 공연장 좌석 수만 13만 석이 넘는다. 2019년에만 1만 1천 회의 공연을 올렸고 1천 1백만 명이 관람했다. 막강한 유통망을 가진 폴리는 공연 제작, 티켓 예매, 컨설팅 등에서 강점을 보이며 중국 공연 시장의 강자로 부상했다. 폴리보다 규모는 작지만 정부소속기관인 중국대외문화집단공사(中国对外文化集团公司, CPPA)가 세운 중연극장(中演演出院线发展有限责任公司, CPAA Theatres)도 중국 전역을 사업의 대상으로 삼고 있다. 정부와 직간접적으로 연결된 두 주체 외에 극장을 직접 운영하지는 않지만 전국의 극장을 무대로 공연을 올리고 있는 민간 기업인 AC오렌지(聚橙网络技术有限公司)가 운영하는 극장이 있다. 중국에서 극장경영을 전문으로 하는 기업이 본격적으로 영역을 확장하기 시작한 것은 2009년이다. 문화예술 부문의 혁신을 선언한 2009년 이후 정부가 운영하는 극장과 공연 단체의 경쟁력과 전문성을 높이기 위한 대변화의 일환이다.

우리나라에서 공공 극장을 위탁하는 방식은 크게 두 가지다. 하나는 정부가 출연한 법인을 설립하여 운영토록 하는 것이다. 공공기관의 성격을 가진 이 법인은 특수관계에 있는 법인이므로 형식적 위탁이라고 봐도 무방하다. 또 하나는 정부와 관련이 없는 법인이나 단체에 위탁하는 방식이다. 완전한 위탁 방식이다. 후자의 경우에도 공공성을 담보하는 것을 조건으로 일정한 예산을 지원하는 계약을 체결하게 된다.

① 지방공기업 운영

지방공기업은 지방정부가 직접 설치, 경영하는 기업이다. 1969년 제정된 지방공기업법에 근거하고 있다. 수도, 도로, 철도, 하수도, 체육시설 등을 운영한다. 극장을 위탁 운영하는 공기업은 그중에서도 시설관리공단의 성격을 가진 '지방공단'이다. 지방공단은 지방정부의 공공성 업무를 대행한다. 독립법인의 형태로 지방정부가 간접 경영하며 주로 문화, 체육, 복지시설을 관리하는 것이 주 임무다. 극장은 지방공기업(시설관리공단)의 전담 부서 형태로 운영하는 것이 보통이다. 극장장은 부서장이 되고 최종 결정권자는 지방공기업의 장(시설관리공단 이사장)이 된다. 지방공기업의 속성이 시설관리에 맞춰져 있기 때문에 문화예술 사업의 특성이 반영되기 어렵다는 한계가 있다.

② 재단법인 운영

공공 극장 운영의 새로운 주류로 떠오른 것이 재단법인을 설립하여 운영토록 하는 것이다. 재단법인은 민법에 근거하여 설립된다. 구체적으로는 민법 32조(비영리법인의 설립과 허가) 조항이다.[15] 이 법률에 따라 재단법인과 사단법인을 설립, 운영할 수 있다. 극장은 재단법인으로 설립하는 것이 보통이다. 법인격과 근거 법률로는 기업 등이 설립하는 비영리 민간법인과 다르지 않다. 지방정부가 설립한 법인은 별도로 조례를 제정하는 것이 보통이다. 조례에서 특정하여 공공성을 담보하는 것이다.

재단법인으로 운영하는 방식이 매력적인 것은 정부 직영의 단점을 보완할 수 있다고 보기 때문이다. 비전문 공무원의 순환보직

15. 민법 제32조(비영리법인의 설립과 허가) 학술, 종교, 자선, 기예, 사교 기타 영리 아닌 사업을 목적으로 하는 사단 또는 재단은 주무관청의 허가를 얻어 이를 법인으로 할 수 있다.

으로 운영하는 공공 극장이 예술기관의 특수성을 살릴 수 없는 반면 극장 운영을 목적으로 만든 재단법인은 한층 높은 전문성을 담보할 수 있다. 재단법인이 민간법인의 법인격을 가지고 있기 때문에 자율성과 전문성을 담보할 수 있다고 보는 것이다.

그러나 정부가 설립하고 운영하는 재단법인이 가지는 자율성에는 한계가 있다. 해당되는 정부가 인사, 예산 승인, 정관 등 주요 규정 제개정, 감사 등에서 절대적 권한을 행사하기 때문이다. 극장 운영책임자의 임명은 해당 정부의 권한이다. 재단법인의 이사회 이사장을 지방자치단체의 장이 맡는 경우도 드물지 않다. 지방정부의 예산 승인 또한 재단법인의 최고 의결기구인 이사회를 넘어 최종적이고 실질적인 권한을 행사한다. 형식적으로는 이사회 의결로 사안이 확정되지만 실제는 그렇지 않다. 공공 극장의 주요 재원이 정부지원금이기 때문에 운영을 맡은 재단법인이 독립적인 의사결정을 하는 것은 불가능하다. 관리·감독 권한이 정부에 있음은 물론이다. 정부가 설립한 재단법인은 조례 또는 법률에 따라 평가와 감독 권한을 해당 정부 또는 의회에 부여하고 있다. 상황에 따라서는 해당 정부는 책임은 지지 않고 무제한 통제할 수 있다.

공공 극장을 재단법인으로 운영한 첫 사례는 예술의전당이다. 1차 개관을 준비 중이던 예술의전당 건립본부는 1987년 재단법인으로 정식 출범했다. 예술의전당 건립본부는 재원은 한국방송광고공사로부터 받고 조직은 문예진흥원이 만든 것이었다. 당시 예술의전당의 경우를 제외한 모든 공공 극장은 정부 직영으로 운영했다. 예술의전당은 2000년 특별법인으로 전환하면서 한번 더 변화했다. 특별법인은 법인의 설립과 운영 근거를 특별히 언급한 법안이 있는 경우다. 한국방송공사법처럼 개별 법률을 제정하는 것이 보통이지만 문화예술 분야는 문화예술진흥법에 조항을 신설하는 방식으로 특별법인화하곤 한다. 문화예술진흥법 제37조[16]는 예술의전당 관련 조항이다. 이 5개 항 1개 조를 제외한 나머지는 일반적인 재단법인에 적용되는 조항을 적용한다.

정부 직영에서 법인으로 전환한 첫 사례는 세종문화회관이다. 1999년 서울특별시의 사업소로 운영하던 세종문화회관은 재단법인으로 전환되면서 이후 법인으로 운영하는 공공 극장의 선례가 되었다. 현재 중앙정부가 세운 극장은 명동예술극장(국립극단 운영), 정동극장, 극장 용(국립박물관문화재단이 운영) 등 대부분이 재단법인으로 운영되고 있다. 성남, 고양, 안산 등 수도권의 많은 기초자치단체, 경기, 부산 등 광역자치단체 일부 극장이 재단법인으로 운영 중이다. 대부분의 경우는 주로 문화 공간을 운영하기 위해 설립한 재단법인으로 운영 중이지만 최근 기초지자체를 중심으로 극장 운영을 넘어 지역 문화예술정책을 수립하고 실행하는 실질적인 문화재단으로 전환하는 추세다. 전국적으로는 2017년 말 기준으로 72개의 재단법인이 공공 극장을 운영 중이다.

16. 문화예술진흥법 제37조(예술의 전당) ①문화예술을 창달하고 국민의 문화 향유 기회를 확대하며, 그 밖에 문화예술 진흥을 위한 사업을 추진하기 위하여 예술의 전당을 둔다. ②예술의 전당은 법인으로 한다. ③예술의 전당에는 정관으로 정하는 바에 따라 임원과 필요한 직원을 둔다. ④국가는 예술의 전당의 원활한 운영을 위하여 필요하면 「국유재산법」에도 불구하고 대통령령으로 정하는 국유재산을 예술의 전당에 무상으로 양여(讓與)할 수 있다. ⑤예술의 전당에 대하여 이 법에서 규정한 것 외에는 「민법」 중 재단법인에 관한 규정을 준용한다.

③ 순수 위탁 공공 극장

정부와 관련 없는 법인이나 단체와 위탁 운영 계약을 체결하고 극장의 운영을 민간에 위탁하는 형태다. 위탁을 받을 수 있는 대상은 재단 및 사단법인 등 비영리법인은 물론 교육기관, 예술단체 등을 포괄하는 것이 보통이다. 심지어 상법인이나 개인도 가능한 경우가 있다. 대체로 공개경쟁을 통해 위탁사업자를 정한다. 선정된 위탁사업자는 지방자치단체 지원금과 자체사업 수입을 합쳐 운영한다. 전주 한국소리문화의전당이 대표적인 사례다. 2001년 개관한 이후 줄곧 민간 위탁 형식으로 운영해왔다. 2016년부터는 우석학원이 위탁 운영 중이다.

한때 순수 위탁방식이 공공 극장의 유력한 대안으로 떠올랐다. 해당 정부가 전액 출연하여 설립하는 재단법인을 통해 운영하는 것은 사실상 정부기관에 준한다고 보기 때문이다. 이에 비해 순수 위탁 방식은 공공 극장의 본질적 성격을 유지하면서도 독립성과 전문성을 발휘하는 데 더 적합할 것으로 본 것이다. 1988년 개관한 경남문화예술회관은 2000년부터 2006년까지 7년간 순수 위탁 운영 형식으로 극장을 운영했지만 2007년 운영 형태를 바꿔 경상남도의 사업소로 운영하고 있다. 정부 직영에서 순수 민간 위탁 방식으로 갔다가 다시 원위치한 것이다. 순수 위탁 방식은 아직 숙제로 남아 있다.

민영화

1998년 IMF 사태는 우리 사회 전반에 큰 영향을 미쳤다. 신자유주의의 폭풍이 사회 전 분야에 불어닥쳤다. 문화예술계도 마찬가지였다. 공공 부문에서의 경영효율과 경쟁력이 부상했다. 재정 자립도라는 평가척도가 전면적으로 등장하고 성과 평가가 일반화되었다. 신자유주의 바람 중의 하나가 공공 부문의 민영화였다. 극장 등 공공 극장에도 민영화가 수면 위로 떠올랐다.

다만 문화예술 부문에서 민영화는 불하를 의미하지 않는

다. 그림4에서 민영화는 영리의 벽 앞에 멈춘다. 공공 극장의 민영화는 직영 - 책임운영기관 - 지방공기업 - 특별법인 - 정부가 출연한 재단법인 - 정부가 설립하지 않은 비영리법인의 방향으로 옮겨가는 것을 의미한다. 그 벽을 넘는 것은 공공성이라는 기존 가치를 보존할 수 없다는 것을 전제로 하기 때문이다. 20여 년이 지난 지금도 이 방향성은 유효하다.

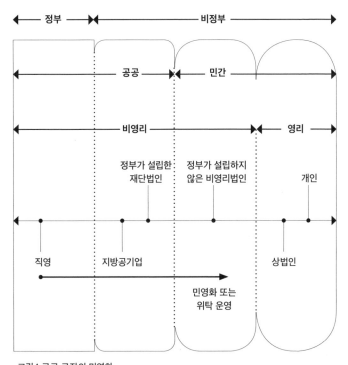

그림4 공공 극장의 민영화

민간 극장

민간 극장은 설립 재원의 출처가 정부와 공공 부문이 아닌 민간인 경우를 포괄한다. 예외적으로 극장을 짓는 비용을 민간에서 부담했지만 공공 극장으로 분류되는 극장도 있다. BTO 방식으로 지어진 극장은 재원을 시장에서 조달했지만 건립 프로젝트를 정부가 주도하고 건립과 함께 정부에 기부채납 방식으로 재산권을 정부에 넘기기 때문에 공공 극장으로 분류한다. BTO 방식은 아니지만 민간에서 극장을 건립해서 정부에 기부채납하는 경우도 있다. 대구오페라하우스가 그런 경우다. 대구에 있던 제일모직 공장터를 개발하는 과정에서 제일모직 측은 공원, 도로와 함께 오페라 하우스를 지어 기부채납하기로 한 것이다. 2003년 개관한 대구오페라하우스는 대구시가 직영하다가 2013년 대구시가 출연한 재단법인이 운영하고 있다.

민간 극장의 운영 형태에 가장 큰 영향을 주는 요소는 운영 목적 또는 동기다. 어떤 편익을 위해 극장을 짓고 운영하는가에 따라 달라지는 것이다. 민간 극장 중에는 기업이 설립하고 운영하고 있는 극장들이 있다. 영리 추구를 기본으로 하는 기업이 운영한다고 해서 극장도 영리 목적으로 운영되는 것은 아니다. 기업이 극장 운영을 통해 획득하고자 하는 것이 운영 수익이 아닐 수 있기 때문이다. 기업의 사회공헌 프로그램 중의 하나로 극장을 운영하는 것이 대표적이다. 교육과 복지 부문과 함께 예술 지원은 현대 기업의 중요한 사회공헌 아이템이다. 훌륭한 극장을 운영하는 것이 기업의 브랜드에 긍정적인 효과를 준다고 간주한다. 직접적으로 기업이 속한 커뮤니티와의 관계를 원활하게 하는 역할을 하기도 한다. 이럴 경우 기업이 소유하고 운영하는 극장은 기업이 출연하고 운영하는 비영리재단법인으로 운영하는 것이 보통이다. 두산문화재단(두산아트센터), 연암재단(LG아트센터), 금호아시아나문화재단(금호아트홀 연세), GS칼텍스재단(예울마루) 등이 여기에 해당된다. 우란문화재단처럼 직접 기업이 출연하지는 않았지만 기업인(또는 그의 유지를 이은)이 세운 비영리법인이 운영하는 공간도 넓은 의미로는 여기에 해당된다. 물론 비영리 극장이지만 기업이 직접 운영하는 경우도 있다. 기업의 다양한 고객을 대응하거나 직접 사회공헌 프로그램을 진행하는 공간으로 극장을 활용하는 경우다.

극장 운영으로 수익을 얻고자 할 때는 주로 독립된 영리법인의 형태이거나 기업의 영리법인의 사업 부서의 형태로 운영한다. 운영 목적과 형태가 일치하는 것이다. 엔터테인먼트 사업을 주요 비즈니스로 하는 기업은 자연스럽게 영리 극장을 운영한다. 뮤지컬, 대중 음악 콘서트 등 상업적 성격이 강한 극장이 되는 것이다. 서울의 블루스퀘어를 운영하는 주체는 ㈜인터파크씨어터다. 기업의 주요사업 중의 하나가 공연장 운영이며 이를 통해 수익을 획득하는 것이 목표다. 넌버벌 퍼포먼스 전용 극장과 대학로를 중심으로 오픈런 형식으로 공연하는 극장도 공연이 주 비즈니스다.

많은 민간 극장의 운영 주체는 개인이나 공연 단체다. 극단 등 공연 단체도 임의 단체이기 때문에 등록 형태는 개인일 경우가 대부분이다. 개인사업자로 등록하고 운영하는 것이다. 우리나라 대부분의 소극장이 여기에 해당된다. 상업적인 공연이나 대관을 통해 이익을 얻기 위해 운영하는 소극장도 있다. 그러나 예술가인 개인이나 극단 등 공연 단체가 운영하는 소극장을 영리를 목적으로 운영한다고 보기에는 무리가 있다. 실제 이익을 남기는 소극장은 별로 없기 때문이다. 그럼에도 불구하고 비영리 극장은 아니다. 개인사업자는 영리사업자로 간주한다. 비영리단체와 영리단체를 구분하는 결정적 기준은 운영을 통해 획득한 이익(또는 잉여)을 어떻게 처분할 수 있는가이다. 영리단체는 이 이익을 운영자가 임의로 처분할 수 있다. 이에 비해 비영리단체는 운영을 통해 발생시킨 잉여를 이에 기여한 사람이나 단체에 나눠줄 수 없다. 해당 비영리사업에 해당하는 극장의 고유목적사업에 사용해야 한다. 만성적자에 시달리는 영리 극장과 매년 흑자를 내는 비영리 극장이 존재할 수 있는 것이다.

예술 시장의 특성 중의 하나로 민간과 공공의 혼재를 든다. 단순히 공존할 뿐 아니라 어떤 국면에서는 경쟁하기도 한다. 극장도 마찬가지다. 예술가 개인이나 단체가 운영하는 극장도 공연 시장에서는 공공 극장뿐만 아니라 기업이 운영하는 비영리 극장과 경쟁관계에 놓이게 된다. 후자는 전자에 비해 훨씬 안정적인 재정 조건을 갖추고 있다. 운영의 자율성과 성취 욕구, 몰입도는 전자가 두드러질 것이다. 상업 극장을 제외한 넓은 스펙트럼의 비영리 극장과 사실상 비영리 극장에 해당하는 민간 극장은 콘텐츠 측면에서 공통점이 더 많다.

4 무대와 객석 간의 관계

극장 공간에서 가장 기본적인 구성요소는 두 가지다. 하나는 무대이고 또 하나는 객석이다. 무대 뒷공간이나 스태프의 작업 공간, 객석을 제외한 관객 공간 등도 필요하지만 극장 공간에서 하이라이트는 공연이 이루어지는 무대와 이를 받아들이는 객석이다. 공연예술에서 무대 위 작품이나 아티스트 못지않게 관객이라는 요소가 필수불가결하다는 것은 누구나 동의할 것이다. 그리스의 객석을 의미하는 테아트론(theatron)으로부터 극장이라는 단어가 파생되었다는 언급을 한 바 있다. 그런데 이런 객석과 무대는 분리할 수 없다. 공연이 이루어지는 무대와 이를 관람하는 객석은 동시에 실시간으로 함께 존재하는 필수적인 요소인 것이다. 무대는 그 자체로서가 아니라 객석과 함께 형태를 이루게 된다.

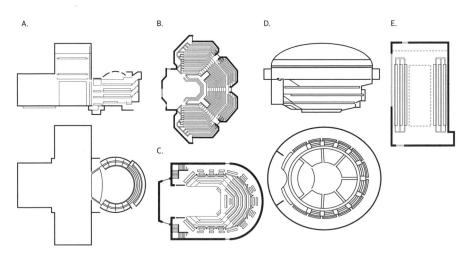

그림5 다양한 극장 형태

무대와 객석 간의 관계를 기준으로 극장을 구분하는 것은 가장 보편적인 방식이다. 이만큼 극장의 속성을 잘 보여주는 것이 따로 없기 때문일 것이다. 오래 주류를 형성한 프로시니엄 극장을 비롯하여 돌출 무대 극장, 아레나 극장, 블랙박스 극장 등으로 대별된다.

그림5는 몇 가지 유형을 나타낸 것이다. A는 전형적인 프로시니엄 극장이다. 프로시니엄 아치를 경계로 무대와 객석이 완벽하게 구분되고 있다. B는 돌출 무대 극장이다. 에이프런이 객석을 파고들고 있으면서 무대와 객석의 경계를 허물고 있다. C는 스완 극장의 평면을 묘사한 것이다. 돌출 무대의 일종이다. D는 로열 앨버트홀이다. 기본적으로 아레나 극장으로 다양한 형태로 가변적으로 사용할 수 있다. E는 트래버스(traverse) 형식으로 무대를 가운데 두고 앞 옆으로 객석이 배치되어 있다. 횡단무대 극장이라 부르기도 한다.

프로시니엄 극장

그리스에서 로마 시대를 거쳐 근대에 완성된 형태는 '프로시니엄 극장'이다. 무대에서의 기능을 극대화하고 몰입을 최대화하는 장치로 이만한 형태가 없기 때문일 것이다. '예술은 불온한 것'이라는 말이 있다. 편리하고 주류라고 해서 동의할 수는 없다. 무엇보다 모든 공연이 이런 형식에 적합한 것은 아니다.

좀 확대해서 해석해보면 프로시니엄 극장의 등장은 공연에 대한 관객 또는 동시대 사람들의 인식을 반영한다고 볼 수 있다. 무대 위에서 이루어지는 행위를 어떻게 볼 것인가 하는 것이다. 서구 르네상스 시대의 무대 공연은 판타지다. 현실을 반영하지만 그 자체로는 허구의 세계를 전제한다. 객석의 나와는 별개로 이루어지는 별천지인 것이다. 예술에 대한 고정관념은 언제나 도전 받는다. 이를 극장에 적용하면 '무대 위 공연은 객석과 분리되어야 하나', '공연은 극장에서 이루어져야 하나'와 같은 질문이 생긴다. 이러한 질문에 대한 대답으로서의 시도가 극장 공간에서도 이루어지는 것은 자연스러운 일이다.

우리나라 중극장 이상의 극장 대부분이 프로시니엄 극장이다. 이는 근대의 서구 극장이 우리나라에 이식된 결과일 것이다. 프로시니엄 극장은 흔히 액자무대 혹은 사진틀무대라 부른다. 극장은 프로시니엄 아치라는 프레임을 경계로 객석과 무대가 분리된다. 객석과 무대는 엄격히 나누어진 다른 세상인 것이다. 객석의 관객은 무대에서 구현되는 것을 본다.

프로시니엄 극장은 두 가지 장치로 관객을 매료시킨다. 하나는 물리적 장치들이다. 프로시니엄 아치를 중심으로 무대 구역엔 무대 기계와 설비가 촘촘히 배치된다. 무대 전환과 장면 전환이 매끄럽고 자연스럽다. 복잡하고 큰 장치도 쉽게 전환할 수 있다. 객석에서 눈치채지 못하는 트릭도 구현 가능하다. 무대를 향해 모두 같은 방향으로 배치된 객석은 관객이 집중하고 몰두하는 데 최적의 조건을 제공한다. 밝고 자유로운 무대에 비해 어두운 객석도 관객의 집중도를 돕는다.

또 하나는 정서적 장치다. 무대에서 일어나는 일은 현실이나 일상과 다르다. 무대 위의 규칙에 따른 것이다. 무대와 객석을 구분하는, 그러나 실제로는 존재하지 않는 '제4의 벽'이 관객 앞에 놓이는 것이다. 소위 '환영주의'라고 하는 오랜 공연의 관습은 관객과의 합의에 기반한다. 프로시니엄 극장은 이 점을 더 강화한다.

　　프로시니엄 극장은 르네상스 시대부터 정착된 것으로 본다. 19세기에 완성된 형태로 이후 전 세계의 큰 규모 극장이 이 규범에 따르게 되었다. 프로시니엄 극장은 기술적 진보를 담아 완성도 높은 공연예술을 가능하게 했지만 동시에 획일화된 형태에 의심의 눈길을 받기 시작한다. 이에 대해 이재민은 20세기 초반 프로시니엄 극장과 환영주의 연극의 한계를 뛰어넘기 위한 시도를 소개한다.[17] 그가 조명한 사람은 독일 드레스덴 근처의 소도시 헬러라우에 만든 축제극장(1911년 개관)을 중심으로 활동한 아돌프 아피아(Adolphe Appia)였다. 존 러셀 브라운(John Russel Brown)은 2차 세계대전 이후 서구에선 프로시니엄 극장의 매력도가 급감한 것으로 보았다. 배우는 더 많은 자유를 원했고 연출가와 작가들은 영화와 같은 환상을 활용하여 경쟁하는 것을 원하지 않게 되었다.[18]

17. 이재민, 공간무대의 미학 - 아돌프 아피아와 윌리엄 포사이스의 작품을 중심으로, 연극 공간의 이론과 생산(한국연극학회 편), 연극과 인간, 2017.
18. John Russell Brown, What Is Theatre?, Focal Press, 1997, 50-51쪽.

　　프로시니엄 극장 형태에 적합하지 않은 공연을 구상하거나 시도하는 예술가들에게는 극장이 큰 한계였던 것이다. 예술은 기존의 것을 답습하거나 반복하는 것과는 거리가 먼 작업이다. 주류는 항상 극복해야 할 대상인 것이다. 브라운은 프로시니엄 극장의 퇴조를 비용에서 찾았다. 큰 무대 공간을 채우기 위해 프로덕션을 만들 때마다 막대한 비용을 들여 장치를 제작해야 하기 때문이다. 인건비의 상승도 한몫했다고 주장한다. 재정이 튼튼하고 잘 되는 공연이 아니면 감당하기 어렵다는 것이다. 브라운의 주장과는 별개로 관습을 답습하지 않으려는 예술가의 본능적 시도라고 볼 수도 있겠다. 이후에 만들어진 극장의 형태는 대부분 프로시니엄 극장의 한계를 보완하거나 뛰어넘고자 하는 방향으로 조성된 것이다.

돌출 무대 극장

돌출 무대(thrust stage) 극장은 프로시니엄 극장에서 무대와 관객이 좀 더 가까워지도록 절충한 형태다. 무대 공간이 본무대와 별도로 객석 방향으로 튀어나오게 한다. 프로시니엄 극장의 무대를 사용하면서 객석과 가까운 돌출 무대를 활용할 수 있다. 객석의 시선은 분산되고 무대 공간은 다양해진다.

이런 식의 극장 형태가 새로운 형태는 아니다. 프로시니엄 극장이 대세를 이루기 전에도 사용되었던 형태다. 그리스 로마 극장이나 영국의 글로브 극장도 기본적으로 같은 포맷이다. 중국과 일본 전통극의 기본 무대도 일종의 돌출 무대로 볼 수 있다. 20세기 중반에 서구를 중심으로 새로이 인식되며 널리 사용하게 되었다. 프로시니엄 극장의 장점을 살리면서도 단점이라고 할 수 있는 관객과 무대의 단절감을 극복하고 있기 때문이다. 우리나라는 드라마센터(현 남산예술극장)가 전형적인 돌출 무대 극장이다.

아레나 극장

아레나(arena) 극장은 원형 극장이라고도 부른다. 중앙에 원형 또는 사각형의 무대를 두고 이를 객석으로 두르게 된다. 원시 시대의 공연 공간은 모두 원형 극장이라고 하는 데서 볼 수 있듯이 자연발생적이다. 공연이 이루어지는 무대를 중심으로 관객이 둘러앉거나 서서 관극한다. 무대와 객석 간에 간격을 유지하기는 어렵다. 프로시니엄 극장이 조성하는 몰입과 집중의 분위기를 만들기 또한 쉽지 않다. 장치와 조명 등을 효과적으로 운용하기도 쉽지 않다. 막이 없고 암전이 어렵다. 아레나 극장은 상대적으로 가변적이거나 임시적이다.

영국 런던의 로열 앨버트 홀의 사례를 보면 쉽게 설명이 된다. 영국 런던 남서부에 1871년 개관한 로열 앨버트 홀은 로마 시대의 원형 극장을 모델로 한 것으로 알려져 있다. 돔 형태의 원형 극장으로 BBC 프롬스 콘서트를 비롯한 연주, 콘서트, 공연 등은 물론 농구 등과 같은 실내 스포츠 이벤트도 가능한 공간이다. 오래전부터 〈태양의 서커스〉 런던 공연의 단골 장소로 사용되고 있다.

한편 아레나는 대중음악 콘서트 등 대형 음악 이벤트를 주로 수용하는 대규모 실내 스타디움을 뜻하는 말로도 사용된다. 규모는 월등하게 커졌지만 기본적으로 같은 구조다. 가변적이고 대규모 관객과 소통이 용이하다는 것이 장점이다.

블랙박스 극장

블랙박스(black box) 극장은 직육면체의 상자 같은 공간이다. 무대와 객석 공간이 특정되지 않는 가변형이다. 공연의 성격에 따라 무대와 객석을 배치한다. 프로시니엄 극장과 같은 형태를 포함하여 다양한 형태로 전환할 수 있다. 일반적으로 천장과 바닥, 벽 등을 모두 검은색으로 칠하는 데서 비롯된 명칭으로 보인다. 아레나 극장과 유사하지만 규모가 작은 편이라 극장의 기능성 측면에서 덜 난처한 편이다.

우리나라의 본격적인 블랙박스 극장으로는 예술의전당 자

유소극장이 꼽힌다. 이 극장은 극장 바닥 전체를 10개의 리프트로 나눠서 무대를 상하로 이동할 수 있도록 설계되었다. 객석은 수납가능해 변환할 수 있고 조명 등 장비도 극장 전체에 설치되어 있다. 자유소극장 이후 소극장 규모의 블랙박스 극장이 상당수 건립되었다. 세계에서 가장 큰 블랙박스 극장이라고 불리는 광주의 국립아시아문화전당의 극장1에 이르기까지 보편적 극장 형태의 하나로 자리잡았다. 현대적 연극과 무용, 소규모 음악극 등에 어울리는 극장이다.

블랙박스 극장

'막이 올랐다' 또는 '막이 내렸다'는 표현이 있다. 잘 아시다시피 일이나 행사가 시작되거나 끝났음을 말한다. '막'은 극장에서 객석과 무대를 구분하는 커튼이다. 막을 내리거나 올림으로써 무대 위에서의 공연이 시작되고 끝났음을 보여준다.

그런데 모든 극장에 막이 있는 것은 아니다. 막이 있는 극장은 서구의 근대가 낳은 산물이다. 막이 있는 소위 '프로시니엄 극장'이 등장한 것은 17세기다. 프로시니엄은 객석에서 무대를 볼 때 무대를 감싸고 있는 틀을 말한다. 프로시니엄을 기준으로 객석과 무대가 나뉜다. 현실과 가공된 세계로도 나뉜다. 프로시니엄 극장은 객석과 무대가 엄격히 구분된다. 어두운 객석의 관객은 무대 위에서 펼쳐지는 장면에 온전히 집중한다.

서구에서 극장의 대세는 단연 프로시니엄 극장이다. 우리나라의 근대 이후 극장들도 마찬가지다. 전국에 있는 많은 중대형 극장은 거의 예외 없이 프로시니엄 아치를 가진 극장이다. 극장이라고 할 때 떠오르는 전형으로 자리 잡은 것이다. 이렇게 한 유형의 극장이 압도적 주류를 형성하게 된 것은 무대에 오르는 공연물에 최적화되었기 때문이다.

예술에는 터부 또는 기존 질서에 도전하고자 하는 본능이 있다고 한다. 극장도 그 대상이다. 무대 위에 객석을 올리거나 아예 무대와 객석을 바꾸기도 한다. 공연 공간을 벗어난 '장소특정형 공연'도 하나의 흐름이다. 프로시니엄 극장에 알맞은 콘텐츠 못지않게 이를 벗어나고자 하는 시도와 공간의 모색도 활발하다.

그중 하나가 블랙박스 극장이다. 극장이 검은색의 직육면체 상자처럼 생겨서 붙여진 이름이다. 무대와 객석이 경계를 허물며 기존의 극장문법을 무너뜨린다. 다양한 실험과 시도가 가능하다는 점에서 프로시니엄 극장의 보완적인 형태로 떠올랐다.

세종문화회관도 블랙박스 극장을 새로 짓고 있다. 내년 5월이면 정식 개관할 수 있을 것으로 기대한다. 1978년에 개관한 세종문화회관은 우리나라를 대표하는 예술 공간 중 하나다. 그만큼 시대의 무게도 무겁다. 블랙박스 극장이 세종문화회관이라는 미래문화유산에서의 동시대성을 한 단계 상승시켜 주는 역할을 해주기 바란다.

매일경제, 2017.10.19.

5 극장의 크기

극장의 크기를 재는 것은 어렵다. 기준을 정하기가 쉽지 않기 때문이다. 예산의 크기, 콘텐츠의 양, 종사자 수 등을 기준으로 삼을 수 있을 것이다. 그러나 일반적으로 극장의 규모는 객석 수를 기준으로 한다. 이 기준도 완전하지 않은 것은 물론이다. 주로 공연되는 콘텐츠에 따라, 제작하는 방식에 따라 그 규모는 천차만별이다. 그럼에도 불구하고 그중에 한 가지 기준만을 꼽으라면 역시 객석 수가 유력한 셈이다.

객석 수를 기준으로 극장의 크기를 정하는 것은 필요 때문이다. 극장은 모두 다르기 때문에 모든 극장을 대상으로 하는 제도가 있는 반면 해당되는 극장에만 적용해야 하는 제도도 많다. 해당되는 극장 그룹을 정할 때 규모를 기준으로 하는 방식은 유효하며 국내외에서 널리 사용되고 있다.

대표적인 예가 브로드웨이(Broadway), 오프 브로드웨이(Off-Broadway), 오프 오프 브로드웨이(Off-Off-Broadway)로 구분되는 뉴욕의 극장 유형이다. 브로드웨이 극장은 6번과 7번 에비뉴 사이 41번가부터 54번가까지에 있는 '500석 이상' 극장을 말한다. 오프 브로드웨이 극장은 200석 이상이고 그 미만이 오프 오프 브로드웨이 극장이다. 이 구분에 따라 극장에 부여되는 의무와 권리도 달라진다. 각 이익집단과 체결하는 단체협약도 이 기준에 따른다. 기준은 기존 시장의 관행을 반영하지만 일단 제도가 만들어지면 이것이 시장과 시장 참여자들에게 영향을 주게 된다. 뉴욕의 많은 공연장의 객석 수가 199석인 것은 200석이 오프 브로드웨이의 최

배치대상 공연장	무대 예술 전문인 등급	자격종류별 배치 기준		
		무대기계 전문인	무대조명 전문인	무대음향 전문인
객석 1천 석 이상	1급	1명 이상	1명 이상	1명 이상
객석 800석 이상 1천 석 미만	2급 이상	1명 이상	1명 이상	1명 이상
객석 500석 이상 800석 미만	3급 이상	1명	1명	1명

비고
1. 2개 이상의 공연장으로 구성된 복합 공연장의 경우에는 개별 공연장별로 같은 기준을 적용한다.
2. 배치 대상 공연장의 객석이 구분되지 않아 그 수를 셀 수 없는 경우에는 객석이 되는 바닥 연면적을 기준으로 1석을 1제곱미터로 보아 적용한다.

표5 무대예술 전문인의 배치 대상별 배치기준(공연법시행령 제21조 제2항 관련)
<개정 2011.11.25.>

저 규모이기 때문이다.

크기는 제도를 전제로 한다. 공연법 등 관련 법규로 규정하는 제도 중 극장의 규모에 따라 달라지는 예로 무대예술전문인제도를 들어보자. 이 제도는 극장의 크기를 객석 수 500석, 800석, 1,000석을 기준으로 구분한다. 표5와 같이 자격증 소지자의 의무배치가 여기에 따라 달라진다. 500석 이상의 공공 극장이 의무 배치 대상 극장인데 극장의 크기에 따라 요구하는 자격증 급수가 달라지는 것이다.

공연법에서는 객석 규모를 공연장 등록의 기준으로 두고 있다. 공연장을 설치, 운영하기위해 필요한 공연장 등록 또한 객석 규모를 기준으로 한다. 다만 객석이 구분되지 않아 그 수를 셀 수 없는 경우에는 바닥 면적을 기준으로 했다. 객석 규모가 500석에서

100석(2002년), 50석(2011년)으로 줄다가 2015년에는 객석 수에 관계없이 모든 공연장은 등록하도록 강제하고 있다.

문화예술진흥법은 문화시설의 상세분류에서 극장을 다음과 같이 분류하고 있다.

- 종합공연장: 시·도 종합문화예술회관 등 1천 석 이상의 대규모 공연장
- 일반공연장: 시·군·구 문화예술회관 등 1천 석 미만 300석 이상의
  중규모 공연장
- 소공연장: 300석 미만의 소규모 공연장

극장을 이렇게 세분화하는 것은 정책의 대상으로서의 극장이 기준을 일률적으로 적용하기 어려울 만큼 다양하다고 보기 때문일 것이다. 그럼에도 불구하고 공연법과 문예진흥법의 기준의 차이는 설명하기 어렵다. 현장에서 이런 분류 방식을 사용하지 않는 것도 안타까운 일이다. 제도는 현장을 반영하여 만드는 것이 원칙이지만 제도가 한번 만들어지면 현장은 다시 이에 반응하기 마련이다.

극장의 크기가 영향을 주는 것으로는 '생산성'도 있다. 공연을 상품으로 간주한다면 편익은 객석 수와 직접 연관된다. 횟수와 객석을 곱한 것이 수용할 수 있는 총 객석 수인 것이다. 다른 변수들을 제외한다면 객석이 크면 클수록 공연의 수익성은 높아질 것이다(현실은 꼭 그렇지는 않다). 관객 입장 수입이 재원에서 차지하는 중요도에 따라 객석 수는 치명적인 변수가 될 수 있다. 상업 뮤지컬이 대표적이다. 대형 뮤지컬을 공연하는 극장은 일정 규모 이상[19]이어야 하는 것이 필수적인 조건이다. 참고로 한국뮤지컬협회가 운영하는 한국 뮤지컬 어워드에서

19. 시장에서는 이를 1천 석으로 간주한다.

작품상은 극장 크기에 따라 두 분야로 구분하여 시상한다. 이때 기준은 400석이다. 대상 수상 작품 자격도 '400석 이상' 극장에서 공연된 창작 초연 공연이다.

2008년 충무아트센터의 대극장 객석 수를 기존 809석에서 1,300여 석으로 늘린 것은 시사하는 바가 크다. 충무아트센터는 서울시 중구가 설립하고 운영도 지자체가 출연한 비영리법인인 중구문화재단이 담당하는 공공기관이다. 그럼에도 불구하고 2005년 개관 후 불과 3년 만에 객석 수를 60% 이상 늘리는 공사를 감행했다. 이것은 충무아트센터가 3개의 다양한 크기의 공연장을 운영하며 뮤지컬이라는 장르를 주요 대상으로 설정했음을 짐작할 수 있게 한다. 확장 공사 이후 충무아트센터는 '뮤지컬로 특화된 극장'이라는 브랜드를 정착시켰다.[20]

20. 공공 극장이 상업 뮤지컬 공연장으로 이미지를 특화하는 것이 바람직한가 하는 문제는 별도로 생각해볼 문제다.

일반적으로 사용되는 용어인 '대극장', '중극장', '소극장' 등은 딱히 근거가 없다. 아직도 제도로서의 규정과 시장에서 유통되는 상식적 개념 사이에 간극이 있다. 그럼에도 불구하고 객석 규모를 기준으로 한 극장의 크기라는 기준은 극장의 한 속성을 가리키는 중요한 척도이며 유용한 도구다.

6 프로그램 제작 방식

극장의 콘텐츠인 공연 등 프로그램을 어떤 방식으로 제작하고 운영하는가 하는 것은 모든 극장의 핵심적인 이슈다. 이에 따라 극장의 기본적인 조건부터 브랜드 관리까지 전반적으로 영향을 주고받는다. 새로 극장을 가질 것을 구상하거나 기존 극장의 운영 방향을 재설정하려고 할 때 가장 먼저 점검해야 할 실질적 점검 포인트 중의 하나이기도 하다. 극장의 설립 목적과 미션을 실행하는 데 필요한 방법이고 수단이기 때문이다. 다음 표는 프로그램 제작 방식에 따라 대표적인 두 방식을 비교해본 것이다.

	프로듀싱 씨어터	프리젠팅 씨어터
기본 개념	'제작 중심' 공연 제작 역량을 내부에 가지고 시즌을 운영	'기획 중심' 공연 기획 역량으로 시즌을 운영
조직	통상 예술단, 제작소 등 다수 인력 보유	통상 기획 및 운영 인력만 보유
공간	제작소, 연습실 등 부대 공간 구비	공연장 외에 최소한의 부대 공간
예산	예산 규모 큼 고정비 비중 높음	예산 규모 작음 사업비 비중 높음
시즌	자체 프로그램으로 편성	초청, 기획 공연으로 편성
주로	서구의 전통적 공연장	현대 공연장
장점	1. 안정적 장기 프로그래밍 2. 브랜드 통일 용이	1. 경영 효율 높음 2. 검증된 프로그램 편성 가능
단점	1. 낮은 효율 2. 브랜드 혁신의 어려움	1. 장기 프로그래밍의 어려움 2. 경영 안정성 결여

표6 프로듀싱 씨어터와 프리젠팅 씨어터

대표적인 두 방식은 프로듀싱 씨어터(producing theatre)와 프리젠팅 씨어터(presenting theatre)다. 프로듀싱 씨어터는 공연을 준비하고 만들고 운영하는 역량과 요건을 내부에 갖추고 있는 극장이다. 스스로 프로그램을 만든다는 의미다. 프리젠팅 씨어터는 핵심적인 기능만 내부에 두고 운영하는 극장이다. 생산의 기능보다 유통과 향유의 기능에 치우쳐져 있다. 극장의 제작 방식은 조직, 인력, 공간, 예산, 프로그래밍 등에 직접적으로 영향을 미친다.

극장이 고용하는 인원을 예로 들어보면 그 차이는 명확히 드러난다. 아래의 표는 연례 리포트에서 밝힌 파리 국립 오페라의 고용 인원이다. 파리 국립 오페라는 파리에서 바스티유 오페라 하우스와 오페라 가르니에 등 두 개의 오페라 하우스를 운영하는 프로듀싱 씨어터다. 다양한 계약이 존재하지만 풀타임 인원을 기준으로 계상할 때 2018/2019 시즌 기준으로 1,881명이 일했다. 그중 가장 많은 인력은 821명이 일한 무대기술 파트였다. 장치, 소품, 의상, 가발, 장신구, 소품 등 다양한 제작소를 운영하고 있어서 상근 인력이 특히 많이 필요하다. 그다음이 722명이 일한 예술가 그룹이다. 합

구분	정규직	계약직	합계
예술인력	529.50	193.47	722.97
무대기술인력	658.56	162.50	821.06
예술행정인력	293.79	49.93	337.72
합계	1,481.85	399.90	1,881.75

표7 파리 국립 오페라 인력
출처: Opéra National de Paris, **18/19 Opéra National de Paris Season Report**, 2019, 74쪽.

창단과 교향악단, 발레단 등 전속단체들이 있기 때문이다. 예술행정 파트는 337명에 그쳤다. 파리 국립 오페라가 이렇게 큰 규모의 인력을 고용하는 것은 가르니에와 바스티유의 두 캠퍼스를 운영하고 있어 다른 오페라 하우스보다 상대적으로 인력이 많이 필요하기 때문도 있지만, 결정적인 이유는 프로그램 제작 방식 때문이다. 이 두 극장은 시즌 프로그램의 대부분을 자체 제작 공연으로 채우고 있다. 이 정도 규모의 극장을 프리젠팅 씨어터 방식으로 운영한다면 상근 인력은 10분의 1로 줄어든다.

이러한 차이는 공간과 시설에도 그대로 적용될 것임을 짐작할 수 있을 것이다. 프리젠팅 씨어터라면 먼저 제작소와 보관소, 예술단의 상주 공간과 많은 리허설 룸 등이 필요 없을 것이다. 이들 공간들은 극장의 백스테이지에서 많은 공간을 차지한다. 관객과 무대가 만나는 객석과 무대 공간보다 백스테이지가 더 넓은 경우의 대부분은 이런 공간 때문이다.

두 유형의 가장 큰 차이는 프로그래밍이다. 프로듀싱 씨어터는 자체 레퍼토리를 중심으로 안정적으로 시즌제를 운영하기에 적절한 포맷이다. 프리젠팅 씨어터는 자체 제작보다는 외부 프로덕션에 의존하기 때문에 검증된 콘텐츠를 확보할 가능성이 높다. 프로듀싱 씨어터가 안정적이고 일관된 프로그래밍이 장점이라면 프리젠팅 씨어터는 유연하고 위험 회피가 가능한 프로그래밍이 장점이다.

재정적인 측면에서도 대조를 보인다. 프로듀싱 씨어터는 상대적으로 재정 규모가 크고 그중에서도 인건비 등 고정비 비중이 높다. 재정 자립도는 낮은 편이어서 공공 재원 등 외부 재원의 지원 비중이 높을 수밖에 없다. 프리젠팅 씨어터는 경영 효율이 높고 재정 자립도도 높은 편이지만 전체 재정 규모는 한계가 있을 수밖에 없다.

프로듀싱 씨어터는 안정적인 프로그래밍과 극장 운영이 장점이지만 덩치가 큰 만큼 혁신에는 시간이 걸린다. 이에 비해 프리젠팅 씨어터는 변화에 대응할 수 있는 유연한 운영이 가능하지만 그만큼 안정성은 떨어진다. 프로듀싱 씨어터와 프리젠팅 씨어터 사이의 간극은 꽤 멀어서 다른 방향으로 전환하기도 쉽지 않다. 새로 극장을 만드는 경우 등 특별한 상황을 제외하면 제작 방식은 하나의 상수이자 옵션으로 작용하는 경우가 많다. 개념을 분명히 하여 단점을 보완하고 장점을 극대화하는 것이 순리다.

프로듀싱 씨어터

앞서 살펴봤듯이 씨어터(theatre)라는 단어는 장소적 의미(venue)와 운영 주체를 구분하지 않는다. 우리처럼 극장과 예술 단체를 구분하지 않는다는 뜻이다. 우리가 사용하는 용어들, 예를 들어 '전속단체'는 번역할 단어가 없다. 전속단체는 극장에 소속된 공연단을 의미한다. 서구의 극장 중에 우리와 같은 전속단체가 있다고 해도 그것을 전속단체로 부르지 않는다. 예를 들어 메트로폴리탄 오페라 극장의 오케스트라는 그냥 극장의 오케스트라일 뿐이다.

이러한 현상은 우리의 근현대 공연예술사에서 그 시작을 찾아볼 수 있다. 예를 들어 동양극장에 있던 두 개의 공연단, '청춘좌'와 '호화선'을 전속단체로 부르지 않았다. 지금과 같은 형태의 전속단체가 나타난 것은 1950년에 설립된 국립중앙극장부터였다. 해방공간의 재정적, 사회적 어려움과 혼란 속에서 국립중앙극장이 출범한 것만 해도 기적적인 일이었다. 어렵게 시작했지만 개관 58일

만에 한국전쟁으로 문을 닫았고 임시 거점으로 삼았던 구 부민관을 포함하여 4차례 이사를 해야하는 기구한 역정을 겪어야 했다. 출범 당시 국립중앙극장은 극장 안에 신극협의회라는 기구를 두고 신협과 극협이라는 두 극단을 소속시켰다. 그리고 극장은 이 두 극단과 전속계약을 맺는 형식으로 어정쩡한 관계를 설정했다.

국립중앙극장의 설립에 기여하고 설립 이후에는 극장의 극장장 등을 맡아 운영을 주도한 사람들은 연극인이었다. 국립극장 설치법에도 '민족예술의 발전과 연극문화의 향상을 도모하기 위하여' 극장을 운영한다고 적어두었다. 그럼에도 불구하고 극장을 연극 전용 극장으로 사용하는 것은 무리였다. 서울과 남한의 유일한 국립극장이었기 때문이기도 하지만 국립극장 설립을 주도한 유치진, 박진 등이 설립을 앞두고 연극뿐 아니라 교향악, 합창, 오페라, 국악, 무용 등 무대예술 전반을 육성해야 한다고 공개적으로 주장한 바 있기 때문이다. 이에 따라 개관 첫 해부터 한국전쟁으로 문을 닫기 전까지 2개월여 동안 국립중앙극장(구 부민관)에는 개관 공연으로 올린 연극 <원술랑>에 이어 창극 <만리장성>, 창작 오페라 <춘향전> 등 다양한 장르의 공연이 연달아 올려졌다. 우리 국립중앙극장의 독특한 구도와 역경이 이후 다양한 장르의 공연 단체를 설립해 전속단체로 운영되게 만든 것이다. 다목적 극장을 보유한 공공극장이 다양한 장르의 전속단체를 보유하는 형태는 이후 생긴 공공극장들에 영향을 미친 것으로 보인다. 개별적인 전문 극장을 여러 개 확보할 수 없는 상황과 맞물려 있다.

프로듀싱 씨어터는 공연을 만드는데 필요한 역량과 조건을 극장 조직 내부에 가지고 있고 이를 활용하여 극장의 시즌 대부분을 감당한다. 공연을 만드는 데 필요한 역량과 조건이란 인력과 공간, 예산 등을 모두 포함한다. 예술가와 예술 지원 인력, 무대 제작 스태프 등 공연을 만들고 무대에 올리는 인력 전반을 조직 내에 포함한다. 이 때문에 프로듀싱 씨어터의 인력은 프리젠팅 씨어터에 비해 훨씬 커질 수밖에 없다. 큰 규모의 오페라 하우스가 1천 명이 넘는 인력을 고용하는 것은 이 때문이다. 여기에는 오케스트라, 합창단, 무용단 등 출연진과 장치 제작, 조명, 음향, 가발, 장신구, 소품 등 무대 제작과 관련한 스태프가 큰 비중을 차지한다. 필요한 공간 또한 넓어진다. 연습실과 장치 제작소, 보관소 등 공간이 차지하는 비중이 전체 극장에서 커지게 된다. 프로듀싱 씨어터는 대체로 시즌의 대부분을 자체 제작 또는 기획한 프로그램으로 채운다. 이 때문에 프로듀싱 씨어터 예산 규모는 큰 편이고 그중에서도 인건비 등 고정비 비중이 크다.

　　우리나라에서 프로듀싱 씨어터라고 할 만한 극장은 두 유형으로 나뉜다. 첫 번째는 서구의 프로듀싱 씨어터와 유사한 형태다. 극장 조직 안에 전속단체를 두고 이를 활용한 프로그램을 주로 공연하는 극장이다. 국립극장이 대표적이다. 국립극장은 국립무용단과, 국립국악관현악단, 국립창극단 등 3개의 전속단체를 두고 이들 전속단체 공연이 국립극장 시즌의 주요 프로그램을 형성한다. 세종문화회관은 9개의 전속단체를 두고 있다. 국립국악원은 좀 더 응집력 있는 형태다. 장르도 특정되어 있다. 이들 극장은 넓은 의미에서 프로듀싱 씨어터라 부를 만하다.

　　또 하나의 유형은 소위 '제작 극장'이라고 부르는 극장들이다. 우리나라에서 제작 극장을 표방하는 명동예술극장이 새로 개관한 것은 2009년이다. 파란만장한 과거를 딛고 새로 문을 연 명동예술극장은 그 역할과 운영 방식에 있어서 뜨거운 논쟁을 불러일으킨 극장이다. 이 극장이 문을 다시 열면서 개최한 학술행사의 제목이 '제작 극장을 논하다'였다. 그 이후 명동예술극장은 줄곧 제작 극장임을 주장해왔다. 2015년 국립극단과 통합하면서 현재는 극장 이름으로만 쓰이는 명동예술극장이 제작 극장이라고 자임한 것은 과감한 선택이었다. 명동예술극장 재개관의 주역이었던 문화체육관광부는 보도자료를 내고 다음과 같이 언급했다.

> '연극만을 위한 대관 없는 공연장'을 목표로 운영될 계획이다. 이에 따라 지금까지의 대관 중심이나 이미 제작된 국내·외 작품들을 초청해 소개하는 극장 운영방식에서 벗어나, 엄선된 명작들을 극장이 독자적으로 기획·제작할 수 있는 '공연제작 극장 (프로듀싱 시어터)'으로 거듭날 예정이다.
> (문화체육관광부 보도자료, 패션 1번지 No!, 문화 1번지 Yes! 『명동예술극장』, 연극중심극장으로 부활!!, 2009. 05. 21)

이후 명동예술극장은 자체 제작 공연을 중심으로 극장을 운영해오고 있다. 명동예술극장이 서구의 전통적 프로듀싱 씨어터와 다른 점은 극장 안에 공연제작에 필요한 인력과 시스템을 가지고 있지 않다는 점이다. 국립극단과 통합한 이후 시즌단원제를 운영하고는 있지만 이를 이용해서 프로그램을 대부분 운영하고 있지는 못하다. 무대제작 등과 관련된 인력과 공간, 시스템도 갖추지 않았다. 그럼에도 불구하고 명동예술극장은 제작 극장으로 포지셔닝했고 관객과 관련자에게 인정을 받아왔다. 명동예술극장 이후 남산아트센터도 제작 극장을 표방했는데 이 극장 또한 명동예술극장과 비슷한 상황이다. 한국의 프로듀싱 씨어터는 예술적 역량을 내부에 갖지 않아도 시스템으로 커버할 수 있는 제작 극장까지 그 범위를 넓히게 되었다.

프로듀싱 씨어터는 여러 가지 장점을 가지고 있다. 무엇보다 장기적이고 안정적인 프로그램 운영과 극장 운영이 가능하다. 중요한 변수를 내부에 가지고 있기 때문에 의사결정이 쉽고 외부 변수에 휩쓸릴 가능성이 낮다. 프로듀싱 씨어터의 가장 큰 한계도 같은 조건에서 나온다. 규모가 크고 고정비 가능성이 큰 데다 변화와 혁신에 대처하는 데 어려움이 있다.

프리젠팅 씨어터

프리젠팅 씨어터는 프로듀싱 씨어터에 비해 단출한 편이다. 같은 규모의 객석을 가진 극장이라면 공간적으로나 조직 운영의 측면에서 훨씬 간편하고 가볍다. 20세기 후반 서구를 비롯한 여러 나라에서 새로 만든 극장들이 기획 중심 극장을 지향하는 것은 주로 효율성과 유연성에 기대를 건 것이다.

우리나라에서는 오래된 극장 몇 개를 제외하면 대부분의 극장이 프리젠팅 씨어터의 형태를 가지고 있다. 1990년대 이후 급격하게 늘어난 공공 극장의 대부분도 이 방식을 적용하고 있다. 새로 극장을 만들면서 큰 금액을 초기 투입하고도 상당한 수준의 운영비를 지속적으로 부담해야 하는 정부로서는 이 부담을 최대한 낮추고 싶어했을 것이다. 프로듀싱 씨어터의 모델이 될 만한 극장이 드문 것도 근거가 되었을 것이다. 우리나라 공공 극장의 대부분을 차지하는 전국의 문예회관의 대다수는 전형적인 프리젠팅 씨어터들이다.

극장이 만들어지기 전 운영하고 있던 공립예술단체나 극장 개관이 후 창립하는 공립예술단체조차 극장의 조직 안으로 흡수되어 극장 운영의 중요한 바탕이 되는 경우조차 흔하지 않다.

우리나라에서 프리젠팅 씨어터를 적극적으로 표방한 첫 극장은 예술의전당이다. 1980년대에 설립 계획을 수립한 예술의 전당은 고전적 개념의 극장에서 자유로운 새로운 개념의 아트센터 를 구상하면서 최소한의 인력으로 운영하는 프리젠팅 씨어터를 기 본 개념으로 삼았다. 서구의 아트 콤플렉스를 벤치 마킹한 예술의전 당으로서는 자연스러운 선택이었다. 20세기 후반에 등장한 서구의 아트 콤플렉스들이 기존의 극장들과 달리 상주단체를 활용한 유연 한 운영 방식을 채택한 경우가 많았기 때문이다. 예술의전당이 성공 한 극장의 사례로 꼽히면서 이 운영 방식은 이후 전국의 문예회관의 선택에 영향을 미친 것으로 추정한다. 민간 부문에서는 2000년 개 관한 LG아트센터가 프리젠팅 씨어터의 대표적인 사례로 등장했다. LG아트센터는 극장 안에 기획과 운영, 무대기술팀만을 두고도 덩치 큰 극장에 밀리지 않고 성공적인 극장 운영의 사례를 보여주었다. 대부분의 기획 공연을 당시 국내에서 보기 어려운 서구의 동시대 화 제작 중심으로 채웠고 10년 이상 극장 운영과 프로그래밍 방향의 일관성을 유지했다.

시즌

프로야구가 포스트시즌 중이다. 미국도 그렇다. 우리나라는 코리안시리즈가, 미국은 월드시리즈가 진행되고 있다. 포스트시즌은 정규시즌 후의 경기를 말한다. 프로야구의 정규시즌은 봄에 시작해서 가을에 끝난다. 시즌이 끝난 후 다음 해 봄까지는 오프시즌이다. 실내 스포츠는 반대다. 농구와 배구 등은 가을에 시작해서 봄에 끝나는 게 보통이다. 그래서 이런 종목들은 두 해에 걸쳐 시즌이 이어진다. 예를 들어 지금은 2017-2018 시즌 중이다. 유럽의 프로축구 리그도 마찬가지다. 월드컵 축구가 6월에 열리는 것은 주요한 프로축구 리그가 그때쯤이면 다 마무리되기 때문이라고 한다.

시즌은 공연장에도 있다. 서구에서 공연시즌은 보통 해가 짧아지는 가을에 시작해서 다음해 봄까지 이어진다. 여름에는 문을 닫는다. 괜찮은 공연장은 한 시즌의 프로그램을 한꺼번에 내놓는다. 시즌 시작 반년 전쯤이면 다가오는 시즌의 전모와 내역을 모두 공개하는 것이다. 상당히 앞서서 프로그램 내용과 출연진 등이 확정되어야 가능한 일이다. 그만큼 까다로운 일이다.

시즌제를 운영하는 이유는 간단하다. '미리 한꺼번에' 프로그램을 확정하는 것이 두루 이익이기 때문이다. 공급자인 공연장의 입장에서 보면 체계적인 기획, 제작, 마케팅, 펀드레이징이 가능하다. 변수는 줄이고 효율은 높인다. 콘텐츠의 수준을 장기적으로 안정되게 유지하거나 높일 수 있다. 소비자인 관객에게도 이익이다. 정돈된 정보가 미리 공개되고 할인된 가격으로 미리 입장권을 구매할 수 있다. 계획적이고 합리적인 예술 소비가 가능하다. 무엇보다 이를 통해 좋은 콘텐츠를 확보할 수 있다면 모두에게 좋은 일이다.

많지는 않지만 우리나라에도 시즌을 운영하는 공연장들이 있다.

거기에 세종문화회관도 들어간다. 지금 두 번째 시즌을 지나고 있는 중이다. 세종문화회관의 시즌은 3월에 시작해서 다음해 2월까지 이어진다. 3월에 시작한다는 점도 그렇지만 12개월을 통째로 시즌에 포함시키는 사례는 별로 없다. 그만큼 프로그램이 많고 다양하다. 9개의 자체 예술단을 가지고 있기 때문에 가능한 일이다. 가을이 깊어가면서 공연시즌은 더 뜨거워지고 있다. 프로야구가 포스트시즌까지 끝나 허탈한 분이라면 공연시즌을 권하고 싶다.

매일경제, 2017.10.27.

7 극장의 용도

극장은 그 자체로 예술의 일부이기도 하지만 무엇보다 공연이라는 콘텐츠를 담는 그릇이다. 극장과 극장에 오르는 공연은 서로 영향을 주고받는다. 담기는 것이 무엇인지, 어떤 방식으로 담는지에 따라 달라진다. 서로 어울릴수록 좋은 관계다. 무대에 오르는 콘텐츠는 예술 장르를 비롯해서 여러 가지 속성에 따라 유형화할 수 있다.

아래의 표는 극장을 용도와 복합여부에 따라 구분해본 것이다. 다목적 극장은 다양한 콘텐츠를 염두에 두는 반면, 전용 극장은 특정한 유형의 콘텐츠에 적합하도록 만들어진 극장이다. 전용 극장은 특정한 유형이 무엇인가에 따라 또 달라질 것이다. 다목적 극장과 전용 극장은 극장의 하드웨어는 물론 프로그래밍과 운영 등에 있어서 전반적으로 다를 수밖에 없다. 공연장 하나로 운영되는 극장인지 같은 빌딩이나 한 캠퍼스에 복수의 공연장이 함께 운영되는지도 유의미하다. 서구를 비롯한 여러 나라에서 오래된 극장들은 대부분 하나의 공연장으로 운영됐다. 새로 지어지는 극장은 다양한 형태의 파트너 공간과 함께하게 되는 것이다. 표8에서 C는 전용 공연장이 복수로 모여있는 복합 공간이고 D는 규모가 다른 여러 개의 극장이 모여있는 공간이다.

	전용	다목적
단일	A	B
복합	C	D

표8 극장의 용도

다목적 극장과 전용 극장

극장은 주로 공연하는 콘텐츠의 장르적 스펙트럼에 따라 다목적 극장과 전용 극장으로 구분할 수 있다. 다목적 극장은 여러 종류의 공연을 수용하는 극장이고 전용 극장은 장르적으로 그 범위가 제한된다.

다목적 극장은 클래식 음악회부터 연극, 무용, 오페라, 무용, 뮤지컬 등을 모두 소화하는 것이 보통이다. 자연음을 사용하는 공연부터 확성이 필요한 공연까지, 음향 조건뿐만 아니라 규모, 속성 등에서 차이가 나는 공연을 모두 수용하는 것이 일반적이다. 모든 공연에 적합한 극장은 존재할 수 없다. 그러므로 다목적 극장은 가능한 수단을 동원해서 각 공연 장르에 적합한 환경을 제공하려고 노력한다. 우리나라의 큰 극장들이 음향반사판을 구비하고 있는 것은 그 극장들이 다목적 극장임을 보여주는 것이다. 음향반사판은 클래식 음악회를 수용하기 위한 최소한의 장치이다. 다목적 극장은 장점과 한계가 뚜렷하다. 우리나라에 있는 대부분의 중대형 극장은 다목적 극장으로 설계되고 운영되고 있다.

전용 극장은 대상이 되는 공연 장르 또는 속성에 따라 구분된다. 콘서트홀, 뮤지컬 극장, 오페라 하우스, 국악 전용 극장, 무용 전용 극장, 연극 전용 극장 등 특정 장르를 내세우는 것이 보통이다. 그보다 더 세부적인 유형의 공연을 주로 무대에 올리는 전용 극장도 있다. 같은 장르라도 요구되는 조건이 같을 수 없기 때문이다.

전용 극장은 예술가나 관객 모두가 선호하는 형태다. 그럼에도 불구하고 모든 극장이 전용 극장이 될 수는 없다. 전용 극장이 존재하기 위해서는 몇 가지 전제 조건이 있다. 무엇보다 그만한 시장이 있어야 한다. 시장은 공급 시장과 향유 시장 모두를 의미한다. 관객이 있어야 하고 작품과 공연이 있어야 한다는 뜻이다. 작은 도시마다 장르별로 전용 극장을 가질 수 없는 것은 이 때문이다. 다음으로는 의지와 능력이 있어야 한다. 공공 극장이면 해당 정부가 지불 능력과 의지가 있어야 하고 관객도 시간과 비용 등을 지불할 의지가 있어야 한다. 전용 극장은 공연 산업의 성숙도를 반영한다. 산업적이나 시장이 어느 정도 성숙해야 한다는 뜻이다. 극장은 인프라에 해당되기 때문에 홀로 성장할 수 없다. 전반적인 여건이 조성되어야 하는 것이다.

우리나라 공공 극장의 확장 과정을 보면 추세를 읽을 수 있다. 초기 문예회관들이 보유한 공연 공간의 대부분은 다목적 극장이었다. 전국의 지방정부가 앞 다퉈 대규모 아트센터를 건립했지만 여건이 충분히 성숙해서 그런 것은 아니었다. 예술가, 관객, 콘텐츠 등이 모두 빈약한 지역 예술 생태계 속에서 극장이 들어섰다. 2000년대에 접어들어 문예회관당 1천억 원 이상이 소요된 대형 프로젝트가 수도권을 중심으로 동시에 진행되며 규모의 차별성만큼 공간의 차별화를 시도하였다. 이후 차별화된 공간과 용도는 새 극장 건립 때 고려해야할 중요 점검사항의 하나로 자리 잡았다. 전문적인 공간이면 더 좋다. 어디에나 있는 고만고만한 극장에 큰 규모의 공적 재원을 투입하는 것이 아무 논란 없이 정당화하기 어려운 시대가 되었다.

복합 공간과 단일 공간

극장은 하나의 공연 공간으로 이루어진 경우가 대부분이지만 그렇지 않은 경우도 적지 않다. 전국의 문예회관이 주로 그렇다. 공공이든 민간이든 대형 프로젝트는 2개 이상의 무대와 부대 공간으로 구성하는 것이 보통이다. 일종의 콤플렉스(complex)인 것이다. 이는 다목적 극장과 구별해서 복합 공간이라고 부른다.

복합 공간의 '복합'은 몇 가지 수준에서 이루어진다. 첫 번째는 장르별로 특화된 공간이 어우러지는 경우다. 특정 장르에 특화된 전용 극장들이 모여있는 것이 보통이다. 클래식 음악을 공연하는 콘서트홀과 리사이틀홀, 연극을 주로 공연하는 극장, 오페라 하우스 등이 하나의 구역 안에 위치한 것이 대표적인 형태다. 아트 콤플렉스라 부르는 20세기 후반의 트렌드 공간의 대부분이 이렇게 구성되어 있다. 범위를 좀 더 확장하면 시각예술 등도 포함할 수 있다. 미술관과 전시장을 갖추게 되는 것이다.

'복합'의 두 번째는 공연예술 기능의 어울림이다. 공연예술은 창작과 향유, 매개 등의 순환 구조로 이루어진다. 교육 기능까지 합쳐져서 한 장소에서 이런 기능과 과정이 복합적으로 이루어지도록 공간을 구성하는 것이다. 창작 공간과 공연 공간, 교육 공간 등이 동시에 작동하고 예술학교와 극장, 제작소, 창작 공간 등이 공존한다. 공연예술의 과정들 자체가 서로 분리할 수 없는 순환 구조이기 때문에 과정별로 공간을 겹쳐서 이용하는 것이 보통이다. 예를 들어 창작의 마지막 단계는 공연이기 때문에 창작과 향유, 매개가 한 공간에서 동시에 이루어진다. 그것이 교육의 결과물이면 교육까지 합세한다.

'복합'의 세 번째는 관련된 다른 용도와의 동거다. 도서관과 체육시설은 우리나라에서 흔하게 보는 극장의 동반자들이다. 여가활동 공간이라는 넓은 의미에서는 같은 범주에 들어갈 수 있다. 극장의 미션에 따라서 다른 용도의 공간의 수준과 방향은 정해진다. 커뮤니티 지향형 극장이라면 생활체육의 중심으로서의 체육관이나 문화활동의 근거지로서의 도서관과 문화 공간을 갖게 된다. 전문적인 극장이라면 아카이빙과 연구를 위한 도서관, 정보관, 박물관을 갖추게 될 것이다.

'복합'의 네 번째는 관련이 먼 또는(멀어 보이는) 용도와의 동거다. 호텔이나 전문 식음료 공간, 쇼핑몰 등과 극장이 함께한다. 복합리조트 시설의 하나로 극장이 들어가기도 한다. 극장이 그 구역의 중심적인 공간이 되기도 하지만 하나의 부속 시설이 되기도 한다. 극장의 포지셔닝에 따라 운영과 방향은 달라진다. 공연이 미끼 상품이 되거나 극장이 방문객 유치의 수단이 되기도 하지만 극장의 고급한 브랜드 이미지가 전체 클러스터의 브랜드 가치를 높이기도 한다.

장르별 극장

장르와 속성에 따라 필요한 극장은 다르다. 극장의 형태와 크기, 음향 조건, 구성 공간 등 세부적인 필요 조건도 다르다. 그렇지만 장르별로 극장의 형태를 특정하는 것은 지나친 일반화가 될 가능성이 있다. 연극을 주로 하는 극장이 그렇다. 다른 예술 장르와 마찬가지로 연극의 범위가 넓어서 특정하기 곤란하다. 대체로 규모에 따라 소극장, 중극장으로 나눌 수 있다. 드물게 대극장에서 공연하는 연극이 있기도 하지만 뮤지컬을 제외하고 연극을 주로 공연하는 대극장은 없다는 점에서 제외해도 되겠다. 연극의 다수는 우리나라 기준으로 객석 수 300석 미만의 소극장에서 공연된다. 소극장의 극장 형태는 엔드 스테이지, 돌출 무대, 커트야드 무대와 블랙박스 극장이 대부분이다. 가변형인 경우도 많다. 이들 형태의 공통점은 프로시니엄 아치 형태가 아니라는 점이다. 자연스럽게 중극장 이상 극장은 프로시니엄 극장이 다수고 돌출 무대 극장이 가세하는 정도다. 연극을 주로 공연하는 극장은 작품별 공연 기간이 상대적으로 길다.

뮤지컬은 더 애매하다. 뮤지컬의 범위도 만만찮게 넓기 때문이다. 뮤지컬과 연극 등 다른 공연물을 동시에 수용하는 극장이 흔하다. 뮤지컬 전용 극장이라고 하면 대부분은 1천 석 이상의 큰 규모로 대형 뮤지컬을 수용하는 극장을 가리킨다. 브로드웨이와 웨스트엔드의 뮤지컬 극장과 우리나라에 있는 뮤지컬 전용 극장들이 해당된다. 뮤지컬이라는 장르의 공연은 상대적으로 무대 전환이 많고 다양해서 무대와 백스테이지의 공간 운영과 무대기술 시스템 등이 많이 활용되는 극장이다. 기계, 음향, 조명 등이 모두 중요하다. 당연히 기술 의존도가 높은 편이다. 오픈런으로 운영하기도 하는 것처럼 뮤지컬 전용 극장은 한 공연의 공연 기간이 길다. 뮤지컬의 상업적 속성과 긴 회수기간만큼 초기 투입 비용은 큰 편이다. 극장이 자체적으로 보유하는 설비와 시스템보다 새로 설치하는 것의 비율이 높은 것도 뮤지컬 극장의 일반적인 속성이다. 좋은 장치가 가득 차 있는 것보다 비어있는 것이 좋다는 주장은 역설적이지만 뮤지컬 전용 극장에는 어느 정도 맞는 말이다.

클래식 음악을 주로 공연하는 극장은 상대적으로 단순하다. 특별한 경우를 제외하고 확성을 하지 않고 무대 전환이 거의 없으며 무대 기계, 조명 시설 등도 상대적으로 단출한 편이다. 무대와 객석 공간은 프로시니엄 극장처럼 엄격하게 구분하지 않는 것이 보통이다. 무대를 둘러싸고 3면 또는 4면으로 객석을 배치한다. 음악홀에서 가장 중요한 요소는 음향 조건일 것이다. 음향 조건에 따라 규모와 형태가 좌우된다. 음악홀의 가장 단출한 형태는 규모가 작은 리사이틀홀이다. 독주나 실내악 연주에 적절하다. 예술의전당 리사이틀홀처럼 사각형의 홀에 무대를 중심으로 3면에 객석을 배치한다. 본격적인 대형 콘서트홀은 교향악 연주회를 기준으로 한다. 객석 규모는 1천 석에서 2천 석까지가 대부분이다. 현대의 음악홀은 클래식 음악 연주회를 넘어 다양한 콘텐츠를 수용하는 경향이 있다. 상트 페테르부르크에 운영 중인 마린스키 콘서트홀은 간단한 오페라까지 수용하는 것을 전제로 지어졌다. 콘서트홀은 주요한 한 두 개의 음악 집단이 홈으로 운영하는 것이 보통이다. 대부분의 연주회가 1, 2회 단위이기 때문에 여느 극장보다 다양한 유형의 프로그램이 필요한 극장이다.

콘서트홀에는 세 가지 주류 형태가 있다. 하나는 슈박스(shoebox)형이다. 구두상자 같은 장방형 사각형으로 오래된 콘서트홀들이 채택한 형태다. 대부분의 관객이 한 방향으로 앉게 된다. 또 하나는 부채(fan)형이다. 부채꼴로 펼쳐지기 때문에 상대적으로 객석 수를 확보하기 유리하다. 마지막으로 빈야드(vineyard)형이다. 2016년 개관한 롯데콘서트홀이 채택한 방식이다. 무대를 중심으로 다양한 테라스가 둘러싼 모양이 포도밭을 연상시킨다고 해서 붙은 이름이다. 1963년 베를린 필하모니가 도입한 이후 현대 콘서트홀의 대세를 이루고 있다.

오페라와 발레(무용)를 주로 공연하는 오페라 하우스는

프로시니엄 극장이 보통이다. 오페라 하우스는 1천 석에서 2천 5백 석 사이의 규모[21]로 대부분의 서구 도시에서 랜드마크로 자리잡고 있는 중요한 예술 공간이다. 17세기 이탈리아에서 시작하여 18세기와 19세기 유럽과 미국의 공연 분야에서 두드러진 강세를 보인 결과다. 규모도 크지만 넓은 무대 공간과 다양한 무대 기능이 필요하다. 반주할 오케스트라가 들어갈 오케스트라 피트는 공통적으로 필요한 시설이고 무대 전환을 위한 보조무대 시스템과 각종 기계 장치를 갖추는 것이 일반적이다. 객석은 1층 객석과 여러 층의 갤러리로 이루어지는 것이 보통이며, U자로 이루어진 말발굽(horseshoe)형이 보편적인 형태다. 오페라 하우스는 오페라와 발레로 1년 단위의 시즌제를 레퍼토리 시스템으로 운영하는 것이 일반적이다. 따라서 대부분의 오페라 하우스는 프로듀싱 씨어터에 해당된다.

발레를 제외한 무용을 주로 공연하는 극장은 상대적으로 많지 않고 그 형태도 다양하다. 일반적으로 무용 전용 극장은 규모가 크지 않고 구조도 단순한 편이다. 댄스 플로어를 필요로 하는 특성 때문에 무대는 상부 위주로 발달해 있다. 하부의 기계나 보조무대는 이용 빈도가 낮기 때문이다. 조명 시스템이 강조되는 것도 같은 이유에서다. 예외적으로 대형 무용 전용 극장이라고 할 수 있는 링컨 센터의 데이비드 코크 극장(David H. Koch Theatre)은 2,586석으로 규모가 매우 크다. 모던 발레를 주로 하는 뉴욕 시티 발레단(New York City Ballet)의 홈으로 건립되었기 때문이다.[22]

21. 메트로폴리탄 오페라(뉴욕)처럼 3,732석에 달하는 경우도 있다.
22. 개관한 1964년부터 2011년까지는 뉴욕 시티 오페라단(New York City Opera)의 홈이기도 했다.

극장은 공연과 관객과 사용자가 만나 쓰이는 하드웨어다. 사용에 필요한 물리적 조건과 특성은 서로 영향을 주고받는다. 극장의 물리적 조건은 수용할 수 있는 공연과 용도를 제한하게 된다. 극장의 규모부터 공간의 구성, 기술적 조건, 객석의 형태 등이 모두 극장이 가진 물리적 속성이다. 객석과 무대와의 관계, 규모 등은 따로 떼어 다뤘으므로 여기서는 제외한다.

스페이스 프로그램

첫 번째는 스페이스 프로그램(space program)이다. 극장에 어떤 공간이 있고 그 공간이 어떤 역할을 하는가 하는 것이다. 공간 구성은 극장의 미션, 주요 콘텐츠, 공연 제공 방식, 극장 운영 방식, 내외부 여건 등 다양한 요소에 영향을 받는다.

극장 공간은 기능과 주요 사용자에 의해 나누어지는 것이 보통이다. 크게 나누면 관객을 위한 관객 공간, 공연이 이루어지는 무대와 백스테이지, 공연 준비에 필요한 제작소 그리고 스태프 등의 업무 공간 등 4개다. 이들 공간들은 기능에 따라 동선과 제공되는 서비스가 다르다.

관객을 위한 관객 공간은 객석과 로비가 최소한이며 프론트 오브 하우스(front of house)라 부른다. 극장의 앞편이라는 의미다. 객석은 규모와 극장의 속성에 따라 배열되고 설치된다. 관객 공간은 로비와 로비의 확장 공간에 있는 시설과 기능들로 이어진다. 매표소, 안내소, 보관소, 식음료 공간, 어린이 놀이방, 상가, 화장실 등 공연을 관람하기 위해 극장에 오는 관객들의 편의를 위한 공간들이다. 관객의 동선은 극장 밖에서 객석 안으로 이어져 있다. 이 과정에 있는 시설은 관객 공간이라고 봐도 될 것이다. 주차장이나 광장 등도 넓게는 관객 공간이라 봐도 된다. 특별한 이벤트를 위한 리셉션 공간, 전시장 등도 있을 수 있다.

공연이 이루어지는 무대와 백스테이지는 관객 동선과 엮이지 않는다. 통제되고 안전이 담보되는 작업 공간이기 때문이다. 본 공연이 올라가는 무대와 이를 지원하는 공간인 백스테이지로 이루어져 있다. 무대 시스템은 별도로 아래에 언급한다. 백스테이지는 분장실, 연습실, 세탁실, 창고, 메이크업 룸, 악기 창고 등 해당 극장의 공연에 직접 필요한 시설들로 이루어져 있다.

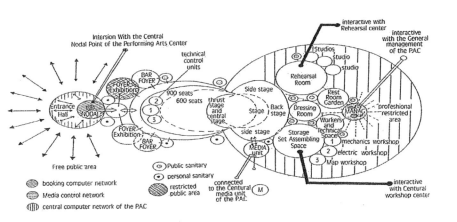

그림6 예술의전당 중극장 기능과 구성요소(스페이스 프로그램)
출처: 예술의전당, 예술의전당 1982-1993, 1994. 원래는 예술의전당 설계안을 만들기 위한 사전보고서의 하나인 <베른하르트 보고서(1985)>에 들어있는 다이어그램이다.

제작소는 장치와 소품, 의상, 가발, 장신구, 작화 등 공연에 필요한 무대 물품을 만드는 공간이다. 다른 부문보다 공간과 인력의 규모가 크다. 일단 한번 극장을 짓고 나서 이 기능을 추가하거나 보완하는 것은 쉽지 않다. 제작소가 있으면 최소한의 보관소도 수반된다.

그림6은 예술의전당 건립 준비 단계에서 제출되었던 〈베른하르트 보고서〉에 나오는 기능 구성도. 언뜻 보기에도 관객 대상 공간보다 예술가와 스태프를 위한 공간이 훨씬 크고 복잡하다.

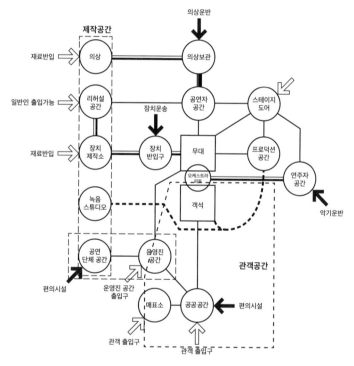

그림7 극장의 기능과 공간
출처: Appleton, Ian, Buildings for the Performing Arts - A Design and Development Guide, Second edition, Architectural Press, 2008, 231쪽을 바탕으로 재구성

그림7은 자체 제작을 하는 극장의 기능과 공간을 개념화한 것이다. 그림7과 같은 프로듀싱 씨어터의 스페이스 프로그램은 상대적으로 복잡하고 특히 예술가 및 스태프를 위한 공간이 크고 세분화되어 있다. 그중에서도 제작소와 리허설 공간이 강조된다. 프리젠팅 씨어터는 그에 비해 간소한 편이다. 상주하는 공연 단체가 없고 장치와 소품 등을 자체적으로 제작할 일이 없기 때문이다.

무대 시스템

스페이스 프로그램보다 극장의 물리적 조건을 더 구체적으로 드러내는 것이 무대 시스템이다. 무대는 무대, 상부무대, 하부무대, 보조무대 등으로 구성되어 있다. 극장에 따라서는 이 중 일부가 없을 수도 있고 훨씬 발달해 있을 수도 있다. 소위 아스팔레이안 시스템(aspaleian system)이라 부르는 십자형 무대는 주무대는 물론 주무대와 같은 규격의 보조무대를 옆과 뒤(밑에 있을 때도 있다)에 갖추고 있다. 무대 전환과 공간 활용에서 이상적이라고 볼 수도 있다.

　　그러나 모든 극장이 이런 시스템을 갖출 필요는 없다. 예를 들어 발레 공연에 이런 공간은 의미가 없다. 발레 공연을 위해서는 댄스 플로어를 까는 것이 보통이고 이는 본무대 이외의 보조무대를 사용하기 어렵게 만들기 때문이다. 이 경우에는 무대 상부가 발달할 수밖에 없다. 조명 외에도 장치나 막과 기계를 모두 위에 달아야 하기 때문이다. 무대 하부도 아무 도움이 안 된다. 그러므로 무용 전용 극장으로 극장을 짓는다면 이에 맞는 시스템을 갖추는 것이 현명한 일일 것이다.

음향

공연의 속성에 따라 요구사항의 차이가 분명하고 그러면서도 가장 제어하기 어려운 분야는 음향 조건이다. 극장을 큰 악기라고 하는 것처럼 극장 자체가 하나의 울림판이기 때문이다. 기계와 같은 보조 장치의 도움을 받기 전에 극장 자체가 하나의 음향기인 것이다.

공연은 장르와 속성에 따라 다른 음향 조건을 필요로 한다. 우리나라 중대형 극장의 다수를 차지하는 다목적 극장은 필요 조건이 다른 다양한 공연을 무대에 올릴 수밖에 없다. 이러한 조건 중에서도 맞추기 어려운 것의 으뜸은 음향 조건이다.

극장에서 음향이라고 하면 대체로 건축음향을 말한다. 녹음, 확성, 효과 등은 설비를 통해 구축하거나 보정할 수 있다. 건축음향은 극장에서 공연되는 공연자의 대사나 연주, 소리가 관객에게 전달되는 상태를 말한다. 극장의 형태와 크기, 재질 등에 크게 영향을 받는다. 그 바탕 위에 소음과 진동을 막고 공연자의 소리를 명료하게 전달하는 것이다.

극장의 음향 조건을 측정하는 기준의 하나로 잔향 시간을 든다. 소리의 질료와 공간에 골고루 소리가 전달되는 등 다른 조건들도 있지만 관객이 직접적으로 영향을 받는 것이 잔향 시간이기 때문일 것이다. 대체로 평균 잔향 시간이 0.7-1.2초라면 소리의 명료도는 충분하다. 잔향 시간이 그보다 길어지면 명료도는 점차 저하되고 1.5초를 넘으면 급격하게 낮아진다. 대사를 위주로 하는 연극이나 강연 등은 음성 명료도가 중요하므로 0.7-1.2초 범위가 바람직할 것이다. 확성을 하는 극장에서 공연하는 뮤지컬 등 전기음향 시스템을 사용하는 경우도 이 정도가 적당하다고 본다. 이에 비해 오페라 극

장은 1.5초, 교향악단 연주에는 1.8-2.6초의 잔향 시간이 적당하다
고 알려져 있다. 가장 긴 잔향을 필요로 하는 합창은 합
창 전용 극장의 사례가 드물기 때문에 성당 등이 음향
적으로는 더 적절하다고 볼 수 있다.[23]

23. 박영철, 공연장 건축설계, 연극과인간, 2010. 46쪽.

조명 시스템

극장의 조명은 공연 조명 외에도 하우스 조명이 있다. 하우스 조명
은 기본 조명으로 주로 실내등이나 작업 조명, 안내 조명 등으로 사
용된다. 공연에 쓰이는 효과 조명이 아니기 때문에 공연이 시작되면
대부분 사용하지 않는다.

　　조명 시설은 조명콘솔과 조명기로 구성되어 있다. 조명기
는 배튼(batten)은 물론 갤러리, 무대 바닥, 객석 꼭대기에 있는 투
광실 등에 매달거나 설치한다. 필요할 경우 임시 타워를 만들어 조
명기를 집중 배치하기도 한다. 조명기는 위치와 밝기, 용도에 따라
효과가 다르다. 한 곳에 집중하는 스포트라이트와 여러 대의 조명기
를 이용하여 분위기를 만드는 플래트라이트 등으로 나누기도 한다.
요즘 극장은 프로젝터도 드물지 않게 사용한다. 극장에서 조명 분야
는 가장 빠르게 변화하고 있는 분야 중의 하나다.

무대 기계 시스템

극장은 공장 수준의 기계 설비가 설치되어 있다. 특히 무대에는 상하좌우에 다양한 기계 장치가 장착되어 있다. 기본이 되는 것은 무대 하부라고 부르는 무대 바닥에 설치된 기계 시스템이다. 승강무대는 상하로 이동하는 무대 기계다. 국내 대부분의 대형 극장에 설치되어 있다. 승강무대는 무대 외에도 오케스트라 피트를 상하로 이동시키는 장치를 포함한다. 승강무대는 무대 전체를 오르내릴 수도 있지만 부분적으로 이동시킬 수도 있다. 종류에 따라서는 무대 뒤를 더 높게 경사지게 만드는 틸팅(tilting)도 가능하다.

　　　승강무대가 상하로 이동한다면 이동무대는 좌우로 이동시키는 무대 기계다. 웨건이라고 부르는 무대 기계는 측무대나 뒷무대에서 주무대로 이동시키는 것이 보통이다. 장면 전환에 주로 쓰이며 승강무대와 연결하여 사용한다. 보다 신속하게 장면을 전환하기 위해 사용되는 기계는 회전무대다. 회전무대는 본무대 또는 뒷무대에 장착하여 필요한 만큼의 각도로 회전시켜 장면을 바꾼다. 하나의 원반으로 구성되기도 하지만 그 이상의 복잡하고 정교한 회전무대도 있다. 우리나라의 중극장 이상 극장에서 흔하게 발견할 수 있다. 공연에 따라서는 자체적으로 회전무대를 제작하기도 한다. 이 이외에도 주무대 바닥에 트랩(trap)을 설치하여 공연에 필요한 효과를 창출한다.

　　　무대 상부라 부르는 공간은 대부분 관객에게는 감춰진 공간이다. 감춰진 공간의 맨 윗부분에 해당하는 그리드(grid)와 극장 양 옆에 있는 갤러리에 의지해 다양한 배튼이 설치, 운영된다. 우리나라 안전진단제도의 기준은 '무대 상부·하부 시설에 설치되어 각각 독립적으로 구동되는 무대 기계·기구수'이다. 대부분이 무대 상부에 있는 기계다. 배튼에는 세트, 조명기, 막 등을 달아서 관객 눈앞에 보이도록 내리거나 올려서 감추게 된다. 극장에 따라서는 음향반사판을 무대 상부에 보관하고 필요할 때 설치하기도 한다.

극장에는 여러 종류의 막이 있다. 공연이 시작되기 전이나 끝난 후 관객에게 노출되는 메인 커튼부터 화재라는 특별한 상황에 자동적으로 내려지게 되는 방화막까지 다양하다. 일반적으로 공연 중 관객에게 노출되는 막은 머리막과 다리막, 사이클로라마, 작화막, 망사막 등이 있다. 머리막과 다리막은 관객이 무대 위 장면에 집중할 수 있도록 시각선을 제한하는 역할을 한다. 머리막은 주로 무대 상부의 조명기와 세트를 가리기 위해, 다리막은 주무대 좌우의 무대 안쪽을 가리는 것이 보통이다. 사이클로라마와 작화막, 망사막 등은 공연의 장면을 효과적으로 전달하기 위한 장치들이다. 배경으로 사용하거나 특정한 부분만 보이게 하는 효과 등이다. 방화막은 강철 재질로 만들어진 비상용 차단막이다. 무대와 객석을 분리하여 화재가 번지는 것을 막는 것이 목적이다. 무대 기계 시스템을 조작하는 조정실은 왼쪽 보조무대 근처에 있는 것이 보통이다. 무대에서 이루어지는 상황과 작동하는 기계를 눈으로 확인할 수 있기 때문이다.

구내식당이 있어 다행이다

내 직장은 공연장이다. 전시·교육·축제·이벤트 등 다른 기능도 있지만
아무래도 공연이 중심이다. 공연장 중에서도 '공공공연장'이고
'복합공연장'이다. 대극장은 아시아에서 제일 크다고 할 만큼 규모가
크다. 뮤지컬·오페라·연주회 등 다목적으로 사용한다. 중극장에 해당되는
M씨어터는 연극과 무용 등에 잘 맞는 중형 공연장이다. 가장 작은 체임버홀은
실내악에 최적화된 공간이다. 전통과 수준의 측면에서 자부심이 크지만
근거를 대라고 하면 애매하다.

　　세상에 같은 공연장은 없다. 각 공연장 자체도 다 다르지만
처한 환경이 같을 수 없다. 거창하게 말하면 물리적·사회적·경제적·정치적
외부환경이 저마다 다르다. 건축물로서의 공연장이나 그릇으로 담는
예술작품이 같을 수 없다. 그러므로 '좋은 공연장'이나 '나쁜 공연장'을
말하기가 쉽지 않다. 어느 정도 공감은 하겠지만 기준이 애매하기 때문이다.
수입이 많다고 꼭 좋은 공연장인 것도 아니다. 화제의 공연을 연속해서
올린다고 사랑받는 공연장이라고 할 수도 없다. 이런 사정은 우리만 그런 것이
아니다. 다른 나라도 마찬가지다.

　　예술현장에서 일하면서 해외에서 공연장을 둘러볼 기회가 많았다.
현장을 둘러보는 이유는 대부분 '뭐 배울 거 없나'라는 의도에서다. 자꾸
그리고 자세히 들여다보면 사례들마다 고민도 엿볼 수 있고 자랑거리도
발견한다. 우리가 당장 참고할만한 꺼리도 많다. 그러다보면 나름대로
공연장을 보는 눈도 생긴다. 그런데 공연장의 수준과 형편을 가장 단적으로
드러내는 것 중 하나만 들라고 하면 나는 '구내식당'이라고 말한다.
뜬금없다고 여기겠지만 내게는 그렇다.

　　공연장은 크게 관객 공간과 출연자 공간으로 나뉜다. 관객

공간은 객석을 비롯해서 로비, 식음료 공간 등 관객이 이용하는 시설이 몰려 있다. 관객은 주로 이 공간을 공연장이라고 생각한다. 출연자 공간은 숨겨진 공간이다. 무대 뒷공간을 말한다. 통제구역으로 운영하는 예술인의 노동현장이다. 분장을 한 상태에서 돌아다녀야 하고 긴장을 유지해야 한다. 내가 말하는 구내식당은 출연자 공간에 들어 있다. '캔틴'이나 '카페테리아'로 불린다. 이 식당의 이용자는 출연자와 스태프다. 관객 공간을 이용하기 곤란한 사람들이 분장한 상태로, 일하는 중간에 끼니를 때울 수 있는 곳이다. 구내식당은 특정한 기호를 가진 그룹을 대상으로 하지 않기 때문에 메뉴나 맛이 보편적인 편이다. 국제적인 공간이라면 더 그렇다.

경험에 의하면 구내식당의 성격과 수준은 해당 공연장의 그것과 거의 일치했다. 관료적인 운영으로 유명했던 미국의 한 공공공연장에 있는 구내식당은 좁고 보잘 것 없었다. 음식 수준도 낮았다. 세계 최고(최대라고도 할 수 있겠다) 오페라하우스라 자부하는 공연장의 구내식당은 규모도 크지만 음식이 다양하고 수준은 높았다. 자유로운 분위기의 프랑스의 한 공공공연장 구내식당은 대학 카페테리아 같은 분위기였다. 공연장이 작아 무대 뒷공간에 구내식당을 갖추기 어려운 경우에는 로비에 있는 커피숍이나 레스토랑도 좋은 근거가 된다. 출연자와 스태프가 주로 이용하는 근처 식당도 비슷하다.

개인적 경험에 의한 경험론적인 주장이지만 합리화하지 못할 것도 없다. 구내식당은 예술가와 스태프에 대한 공연장의 태도의 일단을 보여준다고 보기 때문이다. 배려와 존중 또는 연대감까지 말한다면 너무 나간 것인지 모르겠다. 공연장 운영의 전체적인 기조가 구내식당에 배어있는 것이다. 그 공연장의 무대뒷공간을 이용하는 예술가와 스태프의 수준을 반영하는 것이기도 하다.

새 대통령이 청와대 직원들과 구내식당에서 점심을 함께 한다는 소식을 들었다. 당시 청와대 구내식당의 메뉴는 계란볶음밥, 메밀국수,

치킨샐러드, 배추김치, 열무김치였다고 전한다. 가격은 3,000원이다.

사진으로 봤으니 맛을 알 수는 없다. 그 식당의 주요 이용자는 청와대 직원일 것이다. 외부에 있는 식당으로 나가기 어려울 테니 공연장 백스테이지에 있는 구내식당과 다를 바 없다. 분위기에 따라 청와대 구내식당도 내용과 수준이 달라질 것으로 본다. 지금 같으면 직원들이 '회사 다닐 만하다'고 생각할 것 같다. 일단 좋은 공연장의 조건은 갖춘 셈이다.

이데일리, 2017.05.25.

9 극장의 이해당사자

복합 공중 또는 다양한 이해당사자

극장을 비롯한 예술 조직은 다양한 이해당사자를 갖는다. 이해당사자는 '공중' 또는 '고객'으로 바꿔 불러도 될 것이다. 극장의 콘텐츠와 서비스의 최종적인 소비자인 관객은 물론 지원기관, 지역 주민, 언론, 정부 등이 이해당사자의 일부다. 극장의 설립과 운영의 형편에 따라 이해당사자의 존재와 중요도는 달라진다. 관객 수입에 대부분의 재정을 기대는 상업 극장은 관객과 잠재 관객이 가장 중요한 고객일 것이다. 공공 극장은 훨씬 복잡한 이해관계를 가진다. 극장의 운영과 살림에 드는 비용을 직접 또는 간접적으로 지불하는 그룹을

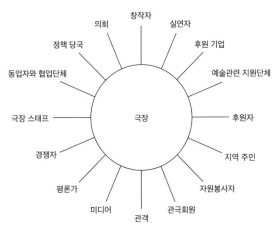

그림8 극장의 이해당사자

모두 이해당사자로 가지기 때문이다. 직접 돈을 내거나 후원하는 사람은 물론 여기에 영향을 미치는 사람들도 포함된다. 극장의 운영에서 이해당사자들과 어떻게 소통하고 관계를 맺는가는 매우 중요한 과제다. 그러므로 어떤 이해당사자들이 있는지, 어떻게 연결되는지, 중요도는 어떤지 등을 판단하는 것이 필요하다. 극장에 우호적인 환경을 조성하고 브랜드 가치를 높이는 데 필요한 활동 또한 필수적이다.

조앤 셰프 번스타인은 그의 책 《전석 매진(Standing Room Only)》에서 예술 조직의 다양한 이해당사자를 4개의 그룹으로 나눈다.[24] 이를 극장에 적용해보면 이렇다. 첫 번째 그룹은 내부에 있는 이해당사자다. 극장 내부의 임직원과 예술가, 스태프, 자원봉사자 등이 여기에 해당된다. 소위 '내부 고객'이라고 부르는 그룹이다. 조직 내부에 속해 있어

24. Joanne Scheff Bernstein, Standing Room Only, Palgrave, 2014, 117-118쪽.

등한시하기 쉽지만 가장 직접적인 이해당사자이자 큰 영향을 미치는 그룹이다. 두 번째 그룹은 투입 이해당사자(input publics)다. 극장의 콘텐츠와 서비스를 만들기 위해 외부로부터 투입된다는 의미다. 이런 그룹은 극장이 모두 보유하기 어려운 자원일 경우가 많다. 극장이 제공하는 콘텐츠와 서비스가 다양하기도 하지만 투입 탄력성이 크기 때문이다. 외부에 있는 창작자와 예술가, 후원자 등이 여기에 해당한다. 세 번째 그룹은 매개 이해당사자다. 홍보, 언론과 평론 등에 해당하는 인력이 여기에 해당된다. 극장과 최종 향유 이해당사자와 연결고리에 있다. 네 번째 그룹은 향유 이해당사자다. 극장 관객과 방문자 등 극장의 콘텐츠와 서비스를 소비하는 그룹이다. 이들의 의사 결정과 극장에 대한 태도는 극장의 성과를 재는 첫 번째 기준이 된다.

관객

예술경영 분야에서 변함없이 가장 자주 거론되고 중요한 두 이슈는 재원조성과 관객개발이다. 재원조성이 극장 운영에 필요한 기본 자원을 확보하는 것이라면 관객개발은 극장의 존재 이유를 증명하는 것이다. 관객 없는 극장은 존립 이유가 없다. 모든 극장이 다 특별하듯이 각 극장의 관객도 다 다르고 특별하다. 극장경영은 그 극장의 관객은 누구인가라는 질문으로부터 시작한다. 여기서 관객은 현재 극장의 관객을 의미하기도 하지만 질문의 목적에 따라서는 목표 관객일 수도 있고 잠재 관객일 수도 있다. 극장을 새로 지어 운영할 계획이라면 예상 관객과 목표 관객을 동시에 생각해봐야 한다.

　　　　운영 중인 극장이라면 관객조사라 부르는 조사를 할 수 있다. 대부분의 극장이 공연을 보러 온 관객을 대상으로 조사하고 있다. 체계적인 조사라면 여러 가지를 파악할 수 있다. 가장 기본적인 것이 인구 통계학적인 요소다. 인구 통계학적인 요소는 성별, 나이, 주거지, 교육 수준, 직업, 가구 수입 등이다. 극장을 찾는 사람들이 누구인지를 파악하는 것이 요체다. 이들 요소는 일반적인 관객조사에서 상당히 유의미한 결과를 공통적으로 보여준다. 다른 나라의 극장에서도 그렇다. 예외적인 경우를 제외한 대부분의 장르에서 여성이 남성보다 다수다. 성비 불균형이 심할 경우 여성 관객이 90%에 이른다. 여성 관객이 관객의 다수를 점유한다면 이는 공연 레퍼토리의 선택과 캐스팅, 스태프 구성 등에도 영향을 미친다. 화장실의 숫자와 위치 등 편의 시설과 공간 구성까지 고려해야 한다.

　　　　젠더 외에 전 세계에서 공통적으로 나타나는 관객의 특성은 고학력, 고소득이다. 학력이 높을수록, 소득이 많을수록 관객 참여는 더 활발해지는 것이 일반적인 현상이다. 이는 공연을 보는 데 필요한 자본을 가진 계층으로 관객을 한정하지 않고 목표 관객을 확장할 의지가 있다면 극복해야 할 속성이기도 하다. 기본적으로 공연예술은 대도시 집중의 특성을 가지기 때문에 극장을 찾는 관객들도 거의 비슷한 경향을 보인다. 연령은 주의 깊게 볼 이슈다. 일반적으로 우리나라 관객은 소위 선진국이라고 하는 나라들의 공연 관객보다 젊은 편이다. 극장의 주요 콘텐츠가 무엇인가에 따라 이 차이도 달라진다. 지역의 극장들이 많이 편성하는 아동 청소년 대상 프로그램은 당연히 더 어린 관객이 극장의 주요 관객이다.

관객에 대한 궁금증은 관극과 관련한 동기와 행동, 충성도와 만족도 등으로 깊어진다. 시민이 극장을 찾는 동기는 여러 가지다. 한 관객조사[25]는 이를 감성적 동기, 이성적 동기, 상징적 동기, 관계적 동기 등으로 구분하였다. 공연을 보고 감동 받고 스트레스를 푸는 감성적 동기 외에도 공연예술을 통해 지식과 지혜를 얻고자 하거나(이성적 동기), 사회적으로 자신의 정체성을 과시하고 싶거나(상징적 동기), 사회 활동의 하나로 간주하는(관계적 동기) 등도 작용하기 때문이다. 감성적 동기가 대체로 강력하기는 하지만 다른 동기와도 복합적으로 작용할 수 있으므로 극장에 따라서는 생각해볼 만한 지점이다.

25. 안성아, 2008년 연극·뮤지컬 관람객조사 보고서, 문화체육관광부·예술경영지원센터, 2009.

극장에 와서 공연을 보기로 하는 결정을 언제 무엇에 근거하여 내리는지도 궁금할 것이다. 프로그램이 안정된 극장일수록 미리 입장권을 사는 관객의 비중이 높아지고 이는 극장의 안정적 운영에도 도움이 된다. 관극 결심을 내리는 데 영향을 주는 요소들도 다양하다. 극장의 일방적인 메시지나 언론 보도 등보다 '입소문'이 대부분의 조사에서 가장 영향력이 큰 요소로 나타난다.

공연을 볼 때 누구와 함께하는지, 교통수단은 무엇을 이용하는지, 공연 전이나 후에 공연과 관련해서 어떤 행동을 하는지 등도 파악하면 도움이 된다. 우리나라 관객이 다른 나라의 관객과 다른 점 중에는 '혼공족'(혼자 보는 관객)과 '팬덤'(공연을 되풀이해 보는 회전문 관객)의 비중이 높고 중요한 관객 집단 중 하나라는 것이다. 이들은 다른 관객 집단과는 상당히 다른 특징을 보일 것이다. 공연 중 휴식이 있는 경우 휴식 중에 무엇을 하는지도 알면 좋다. 우리나라의 관객은 휴식 시간에도 식음료를 취하지 않는 편이다. 좀 더 나가면 공연을 보기 전에 식사를 하는지, 공연 후에 하는지 확인하고 싶을 것이다. 이것은 해당 사회의 문화적 관습일 경우가 많을 것이다. 뉴욕 브로드웨이는 저녁 식사 후에 공연을 보는 것이 보통이라면 늦어도 공연 후에 식사를 하는 도시도 많다. 극장이 갖춰야 할 편의 시설에 참고가 될 사항들이다.

관객의 취향과 충성도, 만족도는 관객이 어떤 종류의 공연을 어떤 이유로 좋아하는지, 해당 극장을 얼마나 각별히 여기는지 알아보는 것이다. 만족도는 관객의 극장에 대한 태도를 전반적으로 나타내는 수치다. 관객을 세분화할 때 가장 빈번하게 사용하는 변수가 된다. 이를 하나의 변수로 나타내기 어렵기 때문에 등장하는 것이 '빈도'다. 극장을 얼마나 자주 방문하는가를 기준으로 하는 것이다. 관극의 선택에서 가장 결정적인 요소라고 하는 '기호' 또한 객관화하기 어렵기 때문에 아쉽지만 '빈도'로 대체하기도 한다. 대부분의 사례에서 방문 빈도가 높은 '헤비 유저'는 다른 그룹과 상당히 다른 속성을 보인다. 축적된 정보를 가지고 있고 적극적이며 다른 관객이나 잠재 관객에 미치는 영향이 크다. 우리나라 대부분 극장의 관객 포트폴리오는 충성도 높은 소수와 드문드문 찾는 다수로 구성되어 있다. 이 포트폴리오의 구성을 어떻게 하는 게 좋을지는 각 극장의 선택이다.

조사에서 중요한 정보 중 하나는 '장애 요소'다. 대부분의 시민은 희망하는 것만큼 예술 소비를 못한다. 거기에는 이유가 있을 것이다. 대부분의 경우 가장 큰 이유는 '돈'과 '시간'이다. 극장에서 공연을 보는 행위는 상당히 비싸다. 다른 대체재와 비교할 때 입장료와 부대 비용이 비싸기도 하지만 그보다 더 큰 것이 선택 비용 즉 기회비용이다. 공연은 정해진 시간에, 정해진 장소로 가서, 정해진 시간만큼 정해진 방식과 매너로 머물러야 한다. 그런 한편 경험재적 속성을 가진 공연은 객관적 정보나 기준이 별로 없다. 자신이 직접 경험하기 전에는 재화 즉 공연 상품을 정확히 파악하기 어렵다. 극장으로 오는 길이 망설여지기 쉽다. 망설임의 원인은 많고도 다양하다. '돈'과 '시간' 이외의 중요한 장애 요소들을 극장마다 가지고 있을 수 있다. 익숙하지 않은 관람 에티켓일 수 있고 공연 후 늦은 밤 확실하지 않은 교통수단일수도 있다. 공급자에 해당하는 극장과 공연 운영자가 미처 파악하지 못한 다양한 사정이 있을 수 있다. 각 극장은 일반적인 장애 요소 외에 목표 관객이 관극을 망설이는 원인을 찾으면 좋다.

현재의 관객의 상황과 니즈를 파악했다면 극장은 의사 결정에 이를 참고해야 한다. 거칠게 요약하면 두 가지다. 관객이 원하는 방향으로 움직이거나 극장이 원하는 방향으로 관객을 끌어오는 것이다. 기존 관객의 취향과 니즈를 중심에 둘 수도 있고 새로운 지점을 찾아 지금과는 다른, 극장이 원하는 지점에서 관객과 만날 수도 있다. 마케팅적인 효율을 생각하면 기존 관객의 방문 빈도를 증가시키고 충성도를 높이는 것이 비용 대비 성과 측면에서 유리하다. 현실적인 선택이지만 장기적으로는 새로운 관객을 개발하는 일을 외면할 수 없다. 공공 극장이라면 더욱 '오지 않는 관객'에 대한 관심을 거둘 수 없다. 기존 관객의 충성도는 높이고 새로운 관객을 개발하는 두 가지를 어떻게 조화시킬지는 극장의 형편과 비전에 따라 달라진다. 결국 개별 극장의 선택이다.

시차 극복과 햇빛

시차를 극복하는 데 가장 효과적인 방법은 햇볕을 쬐는 것이라고 한다. 그 말을 듣고 금방 수긍했다. 하루를 24시간, 1년을 365일로 나누어 사는 것이 태양을 기준으로 한 것 아니겠는가. 바다의 움직임에 큰 영향을 주는 것이 달이듯 인간의 신체 리듬에서 기준이 되는 것은 태양이라고 유추했다. 자연의 시간에 따라 사는 것이 바람직하다는 식으로 확대해도 되겠다.

해 뜨면 일어나 일하고, 해 지면 쉬거나 자는 식으로 말이다. 말이 쉽지 실제로는 힘들다. 현대를 사는 사람치고 자연을 거스르지 않고 사는 사람은 드물 것이다. 공연장에서 일하는 사람들의 노동 패턴은 좀 더 별나다. 남들이 쉬거나 놀 때 일하는 경우가 많다. 공연이 없는 날은 전 세계적으로도 월요일이 대부분이다. 주말이나 휴일에 일이 집중된다. 휴가철이나 명절 때도 마찬가지다. 시간으로 보면 낮보다는 밤에 노동이 집중된다.

공연장은 관객에게는 아름다운 예술 공간이지만 거기서 일하는 사람들에게는 노동의 현장이다. 위험하기로 따지면 여느 현장 못지않다. 큰 공연장은 무대 아래와 위에 웬만한 작은 공장 수준의 기계설비가 장착되어 있다. 조명기와 음향장치가 수없이 달려 있다. 세트가 필요한 공연에는 무대 위에 임시로 건물이 세워진다. 공연 중에 암전과 장면 전환은 수시로 이루어진다. 위험하다고 헬멧을 쓰고 무대에 오르거나 플래시를 켜고 등퇴장할 수는 없는 노릇이다. 노동 강도도 만만찮다. 공연은 재고가 없는 재화라고 한다. 시간과 함께 흘러가 버린다. 고도로 긴장하고 집중해야 한다.

이런 일이 주로 밤 시간에 이루어진다. 이를 중심으로 하루가 구성된다. 어떤 식으로든 생체 리듬에 영향을 줄 것이다. 라이프스타일도 그에 맞춰야 한다. 자연의 이치를 거스르는 만큼 장점보다는 어려움이 많을 것이다. 그럼에도 불구하고 많은 사람이 이 일을 평생의 직업으로 삼는다.

밤마다 자연의 섭리를 거스르기 위해서는 뭔가 다른 것이 있어야 할 것이다. 단단한 직업의식이랄까 사명감 같은 것 말이다. 사상 최장의 연휴라고 한다. 평소보다 더 바쁜 예술인과 스태프가 현장에 있을 것이다. 공연 현장뿐이겠는가.

매일경제, 2017.09.28.

극장은 체제 안에서 작동하는 사회적 공간이다. 체제는 좁게는 극장, 극장이 속한 지역 등이며 넓게는 국가, 제도, 사회를 말한다. 극장은 이들 체제와 영향을 주고받으며 존재한다. 그러잖아도 극장은 복잡한 고등 유기체다. 공연 생태계에서는 최종적으로 생산과 소비가 이루어지는 접점이다. 어느 분야보다 다양한 이해당사자가 있을 수밖에 없다. 다양한 이해당사자는 변화무쌍한 환경에 영향을 받는다. 글로벌 경제위기는 우리나라 경제에 직접적으로 영향을 주고 정부는 긴축 또는 재정 확대 정책을 선택한다. 이에 따라 많은 공공 극장의 재정이 직접적인 영향을 받는다. 개별 극장이 가지고 있거나 처한 다양한 환경이 극장의 운영에 큰 영향을 주는 것이다.

외부 환경

극장 운영에 가장 영향을 주는 요소는 재원이라는 점을 앞에서 살핀 바 있다. 지역, 경제적 환경은 물론 글로벌 경제의 흐름도 개별 극장에 영향을 준다. 초유의 경제위기로 기록된 1998년의 IMF 사태 이후 주기적으로 글로벌 경제위기가 도래하고 있다. 경제적 환경은 여러 측면에서 영향을 준다. 첫째는 관객의 주머니 상태에 영향을 준다. 가처분소득의 실질적 증감이 예술 소비에 영향을 주는 것은 자연스럽다. 물론 경제가 어려울수록 도피성 소비의 하나로 예술 소비가 늘어날 것이라는 주장도 있다. 둘째는 공공 지원에 영향을 준다. 우리나라 극장의 다수가 공공 지원에 재원의 절대적인 부분을 기대고 있으니 지원당국의 예산 편성과 지원 정책이 극장의 살림에 직접적인 영향을 준다. 셋째는 극장과 협업하는 기업이나 후원자들에게 영향을 준다. 환율의 오르내림, 물가상승률 등도 영향을 준다. 외국 공연을 유치할 경우 기준화폐의 환율은 극장의 살림에 직접 영향을 준다. 인플레이션이나 디플레이션에 대응하는 극장의 각오는 다를 것이다.

정치적 환경은 체제부터 제도에 이르기까지 광범위하다. 유례없는 압축 변화를 겪는 우리 사회에서 정치, 법률, 제도의 변화는 극장을 운영하는 입장에서도 고려해야 할 중요한 사항이다. 대통령, 국회, 지방정부 등 다양한 선출 권력의 향방은 예술 부문에도 직접적인 영향을 미친다. 공공 극장은 물론 민간 극장도 이로부터 자유로울 수 없기 때문이다. 정치권력의 방향성과 지향점을 파악하고 적응할 일이 많아진다. 예술 지원의 이슈는 정치권력에 따라 상당히 다른 결론에 도달한다. 문화정책과 예술정책의 추이는 극장 운영에 직접적인 영향을 미친다.

우리나라 예술 생태계에서 정부의 역할이 점점 커지고 있다. 우리나라의 극장은 공공 극장이 다수다. 하드웨어 확충 정책을 30여 년간 유지해왔기 때문이다. 문예회관 네트워크는 이 정책의 산물이다. 1990년대 이후 우리나라 공연 시장은 급격히 성장했다. 폭발적으로 확장하는 한편, 부익부 빈익빈의 현상이 나타났다. 정책은 일관적으로 실행된다기보다는 언제나 핵심 키워드가 있고 이를 중심으로 이루어지게 된다. 예를 들면 2010년 후반부 정책의 키워드는 생활예술, 도시재생 등이다. 이는 이전 정부의 정책과는 결이 조금 다른 것이다. 극장의 입장에서는 참고하거나 활용할 정책도 꽤 많다. 대표적인 정책이 상주단체지원제도 같은 것이다. 극장의 재정이 취약하고 콘텐츠 생산력은 저조한 형편에서 기댈 수 있는 방안 중의 하나로 활용 가능할 것이다.

문화사회적 환경은 모호하면서 광범위하다. 교육, 종교, 하위문화, 사회적 다양성 등 사회의 소프트한 분야가 모두 대상이 되기 때문이다. 우리나라는 세계에서 대학 진학률이 가장 높은 사회다. 그만큼 교육열이 뜨거워 교육과 관련된 이슈는 언제나 관심의 대상이다. 이와 함께 빠른 속도로 고령사회로 이행하면서 실버세대의 삶에 대한 관심도 커졌다. 한편으로는 양극화가 심화된다고 공감하면서도 사회는 다양성의 시대로 진입했다. 개인의 취향과 지향은 이전에 비해 비교할 수 없을 정도로 스펙트럼이 넓어졌다. 극장은 사회적 존재이고, 관객을 중심으로 극장과 관련된 다양한 이해당사자들을 이해하기 위해서라도 문화사회적 흐름을 파악하는 것은 유용한 일이다.

우리나라는 예술경영지원센터가 매년 공연예술 트렌드 조사를 발표하고 있다.[26] 이 조사 중 하나인 '2019 공연계 주목해야 할 키워드 6'에서 거시환경 요인으로 든 것들을 참고하자(표9). 이 보고서는 2019년을 기준으로 사회 환경, 경제 환경, 정책 환경, 기술 환경, 소비 환경 등으로 구분하고 세부 항목별로 2019년 및 향후 5년의 영향을 측정하고 제시했다. 워라밸, 소확행, 주 52시간 근무상한제 등이 당장 영향을 미치는 상위에 랭크되었고 5년 후에는 인구구조 변화가 가장 영향력이 클 것으로 예상했다.

26. 예술경영지원센터, 2018 공연예술 조사 보고서, 2018. & 2019 공연계 주목해야 할 키워드 6, 2019

표9 2019 공연계 주목해야할 키워드

분류	거시환경 요인	2019년	향후 5년
사회 환경	인구구조 변화 (예: 고령인구 증가, 1인 가구 증가)	3.43	4.57
	미세먼지, 폭염 등 기후 변화 (예: 야외활동 자제)	3.20	3.57
	미투, 여성운동 관련 이슈 (예: 콘텐츠 내용, 제작환경 변화 등)	3.73	3.93
	난민 등 사회적 약자 관련 이슈	2.63	3.03
	한류 확대로 인한 영향 (예: 방탄소년단)	3.60	4.10
경제 환경	고용률 등 경제지표 변화 (예: 공연시장 성장·위축)	3.87	4.10
	주 52시간 근무제 시행	3.90	4.33
	최저임금제 법제화 움직임	3.60	3.90
정책 환경	남북 화해무드 영향	3.43	4.00
	중국의 한국에 대한 정책 변화 (예: 한한령 완화)	3.53	3.93
	정부의 문화(예술)정책	3.77	4.07
	문화체육관광부의 수수료 없는 티켓 판매 플랫폼 (문화 N 티켓)	3.27	3.47
기술 환경	4차 산업혁명 기술 (예: 증강현실, 가상현실, 인공지능, 로봇기술)	3.23	4.13
	공연예술통합전산망	3.17	3.90
	빅데이터 활용 기술 (예: 추천시스템)	3.40	4.20
	블록체인 기술 (예: 가상화폐 결제)	2.73	3.43
	온라인(모바일) 영상서비스 증가 (예: 네이버 V Live, 카카오 TV)	3.73	4.37
	1인 미디어 영향 (예: 유튜브, 아프리카 TV 등 1인 방송 증가)	3.30	3.93
소비 환경	일과 여가의 균형을 맞추려는 라이프스타일 (예: 워라밸)	4.13	4.50
	소소한 소비에서 행복을 찾으려는 라이프스타일 (예: 소확행)	3.97	4.30
	직접 대면보다 비대면을 선호하는 라이프스타일 (예: 랜선친구, 언택트)	3.17	3.33
	도덕성과 윤리적 소비를 강조하는 라이프스타일 (예: 컨슈머 오블리주)	3.07	3.20
	자신만의 공간에서 휴식을 취하려는 라이프스타일 (예: 홈캉스, 케렌시아)	3.33	3.57

극장이 처한 지역적 특성은 외부 환경 중에서도 가장 실질적인 정보가 된다. 극장이 들어갈 또는 들어가 있는 지역의 속성은 어떤가 하는 것이다. 극장이 들어가기 좋은 동네는 따로 정해진 것이 없다. 대학로와 같이 고도화된 극장 클러스터 지역이 있는 반면 동네 안에 들어가 있는 극장도 있다. 일반적으로는 교통이 좋은 도심이 좋다. 도심이지만 업무 중심 지역이라면 다시 한 번 생각해봐야 한다. 오피스 빌딩이 밀집한 지역에 잠재 관객의 속성을 가진 젊은 화이트칼라 회사원이 많다고 해서 그들이 극장의 관객이 되는 일은 많지 않기 때문이다. 상업 지역이라면 어떤 속성인지 살펴볼 일이다. 충무아트센터처럼 재래시장 성격이 강한 지역인지, 명동예술극장처럼 외국인들이 즐겨 찾는 쇼핑 거리인지에 따라 다를 것이다. 지역적 특성은 중소도시에 있는 극장이라면 해당 도시의 인구, 성격, 소득 수준, 산업 상황 등에 복합적으로 영향을 받을 것이다. 지역에 따라 인구 분포가 다르며 예술 소비 성향도 차이가 크기 때문이다. 영국의 잉글랜드예술위원회가 지역별 잠재 관객 포트폴리오를 툴로 만들어 공연 관계자들에게 제공하는 것은 지역별 편차가 크기 때문이다.[27] 새로 극장을 만들 계획이라면 잠재 관객을 파악하기 위한 조사를 미리 하는 것이 바람직하다.

27. 궁금하면 다음 웹사이트를 방문해보시기를 권한다. https://www.theaudienceagency.org/

내부 여건

극장의 내부 여건은 이미 많이 언급되었다. 재원과 재정이 대표적이다. 극장의 기본적 자원에 해당하는 재원은, 어떤 재원으로 구성되어 있는지 뿐 아니라 자금의 운용, 재원의 안정성 등에 따라 다른 대응이 필요하다. 극장의 물리적 조건도 마찬가지다. 극장의 크기와 설비, 스페이스 프로그램 등도 극장의 기본 조건이다. 극장이 운영하는 콘텐츠와 서비스는 극장의 핵심이다. 프로그램 포트폴리오의 내용과 구성은 물론이고 이를 어떻게 구현하는지, 어떤 지향점을 갖는지도 관건이다. 어디를 향해 가는 것으로 설정했는지를 보여주는 미션과 비전도 극장의 내부 여건에 해당된다.

재정 여건 못지않게 중요하고 기본적인 내부 여건은 인력과 조직 현황이다. 극장이 장치 산업적 속성이 있다고 했지만 운영에 있어서는 전형적인 노동 집약적인 산업이다. 조직과 인력이 그만큼 중요한 것이다. 극장에서 일하는 사람들은 기능에 따라 예술 행정, 예술 사업, 무대 기술, 공연 운영, 시설 운영 등으로 구분할 수 있다. 이와 함께 콘텐츠별로 구성하는 프로덕션이 있다. 프로덕션에는 콘텐츠의 장르와 속성에 따라 다양한 예술가들로 구성된다.

극장을 위해 일하는 인력과 조직은 몇 가지 특성을 가지고 있다. 첫째는 직분의 다양성이다. 규모에 비해 하는 일이 다양하고 분야별로 전문성의 차이도 크다. 전문성과 분야의 스펙트럼이 넓고 긴 것이다. 둘째는 인력 수요의 탄력성이 크다는 점이다. 극장 운영의 시기 또는 과정에 따라 필요한 인력 수요의 변동 폭이 크다. 자연스럽게 아웃소싱이나 협업의 여지가 많다. 이러한 특성을 반영하여 어떻게 조직을 구성하고 운영할 것인지를 개별 극장은 정해야 한다. 최소한의 핵심 인력 중심으로 운영하는 것과 충분한 인력을 확보하는 것 사이 어딘가에서 결정할 수 있다. 조직의 안정성, 효율, 유연성 등에서 장단점이 있으니 개별 극장이 처한 처지와 비전에 따라야 한다.

극장의 리더십은 주목해야 할 이슈다. 예술 부문에서 예술적, 예술경영적 리더십이 많은 것을 바꾸고 성취한 사례는 많고 반대의 경우도 드물지 많다. 리더십은 주로 어떤 능력과 성향을 가진 인물이 경영하는지에 대한 것이지만 그에 못지않게 어떤 시스템으로 운영되는가를 체크해야 한다. 리더가 일을 할 수 있는 여건인가 점검하는 것이다.

극장의 접근성도 점검 대상이다. 극장은 다중이용시설이다. 한꺼번에 많은 사람들이 드나든다. 극장의 접근성을 살필 땐 다중 관객을 염두에 두어야 한다. 접근성의 기본은 교통 등 물리적 접근성이다. 극장에 접근하기 위해서는 걸어서 또는 대중교통을 이용하거나 승용차를 이용하는 등 다양한 교통수단을 이용한다. 바람직한 경우는 대중교통이 편리한 극장일 것이다. 관객 대부분이 대중교통을 이용할 경우 늦게 오는 관객이 줄어 공연 진행이 원활하고 극장에 큰 주차장을 마련할 필요가 없다. 승용차가 한꺼번에 몰려서 만들어지는 복잡함을 피할 수 있다. 문제는 우리나라 대형 극장들의 위치가 대중교통편과 거리가 있게 만들어지기 일쑤라는 점이다. 도심에 위치한 극장이 주차장 부족에 시달리는 반면 도시 외곽에 새로 조성된 극장은 물리적으로 접근하기 어려운 문제를 가지고 있다. 이런 경우에 셔틀버스 등을 활용하기도 하지만 한계가 크다. 새로 극장을 짓기 위해서는 교통여건은 필수적인 검토사항이다.

접근성에서 더욱 중요한 것은 심리적, 정서적 거리감이다. 극장에서 공연을 보는 행위는 상당히 비싼 소비행위다. 상대적으로 입장료도 비싸지만 무엇보다 정해진 시간에 정해진 곳으로 가서 정해진 시간동안 정해진 매너로 소비를 해야하기 때문이다. 관객이 공연 소비를 결정하는 데 신중하는 것은 비용이 큰 반면에 공연이라는 상품의 경험재적 성격 때문에 그것의 실체를 사전에 정확히 알기 어렵기 때문이다. 결심의 동기 중에는 극장의 브랜드가 들어 있다. 그 극장을 얼마나 알고 있고 신뢰하는가 하는 것이다. 이때의 접근성은 극장까지의 거리가 아니라 정서적으로 얼마나 멀게 느끼는가이다. 물리적으로 가깝고 교통도 편리하지만 어쩐지 먼 느낌이 드는 극장이라면 교통을 고민할 것이 아니라 이미지를 고민해야 하는 것이다.

개관 초 예술의전당의 최대 고민거리는 극복할 수 없는 섬 같은 지리적 위치였다. 도심에서 멀 뿐 아니라 승용차를 제외한 어떤 교통수단을 이용해도 불편했다. 게다가 극장 앞에는 당시 서울에서 가장 넓은 자동차전용도로가 횡단보도 없이 가로지르고 있었다. 예술의전당은 이를 개선하기 위해 지하철역에서 극장까지 셔틀버스를 운행하기도 하고 마을버스 운행을 늘리도록 협조를 요청하기도 했지만 나아지지 않았다. 이를 타개하기 위해 당시 예술의전당은 근처 지하철역까지 연결되는 무빙 워크를 조성하는 방안을 진지하게 검토했다. 이 방안은 채택되지 않았지만 문제는 저절로 해소되었다. 가장 큰 문제가 지하철역 등에서 극장까지 가는 길이 너무 황량했던 탓이기 때문이었다. 극장까지 걷는 거리가 길지 않아야 한다는 시민들의 정서를 감안하면 뭔가 추가적인 수단이 필요할 만큼 멀게 느껴졌던 것이다. 그런데 예술의전당 앞에 횡단보도가 만들어지고 주변이 활성화되면서, 무엇보다 시민들이 극장에 대해 갖는 이미지가 친숙해지면서 접근성은 상당히 나아졌다. 물리적 접근성의 개선 덕이 아니라는 뜻이다.

경쟁자는 극장 바깥에 있는 조건이다. 극장의 경쟁자는 좁게는 같은 극장이지만, 범위를 넓히면 다른 종류의 공연이나 이벤트 산업, 스포츠 등 여가활동 전반으로 확장된다. 동종 경쟁의 경우 대응은 두 가지일 것이다. 피하거나 경쟁하거나. 전략적 선택이라면 둘 다 가능하다. 비슷한 시기에 개관한 LG아트센터(2000년 개관)와 성남아트센터(2005년 개관)가 당시 독점적 브랜드를 가졌던 예술의전당이라는 경쟁자를 대상으로 한 선택은 엇갈렸

28. 이승엽, 벤치마킹에서 벤치메이킹으로, weekly@예술경영, 예술경영지원센터, 2008.

다. LG아트센터는 피하는 전략을 선택했다. 개관 전부터 극장장으로 일해온 당시 LG아트센터 극장장은 한 인터뷰에서 예술의전당과의 경쟁에 승산이 없다고 보고 경쟁을 피해 빈자리를 찾았다고 밝힌 바 있다.[28] 이에 비해 성남아트센터는 경쟁을 선택했다. 예술의전당과 세종문화회관 등 당시 선두권 극장과 경쟁을 펼친 것이다. 잘 알려진 기존의 강자를 경쟁자로 삼는 것은 자신의 가치를 높이는 고전적 방식이기도 하다.

브랜드는 극장의 궁극적이고 총체적인 자원이다. 극장이 어떤 이미지로, 또 어떤 강도로 관객과 시민의 마음속에 자리 잡고 있는가는 극장의 콘텐츠, 서비스, 하드웨어, 걸어온 길 등 복합적인 요소들의 결과물이다. 극장경영의 최종 목표가 극장의 브랜드 가치를 높이는 것이라고 하는 이유다. 실질적으로 극장을 운영하고 프로그램을 마련할 때 극장의 브랜드는 다른 요소들로 대체할 수 없는 중요한 자원으로 작동한다. 적절한 브랜드 이미지를 가진 강력한 브랜드는 보이지 않는 강력한 투입 요소인 것이다. 새 극장을 짓고 운영을 시작하며 시장에 진입할 때 과장되고 의미로 가득한 개관 축제를 마련하는 것은 극장의 포지셔닝에 도움이 된다. 극장을 추억 저장소라고 부르는 것은 관객마다 개별적이고 직간접적인 소비 경험을 통해 극장을 대상화하기 때문이다. 모든 조직이나 상품 심지어 개인이 그렇듯 극장도 정례적인 리포지셔닝이 필요하다.

포지셔닝 못지않게 중요한 것이 리포지셔닝이다. 다른 조직이나 상품, 심지어 개개인이 그렇듯 극장도 리포지셔닝이 필요하다. 리포지셔닝은 기존의 포지셔닝을 변경하고자 할 때 필요하다. 표적 관객이 바뀌거나 추가되기도 하고 표적 관객의 라이프스타일과 흥미가 바뀌기도 한다. 극장이 자임한 임무가 추가되거나 성격이 바뀌기도 한다. 극장은 유기체와 같아서 내부 요소는 물론 환경도 변화한다. 변화에 맞춰 포지셔닝을 조정하는 것이 필요한 것이다. 그럴 때마다 리포지셔닝이라는 비용이 많이 드는 작업을 하기는 어렵다. 극장이 리포지셔닝을 할 절호의 기회 중의 하나는 극장의 리노베이션이다. 극장 시설을 대대적으로 손보는 리노베이션은 조직 전체의 방향성을 재구축하고 극장의 포지셔닝을 조정할 수 있는 기회가 된다. 리노베이션을 하는 동안 극장의 일상적인 활동은 상당 기간 중단된다. 재개관이라는 새 출발 지점을 설정할 수 있다. 리노베이션이라는 결정적인 도움닫기가 없더라도 CI를 새로 개발하거나, 극장의 시설 일부를 새로 열거나, 리더십이나 조직이 재구성되거나, 또는 특별히 분발해야할 내외부 이슈가 생기면 리포지셔닝을 고민해봐야 한다.

흥행과 감동 사이

2013년 봄 마거릿 대처 전 영국 총리가 사망했다. '철의 여인'으로 불리며
최장기 집권했던 정치인인 만큼 그에 대한 평가와 반응은 엇갈렸다.
곤혹스러운 상황에 빠진 것은 뮤지컬 〈빌리 엘리엇〉 제작진도 마찬가지였다.
뮤지컬의 2막 첫 곡이 '메리 크리스마스, 매기 대처'다.

경쾌한 노래는 '오 메리 크리스마스, 매기 대처! 모두 축하해,
당신 죽을 날이 가까워졌어' 하며 노골적으로 대처를 조롱하고 있다.
뮤지컬 제작진은 노래의 주인공인 대처의 죽음을 맞아 가사 그대로 불러도
되는지 고민에 빠졌다. 결론을 내리지 못한 제작진은 관객에게 묻기로 했다.
결과는? 거의 만장일치로 '있는 그대로 하자'였다. 결국 영국 최장수 총리를
지낸 대처의 상중에도 그를 야유하는 내용이 들어 있는 뮤지컬은 그대로
상연되었다. 문제의 뮤지컬 '빌리 엘리엇'은 2005년 런던 웨스트엔드에서
막을 올린 이후 큰 성공을 거둔 인기 뮤지컬이다. 2016년 막을 내릴 때까지
웨스트엔드에서만 500만 명이 넘게 보았다. 예술성을 바탕으로 큰 감동을
불러일으킨 작품인 만큼 토니상과 로런스 올리비에상 등 주요한 상을
휩쓸었다.

뮤지컬은 빌리라는 한 탄광촌 소년이 발레리노로 성장하는
과정을 담았다. 따뜻한 성장 이야기인 것처럼 보이지만 사실은 사회성이 짙은
작품이기도 하다. 대처 총리 시절의 반노조, 국유기업 민영화 정책에 직격탄을
맞은 탄광지역을 배경으로 한다. 처절했던 노동자의 파업과 절망 그리고
분노가 스토리 전면에 깔려 있다. 아름다운 음악과 환상적인 춤은 사실적이고
우울한 스토리와 어울려 더욱 빛난다. 시대의 정서와 고민에 공감하고
반응하는 것은 좋은 작품이 갖춰야 할 기본조건 중 하나다.

광주민주화운동을 배경으로 한 영화 〈택시운전사〉가 1,200만

명이 넘는 관객을 모았다고 한다. 금년 최고의 성적이다. '1980년 광주'를 2017년의 오늘로 소환하는 데 성공했다는 평이다. 의미도 있고 감동도 있으면서 흥행하는 작품을 만드는 것은 예술가의 로망이다. 이루기 어렵지만 포기할 수 없는 꿈같은 것이다. 필자가 일하고 있는 세종문화회관을 비롯한 공연계도 마찬가지다. 시장이 어려운 요즘에는 더 그렇다. 뜨거운 격려가 필요하다.

매일경제, 2017.09.12.

제3장
현대 극장의 트렌드

하나의 극장이 구상되고 지어지고 운영되는 과정에 개입하거나 영향을 주는 요소는 수없이 많다. 그 요소들은 복잡다단할 뿐 아니라 일관된 방식으로 작용하는 것도 아니다. 극장은 다양한 욕구와 욕망이 현실적인 조건과 만나 영향을 주고받으며 복합적으로 작용해서 만들어내는 실체다. 다양한 욕구와 욕망은 당사자격인 예술가와 관객뿐 아니라 권력, 시민, 언론, 기업 등 다양한 주체로부터 발현된다. 원하는 바도 다르다. 이에 비해 극장 자체는 지극히 실체적 존재다. 적절한 크기의 땅이 있어야 하고 건립과 운영에 드는 돈이 필요하다. 극장이라는 하드웨어가 있고, 이를 운영하는 사람과 예술가, 콘텐츠가 필수적이다. 원하는 대로 이루어지는 것도 아니고 실체적 조건이 마련되었다고 만들어지는 것도 아니다.

　　　모든 극장이 특별하다는 것은 이 때문이다. 하나의 극장을 만드는 데 들어가는 요소의 크기와 성격이 조금씩 다르기 때문이다. 다양성과 비정형성이 현대 극장의 특징이라고 할 수 있을 정도다. 그러므로 전체를 뭉뚱그려 극장의 흐름을 정리하는 것은 쉬운 일이 아니다. 극장이 속해 있고 영향을 받을 수밖에 없는 사회와 시스템은 더욱 복잡해지고 변화의 속도는 빨라졌다. 변화를 반영하는 방식도 일률적이지 않다. 극장의 하드웨어는 변화에 후행하는 것이 보통이지만 극장을 움직이고 채우는 콘텐츠와 예술가는 변화와 동행하거나 이를 선도한다. 개별 극장이 처한 각별한 처지와 형편에도 불구하고 비슷한 유형으로 분류하는 것은 가능하다. 이 장은 그것을 일종의 흐름으로 보고 구성한 것이다.

　　　이 장에서 필자가 고른 흐름의 아이템은 대체로 두 가지 부류다. 하나는 우리나라에서만 전개되는 특별한 흐름이다. 전국적으로 망을 형성하고 있는 문예회관과 세계적으로 유례없는 소극장

밀집 구역인 대학로가 대표적이다. 또 하나는 우리나라뿐만 아니라 서구를 중심으로 세계적으로 사례를 찾아볼 수 있고 우리나라도 예외가 되지 않는 것이다. 전자의 이슈를 제외한 대부분이 여기에 해당된다. 흐름의 기준은 2020년 현재다. 지속 기간은 일정하지 않다. 거슬러 올라가다보면 몇십 년이 되기도 한다. 일련의 극장에서 공통적으로 발견되는 차별적인 흐름이라면 포함했다.

1 토털 씨어터

그로피우스의 '토털 씨어터'

아래의 그림은 발터 그로피우스(Walter Gropius)가 설계한 '토털
씨어터(Total Theatre)' 개념도다. 바우하우스의 책임자였던 그로피
우스가 어윈 피스카토어(Erwin Piscator)와 함께 어윈이 주도한 서
사극을 위해 작업한 것으로 알려져 있다. '토털 씨어터'는 공연되는
작품과 창작자의 니즈에 따라 극장 공간을 조정 가능하도록 의도됐
다. 무대(그림에서 검은색으로 표시된 부분이 무대다)와 객석 간의
관계를 조정함으로써 한 공간을 다양한 공연에 적합한 환경으로 만
들 수 있다는 생각에서 이루어진 것으로 보인다. 대표적인 형식이 그
림에 나오는 것과 같은 3가지 형태. 프로시니엄 극장과 돌출 무대
극장, 아레나 극장 등 이질적인 형태의 극장 형식들이다. 크기는 최
대 5천 명을 수용할 수 있도록 구상되었다. 남겨진 자료에 의하면 설
계는 1926년에 이루어졌지만 재정 문제 등으로 실제 극장으로 이어
지지 않았기 때문에 구상 또는 개념도로 남았다.

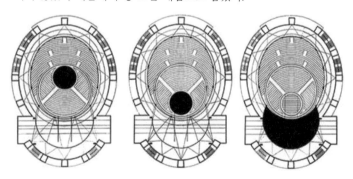

그림1 그로피우스의 '토털 씨어터' 개념도

그로피우스의 구상은 20세기 초반의 고민에 국한되지 않는다. 지난 백 년 동안 극장과 관련된 일을 하는 사람들이 머리를 감싸고 고민한 이슈 중의 하나이기 때문이다. 어떻게 하면 극장의 기능성을 극대화할 것인가 하는 고민이다. 이 고민은 두 가지 경향의 충돌에서 비롯된다. 하나는 관객과 예술가의 기대수준이 높아진 데 따른 것이다. 먼저 관객의 욕구다. 관객은 소비경험이 누적되고 기호가 형성되면서 캐주얼한 공간과 수더분한 조건의 다목적 극장에서 더 나아가 더 좋은 환경에서 공연 상품을 소비하고 싶다는 욕망을 키운다. 음향이나 시각적 조건 등이 보고자 하는 공연과 잘 어울리는 극장에서 공연을 보고 싶어 하는 것은 자연스러운 현상이다. 예술가들도 이런 기대에 조응하고 싶은 한편 공연의 완성도를 위해 공연에 적합한 환경에서 작업하고 싶은 마음이 강렬해진다. 낡은 관습과 정형성은 예술가들과 잘 맞지 않는다.

이럴 때 관객과 예술가 모두에게 가장 바람직한 선택은 전용 극장이다. 장르 또는 작품에 맞는 규모와 설비, 형태를 갖춘 극장을 갖는다면 관객과 예술가의 기대는 어느 정도 충족될 것이다.[1] 규모가 큰 클래식 음악회는 대형 콘서트홀에서 공연하고 실내악 연주는 실내악 전용홀에서 공연하는 것이 좋다. 확성을 필수로 하는 뮤지컬과 육성을 사용하는 연극 공연은 각각 전용 극장에서 공연하는 것이 좋다. 무용은 무용 전용 극장에서 공연하고 국악은 국악 공연장에서 공연하는 것이 자연스럽다.

1. 공연예술을 하는 사람들이 자기 극장을 갖고 싶어 하는 것은 보편적이다.

현실은 제한적일 수밖에 없다. 대도시나 예술 소비가 활발한 일부 도시를 제외하고 중소도시가 다양하고 전문적인 공간을 필요만큼 가질 수 있는 경우도 별로 없다. 다른 나라도 마찬가지지만 우리의 경우도 그렇다. 지난 30년 동안 가장 뚜렷한 공연 하드웨어 팽창의 주역인 문예회관들이 지역의 예술 생태계에서 중요한 인프라로 자리를 잡았다. 문예회관이 보유하고 있는 공연 공간은 대부분이 다목적 극장이다. 지역의 여건 때문이다. 필요조건이 다양한 장르를 골고루 수용할 수 있는 다목적 극장을 갖는 것이 그나마 가능했다. 규모에 따라 극장을 한두 개 가지고 여러 용도로 쓸 수밖에 없는 것이다.

하드웨어의 한계를 극복하는 근본적인 방법은 허물고 새로 짓거나 적절한 하드웨어를 더 짓는 것이다. 실제로 2010년대 이후 새로 만들거나 대규모 리노베이션을 실행하는 극장은 전문 극장을 지향하거나 적어도 모색하는 경향을 보인다. 현실이 여전히 이를 허용하지 않는다면 기존의 공간으로 관객과 예술가가 바라는 여건을 구비하는 방법 밖에 없다. 다목적 극장을 가질 수밖에 없는 현실과 높아지기만 하는 관객과 예술가의 기대가 만나는 지점에서 기술의 힘을 빌려 다목적 극장을 용도에 따라 전용 극장에 준하는 환경으로 변환시키면서 사용하는 것이다.

공연예술을 제약의 예술이라고 한다. 무대에서 무언가를 재현하기 위해서는 이를 극복해야 한다. 시간이나 공간적 한계 등이다. 공연이 관객과 만나는 극장도 물리적 환경의 하나로 작용한다. 극장의 물리적 환경을 예술로 극복해야 할 한계로 간주해온 것이 현실이라면 물리적 환경이나 조건을 실제로 바꿔보자는 것이 고민의 핵심이다. 필자는 그로피우스의 토털 씨어터를 이런 고민과 모색의 유력한 증거로 본다. 그로피우스는 이 구상에서 무대와 관객과의 관계뿐만 아니라 크기와 높이 등 극장의 기본적인 조건 또한 조정 가능하도록 설정했다. 그는 자신의 책에서 다음과 같이 말한다.

내 '토털 씨어터'를 통해 나는 유연한 악기같은 극장을 만들려고
노력했다. 연출가가 간단하고 독창적인 기계설비를 사용해서 세
가지 극장 형태 중의 하나를 취할 수 있도록 말이다. 변환가능한
기계설비 시스템에 드는 비용은 이 건물이 제공하는 다양한 용
도로 충분히 보상받을 수 있을 것이다. 연극, 오페라, 영화, 무용
등의 용도로, 합창이나 기악연주의 용도로, 스포츠 이
벤트나 집회의 용도로 쓰일 수 있다. 전통적인 형식의 2. Walter Gropius, The Theatre of the Bauhaus, Wesleyan University Press, 1961, 12-14쪽.
연극은 물론이고 미래의 연출가가 만들, 가장 환상적이
고 실험적인 작품도 쉽게 공연할 수 있을 것이다.

(중략)

극장은 종잡을 수 없는 상상의 환상으로 빠져들게 하는 것인데,
극장 자체가 그 무대가 된다. 이런 극장은 연출가와 극작가 모두
의 관념과 환상을 자극할 것이다. 마음이 몸을 변화시킬 수 있
는 것처럼 구조가 마음을 변화시키는 것이 사실이기 때문이다.[2]

극복하고 싶은 한계들

바꿀 수 있다면 바꾸고 싶고 조정하고 싶은 첫 번째는 무대와 객석 간
의 관계일 것이다. 일반적으로 극장의 형태를 가르는 기준이다. 전형적
인 프로시니엄 극장부터 돌출 무대, 아레나 형식의 극장 등으로 변형
가능하다면 공연하는 작품의 성격에 맞는 조건과 환경을 조성하는 데
도움이 될 것이다. 토털 씨어터의 기본 구상은 이런 아이디어에서 출
발했다. 다양한 형태의 가변형 극장이 겨냥하는 부분도 이 지점이다.
두 번째는 음향 조건이다. 공연에 따라 적절한 음향 환경이

달라진다. 모든 공연에 보편적으로 좋은 음향 조건이란 있을 수 없다. 소극적으로는 음향반사판이나 확성 시스템을 이용할 수 있을 것이다. LG아트센터가 잔향가변장치를 도입한 것은 전형적인 다목적 프로시니엄 극장의 전략적 선택이었다. 오페라부터 성악, 현악, 오케스트라 등 클래식 음악과 무용, 연극, 발레, 뮤지컬까지 거의 대부분의 공연을 수용하는 극장으로서는 보다 적극적인 형태의 음향 조절 장치가 필요하다고 생각했을 것이다. 다른 조건을 조정하기 어려운 상황에서 LG아트센터의 선택은 음향이었다.[3]

3. 극장의 용도와 관련하여 음향을 특히 강조해야 했다는 후문도 있다. 레코딩 등의 용도를 감안했다는 것이다.

세 번째는 극장의 크기다. 크기는 세 가지 측면에서 특히 영향을 준다. 첫째는 음향조건에 영향을 준다. 체적량이 소리에 영향을 끼친다는 말이다. 둘째는 관객의 시선의 문제다. 어떤 공연은 너무 먼 데서 보기 어렵다. 너무 앞에서 보면 불편한 공연도 있다. 높이와 크기가 관객의 시각선에 영향을 주는 것은 자연스럽다. 셋째는 공연이 지향하는 바와 공연 자체의 속성의 문제다. 대규모 관객을 대상으로 하는 공연과 내밀한 분위기를 조성해야 하는 공연이 다르기 때문이다. 흥행을 목적으로 하는 공연은 극장의 크기, 즉 객석 수가 매우 중요한 변수다.

우리나라는 짧은 기간에 하드웨어가 한꺼번에 확장된 케이스다. 그리고 늘어난 극장 중 일정한 규모 이상의 극장은 대부분이 공공 극장이고 다목적 극장이며 프로시니엄 극장이다. 이들 극장이 20년 남짓마다 돌아오는 대대적인 리노베이션 기간을 맞이하고 있다. 그동안 겪었던 불편함과 한계들을 리노베이션을 통해 혁파하기를 원할 것이다. 극장의 기능성 확보도 그중의 하나다. 많은 극장들이 음향 환경 개선을 원하는 것은 가장 아쉬웠던 부분이기도 했지만, 하드웨어를 그대로 둔 채 획득할 수 있는 옵션이기 때문일 것이다. 극장의 큰 뼈대는 그대로 두고 극장의 기능성을 최대화할 수 있는 방법이 무엇일까 하는 화두는 오늘도 진행 중이다. 아래에 그 가능성을 보여주는 몇 가지 사례를 든다.

국립아시아문화전당의 극장1

광주에 위치한 국립아시아문화전당에서 메인 공연장인 극장1은 이례적으로 매우 큰 블랙박스 극장이다. 블랙박스의 속성인 '가변성'이 극대화된 형태다. 블랙박스 극장이 대부분 소극장이기 때문에 이렇게 큰 가변형 블랙박스는 전례가 없었다. 국립아시아문화전당의 주요 구성 시설 중의 하나였던 극장군은 형태와 구성이 여러 번 바뀌었다. 구체적인 설계가 마무리된 이후 '신건축 기법의 가변형 극장'인 지금의 스타일로 정착되었다.[4] 이 내용은 2008년 발행된 보고서[5]를 참고한 것이다.

그림2는 극장1[6]의 변형된 형태 12가지를 보여준다. 맨 오른쪽 첫 번째 세로줄에 위치한 4개의 형태는 일반적인 대극장 형태로 전체 공간을 하나로 사용하는 경우다. 무대와 객석의 규모에서 차이가 있었다. 이 보고서에 따르면 최대 1,680석까지 가능했다. 무대를 앞이나 뒤 어느 쪽에 설치하느냐에 따라 운영이 달라진다. 엔드 스테이지 형태로 음악, 무용, 연극 등 대부분의 전통 장르 공연 수용이 가능한 형태다. 이 줄 맨 끝의 형태는 극장을 모두 객석으로 하고 야외를 무대로 설정할 때의 경우다.

4. 예술경영지원센터, 아시아예술극장 운영방안설계 최종결과보고서, 문화체육관광부 아시아문화중심도시추진단, 2008, 25쪽.
5. 문화체육관광부 아시아문화중심도시추진단, 2007 국립아시아문화전당 - [아시아예술극장] 운영조직화사업 결과보고, 7-16-① 아시아예술극장 운영방안 설계, 2008.
6. 당시의 명칭은 '아시아예술극장 대극장'이었다.

오른쪽에서 두 번째 세로줄은 공간은 전체를 이용하고 무대를 중간에 설치한 경우다. 바뀌는 무대를 중심으로 객석의 위치도 달라진다. 이 중에는 아레나 극장이나 돌출 무대 극장의 형태로 봐도 무방한 것도 있고 패션쇼 스타일의 형태도 있다. 왼쪽에서 첫 번째와 두 번째 세로줄의 6개 형태는 모두 2개의 공연 공간으로 분할해서 사용하는 경우다. 중간에 버퍼존을 두어 차음 효과와 옆 무대 역할을 하도록 했다. 크기는 위쪽의 극장과 버퍼존, 아래쪽 극장이 각각 3:2:2다. 3개의 공간을 모두 공연 공간으로 활용할 수는 없다. 국립아시아문화전당의 시도는 현재 진행형이다.

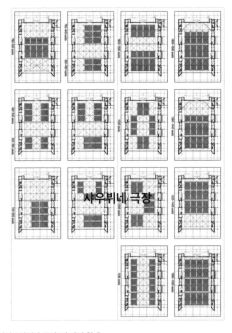

그림2 국립아시아문화전당 극장1의 가변 형태
출처: 문화체육관광부 아시아문화중심도시추진단, 2007 국립아시아문화전당 - [아시아예술극장] 운영조직화사업 결과보고, 7-16-① 아시아예술극장 운영방안 설계, 2008, 104쪽.

토마스 오스터마이어(Tomas Ostermeier)가 1999년부터 예술감독으로서 이끌고 있는 샤우뷔네(Schaubühne)는 일종의 프로듀싱 씨어터다. 샤우뷔네가 지금 형태의 극장을 운영하기 시작한 것은 1981년이다. 1928년 베를린의 지금의 자리에 지어 처음 개관해서 운영한 것은 복합근린시설 안에 들어 있는 영화관이었다. 아파트와 쇼핑가, 레스토랑, 카바레 극장과 함께 들어선 영화관은 1,800석의 말발굽 형태의 고급 상영관이었다. 이 건물은 제2차 세계대전에 거의 파괴되었다. 전쟁 후 재건된 건물은 1978년 대대적인 리노베이션을 통해 기술적으로 매우 혁신적인 극장으로 재탄생했다.

　　샤우뷔네의 공연장은 세 개의 홀로 구성되어 있다. 그림3에서 보는 것처럼 바닥은 76개의 유압식 승강기들로 상하로 오르내릴 수 있게 되어 있다. 세 개의 홀은 하나의 공간으로 합쳐서 사용할 수 있다. 가변형이기 때문에 여러 형태의 극장으로 사용이 가능하다.

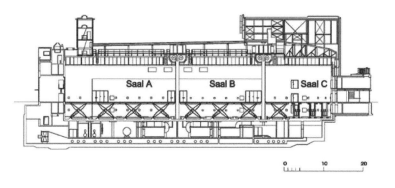

그림3 샤우뷔네 극장 측면도 © Jürgen Sawade

그림4는 샤우뷔네의 다양한 공간 사용 형태를 개념화한 것이다. 첫 번째 줄의 두 형태는 가로와 세로로 된 횡단 무대다. 두 번째 줄은 경기장과 원형무대, 세 번째 줄은 전통적인 극장 형태다. 네 번째 줄은 공간을 나눠서 동시에 공연하는 경우를 보여준다.

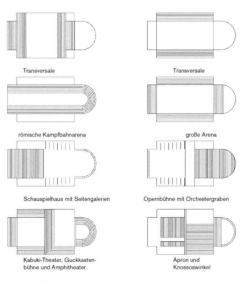

그림4 샤우뷔네 극장 가변 형태 © Jürgen Sawade

파리 필하모니 홀

클래식 음악을 주로 공연하는 콘서트홀은 변신의 폭이 가장 좁은 극장이다. 자연음을 기본으로 하기 때문에 확성이 필요 없고 극장 자체는 하나의 악기로 간주된다. 대부분의 공연이 극적인 장면 전환이나 조명이 필요 없으며 장치나 소품 등도 거의 등장하

그림5 파리 필하모니 홀: 심포니 오케스트라 타입 © J. Mignot, 2017

그림6 파리 필하모니 홀: 현대음악 연주회 타입 © Philharmonie de Paris. 2015

그림7 파리 필하모니 홀: 영화음악 콘서트 타입 © Ava du Parc & Philharmonie de Paris, 2017

그림8 파리 필하모니 홀: 스펙터클 타입 © M. Guthfreund, 2018

지 않는다. 장 누벨(Jean Nouvel)이 설계한 파리 필하모니 홀 (Philharmonie de Paris)은 클래식 콘서트홀로서는 드물게 가변 기능을 장착한 극장이다. 극장은 이 속성을 극장의 특성으로 자신 있게 내세우고 있다.

음악의 다양한 장르에 맞춰 오디토리움을 변신시킴으로써 그 공연에 맞는 시각과 청각 조건을 갖추는 것이다. 전통적인 심포니 형은 객석이 오케스트라가 올라간 무대를 감싸도록 설계되었다. 파리 필하모니 홀 무대 뒤 객석은 필요하면 합창단이 사용하도록 했다.[7] 콘서트 오페라나 영상을 상영하는 콘서트의 경우에는 객석 전체를 없애고 무대를 뒤로 밀어 1층 객석을 확장할 수 있다. 현대음악 연주회의 경우에는 1층 객석을 없애는 방식으로 극장을 바꿀 수 있다. 극장 홈페이지[8]에서 소개하는 네 가지 형태의 사진을 보면 이해가 쉽다.

그림5가 전통적인 오케스트라 연주회 사진이다. 무대 뒤는 객석으로 이용되고 있다. 그림7과 8은 무대 정면에 스크린을 설치했다. 공연의 성격에 따라 합창석을 제외한 무대와 객석을 배치한다. 그림6은 현대음악 연주회 장면이다. 1층 객석 자체를 모두 없애고 무대를 앞으로 내밀었다. 일반적인 콘서트홀 편성과는 많이 다른 형태다.

7. 그래서 이 좌석 구역을 합창석 이라고 부른다. 드물지 않게 사용되고 있다.
8. https://decouvrir. philharmoniedeparis.fr/en/ philharmonie

세리토스 공연 센터

미국 로스앤젤레스의 세리토스에 있는 세리토스 공연 센터 (Cerritos Center for the Performing Arts)는 세리토스시가 운

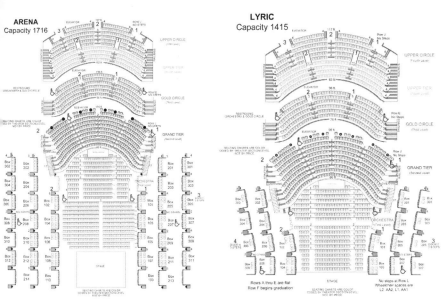

림9 아레나 세팅

그림10 오페라를 위한 세팅

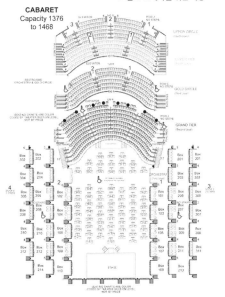

그림11 카바레 세팅

출처: Cerritos Center 홈페이지(www.cerritoscenter.com)

영하는 다목적 극장이다. 두 개의 홀 중 메인 홀의 변화가 눈부시다. 클래식 콘서트홀을 기본 형태로 하고 있지만 다른 콘서트홀과는 다르게 변화무쌍한 변신이 가능하다는 점에서 차이가 크다. 아레나, 클래식 콘서트, 오페라, 카바레, 리사이틀 등 다섯 형식으로 변형시킬 수 있는 것이다. 오케스트라 피트 유무에 따라 오페라 극장 형식을 둘로 계산하면 모두 6가지 형태로 변화 가능하다. 이에 따라 무대 공간은 물론 객석도 규모와 형태가 가변적이다. 객석의 크기는 1,716석(아레나) 1,376-1468석(카바레), 1,491석(콘서트), 1,700석(라운드형), 1,415석(오페라), 1,335석(피트를 사용하는

9. Judith Strong(Ed.), Theatre Buildings, Routledge, 2010, 202쪽.

오페라), 1,299석(연극), 1,331석(리사이틀) 등으로 규모가 바뀐다. 최소 900석에서 최대 1,950석까지 사용 가능하다. 공간 변화 과정에 발코니 객석은 그대로다. 그 외의 무대와 객석(발코니 포함), 천장 등은 모두 가변형이다.

1993년 개관한 세리토스 공연 센터는 세계에서 가장 유연한 극장 중의 하나다.[9] 영국과 미국을 선두로 한 고도의 극장 기계 기술의 발전에 힘입어 예술은 물론 다양한 형태의 이벤트를 수용할 수 있게 된 것이다. 덕분에 확성이 필요한 대중음악 공연부터 무용과 연극, 음악 등의 공연이 가능해졌다. 이 극장의 시즌 프로그램에 팝 콘서트, 실내악, 브로드웨이 뮤지컬 등이 어우러져 있는 것도 이 덕분이다.

LG아트센터

LG아트센터는 2000년 개관 이래 여러 측면에서 우리 공연 시장에

기여해왔다. 기업의 사회공헌사업으로 본격적인 극장을 뚝심 있게 운영해왔고 지속적이고 참신한 프로그램은 호평을 받아왔다. 일찍이 초대권 없는 극장을 표방하며 합리적이고 효율적인 극장경영의 사례로 자리잡았다.

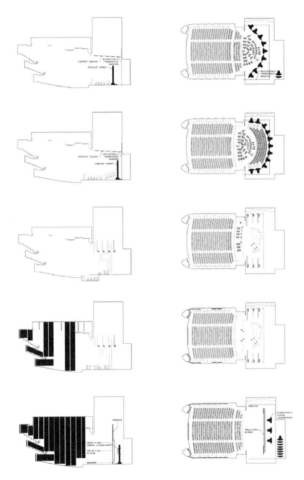

그림12 LG아트센터 공연 속성별 잔향 가변장치의 변화 사례 © LG아트센터

LG아트센터의 사례 가운데 여기서 주목하는 것은 우리나라 최초의 본격적인 음향 조절 장치다. LG아트센터는 그 어떤 분야보다 음향에 신경을 많이 쓴 극장이다. 극장의 탄생 단계에서 이를 설명해줄 수 있는 사연도 있지만 결론이 그렇다. LG아트센터의 음향은 공연 공간을 본 건물인 GS타워와 분리하는 것으로 시작한다. 지하를 지나가는 지하철을 포함하여 소음과 진동으로부터 자유롭기 위한 과감한 선택이다. LG아트센터는 옆으로 뿐 아니라 아래로도 본 건물과 떨어진 별도의 구조체다.

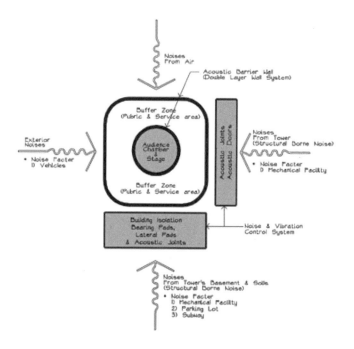

그림13 LG아트센터의 노이즈 컨트롤 © LG아트센터

LG아트센터가 다목적 극장을 지향하고 있음에도 클래식 콘서트부터 연극까지 음향적으로 무난하게 소화할 수 있는 것은 공연 공간 안의 다양한 장치들 덕분이다. 그중 대표적인 장치가 가변형 음향제어 장치다. 그림12는 그중의 일부를 그림으로 나타낸 것이다. 어쿠스틱 스크린 월 안에 숨겨진 배너 등을 조작함으로써 평균 잔향 시간을 0.8-1.8초 범위 안에서 자유자재로 조정할 수 있게 한 것이다. 잔향 시간만을 기준으로 할 때는 거의 모든 속성의 무대 공연물에 적합한 조건을 갖춘 셈이다.

2 아트 콤플렉스

아트 콤플렉스: 공연 부문의 그랑 프로제

아트 콤플렉스(Arts Complex)는 널리 사용되는 용어는 아니다. 필자는 졸저 《극장경영과 공연제작》(2001)에서 '새로운 형식의 문화 공간으로, 앞으로 문화예술의 현상을 설명하는 중요한 한 요소가 될 것으로 전망'했다.[10] 결과만 보면 꼭 그렇지 않았다.

10. 이승엽, **극장경영과 공연제작**, 역사넷, 2001, 48-49쪽.

이 책에서 필자는 아트 콤플렉스의 특징을 다섯 가지로 들었다. 다음과 같다.

① 사업의 배경은 대규모 국책사업이다. 규모나 재정적인 측면에서 국책사업의 성격으로 추진할 수밖에 없다. 따라서 정책의 목표는 문화예술적인 측면의 상위에 있을 수 있다. 즉 정치적, 사회적, 경제적 필요가 복합적으로 작용하는 것이다. 많은 복합문화공간이 도시재개발사업이나 국가상징사업으로 추진되었다.
② 공간적으로는 전문 공간의 집합체이다. 복합문화공간은 전문적인 공간들이 모인 곳이다. 기존의 공간들이 한 곳에서 다양한 장르를 소화하거나 전문 공간들이 독립적으로 떨어져 있던 양태와 대조를 이룬다.
③ 수용 장르의 측면에서는 보다 다양해졌다. 대부분의 복합문화공간이 수용하는 문화예술의 장르는 공연예술과 조형예술, 교육, 축제 등으로 확대되어 있다.

④ 경영의 측면에서는 효율을 중시한다. 새로운 시스템을 도입하여 보다 현대적인 경영이 시도되고 있다.

⑤ 명소화도 하나의 특징이다. 방대한 규모, 현대적 시스템, 국책사업 등의 성격 때문에 그 지역 또는 국가의 대표적 기념물로 자리 잡는 것이다.

　이런 특징이 일률적으로 모든 아트 콤플렉스에 그대로 적용되는 것은 아니다. 왜냐하면 아트 콤플렉스라는 공간의 등장이 지극히 개별적이었기 때문이다. 배경과 환경, 니즈, 목적, 기대효과 등에서 제각각이다. 뉴욕의 링컨 센터, 워싱턴의 케네디 센터, 런던의 바비칸 센터와 사우스 뱅크, 시드니의 시드니 오페라 하우스, 파리의 퐁피두 센터, 뮌헨의 가스타이, 동경의 신국립극장 등 해외의 사례와 한국의 예술의전당, 국립아시아문화전당을 한 유형으로 묶는 것은 조심스러울 수밖에 없다.

　아트 콤플렉스는 뜻을 그대로 번역하면 '복합예술공간' 쯤 된다. 단일한 기능을 하고 단일 홀을 가진 극장과 비교해서 쓴다. 아트 콤플렉스는 스포츠 콤플렉스(sports complex)와 비교해 보면 그 뜻이 보다 명확해진다. 스포츠 종목별로 종목의 특성에 맞는 경기장이 있으면 좋을 것이다. 소위 전용경기장이다. 이들 전용경기장을 한 구역에 모으면 여러 가지로 편리하다. 올림픽을 비롯한 스포츠 메가 이벤트를 치르는데 제격이다. 우리는 1988년 서울올림픽과 1986년 아시안게임을 앞두고 잠실에 이런 스포츠 콤플렉스를 조성한 바 있다. 지금도 지하철 '종합운동장'역의 영문명은 'Sports Complex'다. 잠실에 주경기장, 야구장, 체조경기장, 수영경기장, 펜싱경기장, 역도경기장, 자전거경기장 등 전용경기장이 대거 건립되었

다. 이전의 동대문운동장과 장충체육관이 실외 및 실내 경기장을 대
표했던 것과 비교하면 큰 변화다. 동대문운동장에서 구

11. 동대문운동장도 고전적 콤플
렉스였다. 1925년 개장한 운동장
은 1960년대 야구장과 테니스장,
수영장 등 시설을 같은 구역에 마
련함으로써 하나의 콤플렉스를
형성했었다.

기 종목을 비롯한 거의 모든 종목을 치르는 것과 종목
별로 특화된 경기장에서 시합을 하는 것과 수준이 다
르다. 높아진 수준의 선수와 관객 모두가 바라는 바다.
특화된 전용경기장이 한 구역에 모이면 또 다른 이점도
있을 것이다.[11]

이러한 단지를 조성하는 것이 쉬운 일이 아니다. 대규모 사
업이기 때문이다. 대규모 부지를 확보하는 것도 어렵지만 천문학적
인 예산을 확보하는 것은 국책사업의 수준이 아니면 달성하기 어려
운 조건이다. 자연스럽게 이런 종류의 사업은 정부 또는 국가적 사
업일 수밖에 없다. 문화예술 부문도 마찬가지다.

아트 콤플렉스의 등장에는 두 가지 공통된 주요배경이 있
다. 첫째는 예술의 편익에 대한 인식의 확대다. 그중에서도 그랑 프
로제를 통해 얻는 실질적 이득에 대해 공감대가 형성되었기 때문이
다. 예를 들어 예술 공간이 도시나 국가의 상징이 될 수 있고, 도시
를 살리는 데 중심 역할을 할 수 있을 것이라는 기대 같은 것이다.

둘째는 첫 번째 배경에 힘입은 공공 부문의 확대이다. 공
공 부문의 확대는 예술에 대한 인식의 확대뿐 아니라 경제적, 사회
적 환경이 적절한지 여부도 큰 영향을 준다. 여러 국가에서 산업 구
조 개편과 고도화 및 경제발전이 궤도에 오르고 난 뒤에 문화 폭발
에 해당하는 예술 팽창이 이루어져왔다. 개인뿐만 아니라 국가나 사
회의 지불 능력과도 관련된 것이다. 지불 의사와 지불 능력이 더불
어 성숙했을 때 등장한다고 볼 수 있다. 이런 류의 프로젝트는 문화
예술 부문 안에서 주로 이루어지는 것들에 비하면 규모가 다를 수

밖에 없다.

　우리나라에서는 문화예술 부문의 대표적인 그랑 프로제
로 예술의전당과 국립아시아문화전당을 들 수 있겠다. 우리 사회의
다른 분야에 비하면 그렇게 크지 않은 수천억 원대의 자본이 각각
투입되었지만 예술 분야에서는 매우 큰 규모이다. 두 프로젝트의 시
작을 거칠게 보면 둘 다 문화예술인의 뜨거운 열망이 직접적인 도화
선이 되었다고 보기 어렵다.

　예술의전당은 쿠데타로 집권한 제5공화국의 대표적인 사
업이다. 1980년대 초중반을 지배한 전두환 정권은 당근과 채찍을
사용한 것으로 잘 알려져 있다. 한편으로는 야간통행금지 해제, 컬
러 텔레비전 도입, 프로 야구 등 프로 스포츠 활성화 등의 유화책과
언론 통폐합, 삼청교육대와 같은 압제적인 칼을 휘두르는 데 주저함
이 없었다. 예술의전당 프로젝트는 권력의 핵심인 청와대에서 기안
한 프로젝트다. 국립현대미술관과 독립기념관도 비슷한 시기에 추진
되었다. 독재체제인 만큼 일은 성큼성큼 진행되었다.

　국립아시아문화전당은 해방 이래 최초의 여야 정권 교체
를 이룬 김대중 정권 말 대통령 선거에서 나온 공약이었다. 노무현

그림14 예술의전당 공간 활동 프로그램 기본 유형(1984)
출처: 예술의전당, 예술의전당 1982-1993, 1994, 51쪽.

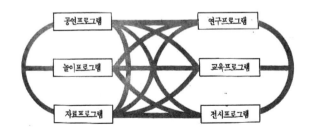

후보는 광주를 방문해 광주를 아시아문화중심도시로 조성하고 그 핵심시설로 아시아문화전당을 먼저 지어 운영하겠다고 약속했다. 노무현 후보가 당선되자 공약은 실행되었다.

복합적인 동기와 배경을 가지고 대규모로 건립되는 아트센터는 동서양을 막론하고 공통적으로 등장하는 하나의 현상이 되었다. 우리나라에서도 예술의전당과 국립아시아문화전당 건립 계획 이후에도 노들섬 프로젝트와 부산 오페라 하우스와 같이 매머드급 극장 건립이 계획되고 추진된 바 있다. 이들 프로젝트는 공연예술 창작과 향유의 근거지라는 극장의 기본적 기능에 더해 해당 국가나 도시를 상징하는 역할을 전제로 하고 있다. 조정윤은 〈대규모 공연장 건설 경향과 효과〉[12]라는 글에서 밀레니엄 이후의 대규모 공연장의 건립 사례를 집중적으로 다루고 있다. 그는 이 글에서 21세기 이후의 트렌드 중의 하나로 대규모 공연장 건설을 꼽았다. 구체적 양상으로는 국가 주도의 대규모 계획, 도시 계획 속의 지역 재생과 연계, 스타 건축가에 의한 랜드마크, 주변 경관과의 조화(수변 공연장) 등을 들었다. 그가 예를 든 7개의 사례는 2000년 로리 센터(영국)부터 2010년 광저우 오페라 하우스(중국)까지 21세기 초반의 10년에 몰려 있다.[13]

그의 글이 발표된 2015년 이후에도 대규모 아트센터의 건립은 계속되고 있다. 랜드마크의 역할을 성공적으로 수행한 문화시설의 사례가 주목을 받으며 대규모 아트센터가 도시의 재생과 활성화에 투입되는 빈도가 늘었다. 특히 중국의 대규모 극장 건립은 일선도시에서 이선도시로 확대되며 새로운 극장 네트워크 모델을 창출해내고 있다. 짧은 시간에 일사분란하게 이루어지는 대규모 투자

12. 조정윤, 대규모 공연장 건설 경향과 효과 - 밀레니엄 이후 건립된 해외사례를 중심으로, 문화예술지식DB 문화돋보기 제35호, 한국문화관광연구원, 2016.
13. 그 외에 2002년 에스플라네이드(싱가포르), 2004년 동방아트센터(중국), 2004년 코펜하겐 오페라하우스(덴마크), 2007년 국가대극원(중국), 2008년 오슬로 오페라 하우스(노르웨이) 등이 있다.

로 중국 공연 생태계 자체가 변화하고 있는 것이다. 이러한 흐름 속에서 필자가 다시 정의하는 '아트 콤플렉스'의 기본 속성은 다음과 같다.

① 대규모 국책사업이다. 대규모 국책사업은 필연적이다. 첫째는 규모나 재정적인 측면에서 국책사업 또는 그에 준하는 수준으로 추진할 수밖에 없다. 건립에만 보통 수천억 원이 소요되는 만큼 예술 생태계에서는 초대형 사업이기 때문이다. 부지 확보 등의 측면에서도 정부의 적극적인 의지가 전제되어야 한다. 한편 사업의 목표와 동기는 문화예술과 다를 수 있다. 예술의 발전이나 예술 향유의 증진과 같은 기본적인 지향의 뒤에 더 강력한 동기가 있을 수 있다는 것이다. 올림픽이나 월드컵과 같은 메가 이벤트를 계기로 지어진 공간과 같이 정치적, 사회적, 경제적 타당성이 복합적으로 검토되어 추진되는 것이 보통이다.

② 예술적으로 보면 전문공간과 다양한 콘텐츠의 집합체이다. 복합문화공간은 전문적인 공간들이 모인 곳이다. 기존의 공간들이 한 곳에서 다양한 장르를 소화하거나 전문 공간들이 독립적으로 운영되던 것과 비교하면 대조적이다. 캠퍼스를 구성하는 각 공간이 전용공간의 성격을 띠고 있는 만큼 담기는 콘텐츠도 예술적 수월성을 지향한다. 다양한 장르의 뛰어난 예술적 콘텐츠가 한곳에 모여 있는 만큼 이전과는 다른 이점을 가진다. 예를 들어 주로 밤의 공간인 공연 공간과 낮의 공간인 전시 공간이 한 캠퍼스에 있다. 장르별 대표격인 콘텐츠들은 경쟁과 협업의 기회를 더 가질 수 있다.

③ 명소화도 하나의 특징이다. 방대한 규모, 현대적 시스템, 국

책사업, 중심적 위치 등의 성격 때문에 그 지역 또는 국가의 대표적 랜드마크로 자리 잡는 것은 자연스러운 귀결이다. 관광과 컨벤션 산업 등의 비중이 높아지고 산업 구조가 고도화하면서 문화유산뿐 아니라 특색 있는 예술 공간이 도시의 랜드마크로 주목받는 경우가 드물지 않게 되었다. 이런 효과는 아트 콤플렉스 건립 계획 수립에 반영되기도 한다.

링컨 센터

링컨 센터(Lincoln Center)는 아트 콤플렉스의 시초라 할 만하다. 미국의 공공 아트센터 네트워크의 시작이기도 하다.[14] 이후 생겨난 대규모 아트 콤플렉스가 참조한 단골 벤치 마킹 사례이기도 하다. 미국뿐 아니라 세계에서 독보적인 도시인 뉴욕에서 지난 50년 동안 도시의 발전과 함께 해온 예술 공간이다.

14. 예술의전당과 전국의 문예회관 건립 붐간의 관계와 유사한 양태다.

링컨 센터의 아이디어는 뉴욕에 공연예술을 위한 예술복합단지를 만드는 것이었다. 1962년 음악당(현재 데이비드 게펜 홀)을 시작으로 클래식 음악, 오페라, 발레, 연극, 무용, 뮤지컬, 재즈 등 공연 세부 장르를 위한 전용 공간은 물론 영화관, 도서관, 예술학교 등이 함께 입주해 있다. 세계 최고, 최대의 예술복합단지라 자부하고 있고 어느 정도 공감을 얻는다. 메트로폴리탄 오페라(오페라, 발레), 데이비드 코크 극장(모던 발레), 데이비드 게펜 홀(클래식 음악) 등이 큰 규모의 공연장이고 공연에 특화된 줄리어드 스쿨이 공생한다.

링컨 센터는 한 캠퍼스에 다양한 공간과 주체들이 어울

려 있지만 운영은 대부분 독립적이다. 학교는 물론이고 공연 공간
도 독자적인 법인이 운영한다. 링컨 센터라는 '우산' 같
은 법인이 있지만 이 법인은 광장과 방문객 편의 시설
등의 공용 시설과 음악홀(데이비그 게펜 홀)을 직영하
는 정도다. 나머지는 각 공간을 운영하는 주체가 극장
도 운영하고 시즌도 꾸린다. 메트로폴리탄 오페라가 오
페라 하우스를 운영하며 시즌의 대부분을[15] 직접 제작
하는 것과 같다. 이러한 방식의 아트 콤플렉스 경영 사
례는 링컨 센터 외에는 찾아보기 힘들다.

15. 여기서 대부분이라고 하는 것
은 봄에 오페라 시즌이 끝난 후
지속되는 발레 시즌은 메트로폴
리탄 오페라와 별개로 아메리컨
발레 씨어터(ABT)가 극장을 빌려
시즌을 꾸리기 때문이다. 메트로
폴리탄과 ABT가 각각 오페라와
발레 시즌을 책임지는 형태는 오
래 지속되고 있다.

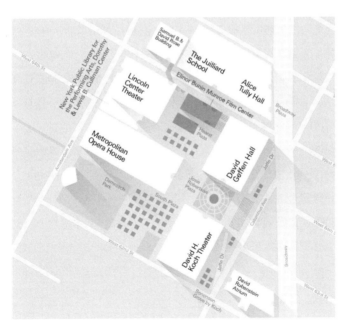

그림15 링컨 센터
출처: Lincoln Center 홈페이지(www.lincolncenter.org)

국가대극원

중국 북경에 건립된 국가대극원(国家大劇院, National Center for the Performing Arts)은 북경올림픽 한 해 전인 2007년 개관했다. 북경의 중심부라고 할 수 있는 천안문 광장 지역에 자금성, 인민대회당, 국가박물관 등과 함께 거대한 중심 구역을 형성하고 있다. 건물 자체가 물로 둘러싸인 파격적인 대형 돔형으로 현대 중국의 자부심과 자긍심을 한껏 발휘하는 듯하다. 국가대극원이 내세우고 있는 방향성은 다음과 같은 다섯 가지다. 공연장으로 국제적 명성을 확보, 국가 표현예술의 최고 전당, 예술교육 보급의 교량, 국내외 문화 교류의 플랫폼, 문화 창의 산업의 중요한 기지 등이다.

오페라 하우스(2,416석)와 콘서트홀(2,017석)뿐 아니라 연극과 무용을 주로 공연하는 극장(1,035석)과 실험소극장 등으로 구성되어 있다. 극장에는 전속단체로 관현악단과 합창단, 오페라단을 두고 있다. 국가대극원이 주력으로 삼는 것은 오페라를 비롯한 음악극이다. 서양 양식의 공연이 주를 이루고 있지만 중국 전통 무용이나 음악도 기획 대관의 형식으로 종종 공연한다. 순수한 대관 공연은 없다고 봐도 된다. 북경시 직영으로 운영하고 있지만 중앙정부로부터도 각별한 지원대상이다. 여러 가지 측면에서 중국에서 특별한 지위에 있는 극장이다. 상해와 북경을 시작으로 대규모로 지어지고 있는 대형 문화복합공간의 모델격이기도 하다.

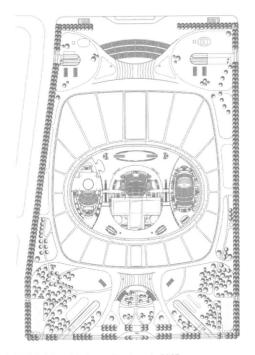

그림16 국가대극원 도면 © Paul Andreu architecte paris. 2007

그림17 국가대극원 전경 © Eugene Lim, 2013

#267

에스플라네이드

에스플라네이드(Esplanade)는 2002년 개관한 싱가포르의 대표적인 문화예술 공간이다. 도시국가의 특성상 다양한 인프라를 가지기 어려운 싱가포르가 선택한 방식이다. 공급자나 수용자 모두 충분하지 않은 것이 싱가포르의 고민이었다. 다민족 사회라는 점과 국제교류의 거점이라는 국가의 속성이 극장에도 반영되었다.

　　콘서트홀(1,827석), 씨어터(1,950석), 리사이틀홀(245석) 씨어터 스튜디오(220석 가변형) 등 전문 공간 외에 실내외 공간에 스튜디오, 야외 극장 등 다양한 시설이 조성되어 있다. 콘서트홀과 리릭 씨어터는 서양식 정통 전문 공연장을 지향하고 있다. 에스플라네이드는 따로 전속단체를 두지 않는다. 콘텐츠도 동서양과 고전부터 현대까지 다양한 장르를 포트폴리오 형식으로 폭넓게 구성하고 있다. 건립 당시부터 CEO로 에스플라네이드의 20년을 책임졌던 벤슨 푸아(Benson Puah)가 2018년 봄 후임자로 이블린 탐(Yvonne Tham)에게 역할을 넘겨 시사점을 던진다.

그림18 에스플라네이드 전경 © Photo Courtesy of Esplanade - Theatres on the Bay

바비칸 센터

바비칸 센터(Barbican Centre)는 2차 세계대전 후 폐허가 된 런던 북부 지역을 쾌적한 주거 지역으로 재개발하는 프로젝트의 일환으로 건립된 복합문화공간이다. 문화예술 공간만 따로 계획한 것이 아니라 지역 전체를 대상으로 한 주거개발 프로젝트였다. 주거와 상업, 예술이 한데 어우러져 있다. 지역과 도시 개발에 예술 공간이 기여할 수 있는지를 증명한 사례다. 1982년 개관했으니 복합문화공간으로서는 초기에 해당된다.

클래식 음악과 현대음악을 주로 공연하는 '홀'(1,943석)과 연극, 무용을 주로 공연하는 '씨어터'(1,156석) 가변형 극장 '핏'(164

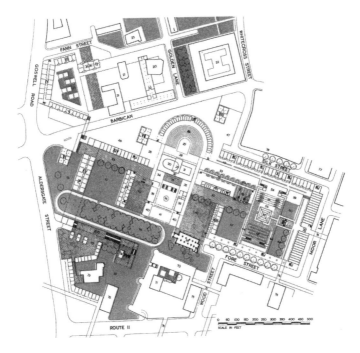

그림19 바비칸 센터 © Chamberlin, Powell & Bon, 1959

석) 등 공연장 외에도 전시장, 도서관, 컨퍼런스 홀, 수족관 등 다양한 시설이 입주해 있다. 예술학교인 길드홀도 이 캠퍼스의 주요 구성 주체다. 전속단체를 두지 않고 운영하는 방식이다. 그 대신 런던 심포니 오케스트라(LSO)는 개관부터 지금까지 상주단체로 '홀'을 사용하며 LSO 시즌을 운영한다. 또다른 주요 파트너인 로열 셰익스피어 컴퍼니(RSC)는 런던의 베이스로 바비칸 센터를 활용하고 있다. 매년 3개월간 셰익스피어 작품을 공연한다. 바비칸 센터는 특별한 계약 관계인 두 단체 외에도 음악, 무용, 연극 등 다양한 분야의 공연 단체와 협력관계를 유지하고 있다. 이를 통해 약 60%의 자체 공연 비율을 유지하고 있다.

시드니 오페라 하우스

공연 산업과 가장 연관성이 큰 산업은 관광 산업이다. 시드니 오페라 하우스(Sydney Opera House)는 그 점에서 특히 돋보이는 복합 문화공간이다. 20세기를 대표하는 현대 건축물의 하나로 심지어는 유네스코가 지정하는 세계문화유산으로 지정되었다. 호주 또는 시드니의 상징으로 사용된다. 호주라는 국가의 탄생과 여건에서 문화적 상징을 가지고 싶었던 1950년대 호주의 욕망이 성공적으로 자리 잡은 경우다.

1958년 공사를 시작해서 1973년에 개관했다. 클래식 음악을 주로 공연하는 '콘서트홀'(2,679석), 오페라 하우스인 '존 서덜랜드 극장'(약 1,500석), 프로시니엄 스타일의 연극, 무용 중심 극장인 '드라마 씨어터'(544석), 실험적인 시도가 가능한 '플레이 하우스'(398석) 등 전문공연장을 비롯한 6개의 공연장에서 2천여 개의 공연이 이루어진다. 시드니 오페라 하우스는 전문적인 공연장으로서의 설비와 함께 단순 방문자들을 위한 시설도 잘 갖춰진 공간으로 꼽힌다. 위치와 관경도 탁월하다.

　　　　시드니 오페라 하우스는 별도의 전속단체를 두지 않는다. 호주의 주요 도시마다 운영 중인 큰 아트센터들과 마찬가지로 호주의 주요 공연 단체와 전략적 제휴를 통해 프로그램을 운영한다. 8개의 상주 공연 단체는 오페라 오스트레일리아, 오스트레일리안 발레, 오스트레일리안 체임버 오케스트라, 시드니 씨어터 컴퍼니, 방가라 무용단, 벨 세익스피어, 시드니 심포니 오케스트라, 시드니 필하모니아 합창단 등이다. 중앙정부 단위의 공공예술단과 지방정부 단위의

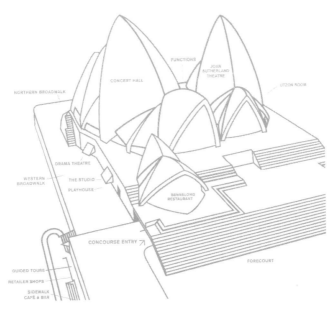

그림20 시드니 오페라 하우스
출처: Sydney Opera House 홈페이지(www.sydneyoperahouse.com)

공공예술단, 민간 비영리단체 등이 골고루 포함되어 있다. 이처럼 상주단체를 이용한 시즌 운영은 호주의 공공 아트센터의 프로그램 전략이다. 주요 공연단체들은 각 지역의 핵심적인 복합문화공간들과 정기적이고 지속적인 관계를 맺고 있다. 제한적인 자원과 관객층을 반영한 호주 특유의 방식이다.

예술의전당

예술의전당은 한국 현대사의 한 단면을 잘 보여주는 극장이다. 1980년 군사 쿠데타로 집권한 정권은 한편으로는 강압적이고 독재적인 체제를 운영하는 한편 문화적으로는 유화적인 시책을 한꺼번에 쏟아냈다. 그중의 하나가 예술의전당 건립 프로젝트다. 1988년 서울 올림픽을 앞두고 콘서트홀 등을 1차 개관했다. 전관 개관은 1993년이다.

오페라극장, CJ토월극장, 자유소극장 등 오페라, 연극, 뮤지컬, 무용 등에 특화한 오페라 하우스와 클래식 음악을 주로 연주하는 3개의 홀을 가진 콘서트홀이 주요 공연 공간이다. 한가람미술관과 한가람디자인미술관, 서예박물관 등 전시시설도 전문화했다. 자료관, 예술학교 등도 한 캠퍼스에 들어 있다. 특히 바로 옆에 국립국악원도 조성되어 있어 예술의전당 캠퍼스는 한국 최대의 복합문화공간이라 할 만하다. 서울의 대표적인 예술 공간이라는 상징성을 획득했다.

이전의 공공 극장과 달리 민법에 의한 재단법인으로 출발했다. 2000년 특별법인으로 전환했지만 기본적으로는 비영리법인의 규정에 따른다. 전속단체를 두지 않지만 6개의 상주 및 입주단체가 있다. 국립오페라단, 국립발레단, 국립합창단, 국립현대무용단, 코리안심포니오케스트라, 서울예술단이 그들이다.

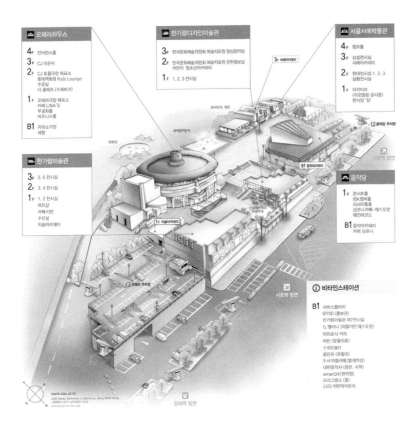

그림21 예술의전당
출처: 예술의전당 홈페이지(www.sac.or.kr)

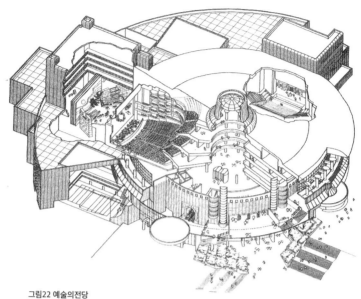

그림22 예술의전당
출처: 예술의전당, 예술의전당 1982-1993, 1994, 62쪽.

국립아시아문화전당

2001년 노무현 대통령 후보의 공약에 담겼던 프로젝트다. 노무현 후보가 대통령에 취임하면서 사업이 현실화되었다. 광주를 아시아문화중심도시로 조성하기 위해 그 핵심 시설 중의 하나로 국립아시아문화전당을 건립하기로 한 것이다. 5.18 민주화운동의 인권과 평화의 의미를 예술로 승화한다는 취지다. 특별법을 제정하고 범정부적인 지원 아래 진행되었다. 이러한 배경 때문에 노무현 대통령의 임기 후 정권이 바뀌면서 어려움을 겪었다.

이 프로젝트는 첫째, 서울에 집중된 문화 자원을 분산하고 둘째 호남지역의 경쟁력을 문화와 예술을 통해 강화하는 것을 주요 방향으로 삼았다. '아시아'를 키워드로 하고 있는 만큼 아시아를 중심으로 한 교류의 장도 지향점이다. 건립 구상 후 13년 만인 2015년에 개관했다.

기존의 구상과 달리 문화정보원, 문화창조원, 예술극장, 민주평화교류원, 어린이문화원 등으로 구분되어 있다. 근대적 장르론을 넘어 연구, 창작, 제작의 단계로 구분하여 주제별 기능성을 내세운 것이다. 예술극장은 큰 블랙박스 극장인 '극장1'과 프로시니엄 극장인 '극장2'(248석)로 구성되어 있다.

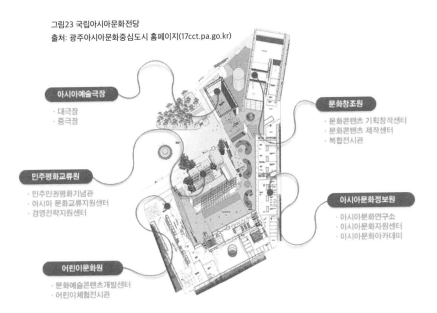

그림23 국립아시아문화전당
출처: 광주아시아문화중심도시 홈페이지(17cct.pa.go.kr)

아시아예술극장
· 대극장
· 중극장

문화창조원
· 문화콘텐츠 기획창작센터
· 문화콘텐츠 제작센터
· 복합전시관

민주평화교류원
· 민주인권평화기념관
· 아시아 문화교류지원센터
· 경영전략지원센터

아시아문화정보원
· 아시아문화연구소
· 아시아문화자원센터
· 아시아문화아카데미

어린이문화원
· 문화예술콘텐츠개발센터
· 어린이체험전시관

국립아시아문화전당은 정부 조직인 국립아시아문화전당과 민법에 의해 설립된 아시아문화원 등 2개의 조직이 운영을 맡고 있다. 따로 전속단체를 두지 않고 기획 프로그램을 주요 콘텐츠로 한다.

우리 시대에 딱 맞는 그랑 프로제 '1+1'

프랑수아 미테랑(1916-1996)은 프랑스 21대 대통령이다. 미테랑은
1981년부터 1995년까지 재임하면서 파리를 중심으로 문화예술 관련 대규모
건축물을 지었다. 바스티유 오페라극장, 오르세 미술관, 라빌레트 등이
대표적 사례다. 미테랑 정부는 프랑스의 랜드마크를 새롭게 자리매김한 이
국책 사업을 '그랑 프로제(Grands Projets)'라 불렀다.

그랑 프로제에는 다양한 전략이 숨어 있다. 문화예술을 앞에
내세웠지만 사회적, 경제적, 산업적 편익을 함께 추구한다. 보다 넓은
미술관과 오페라극장이 필요해서 짓는 것이 아니라는 얘기다. 도시 경쟁력
확보, 지역 간 균형 발전, 시민의 자부심 확대, 관광 산업의 양질 변화 등을
도모한다.

프랑스뿐만 아니라 그랑 프로제는 영국 런던 등 여러 나라의
도시에서도 이뤄졌다. 우리나라도 그랑 프로제라 불릴만한 사업이 있다.
대표적으로 예술의전당과 국립아시아문화전당은 중앙정부의 주도로
건립에서 개관까지 10년 이상 걸린 대형 건축물이다.

예술의전당은 1980년대 초반 제5공화국의 정통성을 확보하기
위해 펼친 사회 전 부문의 소위 '개혁'의 산물이다. 언론 통폐합이나
삼청교육대와 같은 조치의 한쪽에서 국립현대미술관, 예술의전당,
독립기념관 등이 건립됐다. 예술의전당은 개관 후 우리 문화예술계에서
중요한 역할을 수행하며 막대한 영향을 미쳤다. 정치적 동기가 강했던
프로젝트였기에 아이러니라 아니할 수 없다.

국립아시아문화전당은 2003년 기초 연구부터 따지면 2015년
개관까지 12년이 넘게 걸렸다. 투입된 재원도 기록적이다. 대통령만 따져도
세 명의 대통령 임기에 걸쳐 있다. 예술의전당이 아트센터의 새로운 모델을

#277

제시한 것처럼 국립아시아문화전당도 새로운 개념 위에 만들어졌다.

서울시의 새 콘서트홀 사업 구상도 기존의 그랑 프로제인 사업에 비해 만만찮은 규모다. 시작은 이명박 전 대통령이 서울시장이던 2005년까지 거슬러 올라간다. 예정지인 노들섬에 콘서트홀을 비롯한 복합예술 공간을 지으려고 한 계획은 초스피드로 추진됐으나 새 시장으로 바뀌자 전면적으로 재검토됐다. 프로젝트 이름이 '노들섬 예술센터'에서 '한강예술섬'으로 바뀌고 기존의 당선작을 배제하고 다시 설계 공모해 새 당선작을 발표했다. 이또한 다양한 비판과 반대를 받으며 2012년 이후 사실상 백지화됐다.

서울시는 그랑 프로제의 성격을 버리고 복합예술 공간에서 콘서트홀만 떼어낸 프로젝트 구상을 계속했다. 문제는 새 콘서트홀의 위치였다. 서울시는 타당성 조사(2014년)를 거쳐 2015년에 세종로 공원을 새 건립 예정지로 확정했다. 세종문화회관과 정부종합청사 사이에 있는 세종로공원은 이미 지하 6층까지 도심 주차장이 조성돼 있다.

세종로공원 콘서트홀 건립 계획은 최근 코페르니쿠스적 전환을 맞았다. 서울시가 세종로공원 콘서트홀과 세종문화회관을 묶어서 예술복합단지 조성을 검토하겠다고 올해 밝혔다. 이렇게 되면 건립한 지 40여 년이 지난 세종문화회관과 초현대적 공연장인 콘서트홀이 조화를 이루는 새로운 사업이 된다.

이 프로젝트가 제대로 진행되면 서울에 새로운 랜드마크로 세워질 수도 있다. 세종문화회관은 탁월한 위치와 전통에도 불구하고 지금의 인프라와 운영만으로는 서울(나아가 우리나라)의 랜드마크가 되는 게 쉽지 않았다. 이미 문화유산급인 기존의 인프라를 포용하는 새로운 개념의 콘서트홀은 이 일대의 문화적 브랜드 가치를 획기적으로 높일 것이다. 그것은 세종문화회관보다 서울, 우리나라에 더 좋은 일이다. 이것이야말로 우리 시대에 딱 맞는 그랑 프로제다.

뉴시스, 2017.01.28.

#278

3 재생 극장

파운드 스페이스 또는 발견된 공간

공연 공간에 대한 니즈와 용도가 다양화하면서 새로운 경향들이 등장한다. 그중의 하나가 재생 극장이다. 재생 극장은 기존에 있던 공간을 혁신하여 새롭게 공연 공간으로 사용하는 것을 말한다. 강재훈은 자신의 책 《극장 컨설팅과 3세대 극장》에서 3세대 극장을 향하여 가는 길에 '파운드 스페이스(found space)'가 있다고 설정하며 이 개념을 설명하고 있다. 그는 파운드 스페이스를 "창의적인 생각을 바탕으로 공연에 필요한 공간을 찾아내거나 새롭게 만드는 것, 변화시키는 것"이라고 설명한다.[16] 파리의 부프 뒤 노르(Théâtre des Bouffes du Nord)와 뉴욕의 하비극장(Harvey Theatre), 런던의 세인트 루크(St. Luke), 라운드 하우스(Round House) 등을 예로 들고 있다. 교회였던 세인트 루크와 기차 차고지였던 라운드 하우스를 제외한 공간들은 이전에 공연 공간으로 사용되었던 것을 새로운 극장으로 재탄생시킨 경우다.[17]

이태섭은 이를 '발견된 공간'이라고 번역했다.[18] 이태섭은 특히 연출가를 비롯한 예술가들이 극장 공간을 공연의 중요한 요소로 보고 자신들의 상상력을 구현하기 위한 공간을 새롭게 찾아 나섰다고 보았다. 그가 예로 든 '발견된 공간'은 마스 라인하르트의 올림피아 홀(런던), 장 빌라르의 교황청 앞마당(아비뇽), 타데우스 칸토

16. 강재훈, 극장 컨설팅과 3세대 극장, 지식과 감성, 2017, 89쪽.
17. 라운드 하우스도 원래는 철도회사의 열차 보수 시설이다가 1960년대에 극장으로 재탄생했다. 지금의 형태를 갖춘 것은 1996년이다. 완전히 새로운 극장은 아닌 셈이다.
18. 이태섭, 21세기 극장 공간의 진화와 다양성에 대한 연구, 연극교육연구 25권 25호, 한국연극교육학회, 2014.

르가 발견한 폴란드의 세탁 공장과 기차역, 아리안느 므누쉬킨이 극단 근거지로 삼은 탄약창(파리) 등이다. 그리고 위의 강재훈이 예로 들었던 파리의 부프 뒤 노르와 뉴욕의 하비 극장을 연출가 피터 브룩과 연결하며 추가했다.

　　재생 극장 또는 발견된 공간은 크게 두 가지 유형으로 나눌 수 있다. 첫 번째 유형은 이전에 공연장이나 영화관 등 비슷한 용도로 사용되었던 공간이다. 공연 인프라가 부족한 시절에 영화관은 공연을 위한 극장을 겸하는 경우가 많았다. 우리나라도 1970년대까지 그랬다. 이 유형의 공간은 대부분 본래의 기능을 상실하고 용도 폐기된 시기를 거쳐 되살아난다. 파리의 부프 뒤 노르, 뉴욕의 하비 극장, 서울의 명동예술극장 등이 그런 경우다. 부프 뒤 노르는 극장 식당으로, 하비 극장은 영화관으로 사용되었던 공간이다. 명동예술극장도 영화관으로 개관했다가 극장으로 사용되다가 매각되어 금융회사의 사옥으로 사용된 역사를 가지고 있다.

　　두 번째 유형은 용도를 다한 다른 산업 시설이나 공간을 예술 공간으로 바꾼 경우다. 획기적인 산업 구조의 변화와 그 못지 않은 도시 환경의 진화는 수많은 기회와 위기를 낳았다. 도시에 있는 것이 어울리지 않거나 효율적이지 않은 시설들은 이전하거나 폐허가 되었다. 이런 시설과 공간을 예술 공간으로 전환하는 것은 하나의 트렌드로 자리를 잡았다. 경제적 이익과 편의 추구를 위한 주거나 상업 시설로 전환하지 않고 어메니티에 해당하는 공연이나 예술 공간으로 탈바꿈되는 것은 사회적 공감대가 있기 때문이다. 2020년 현재 추진 중인 당인리문화발전소는 화력발전소를 활용하고 있다. 런던의 테이트 모던도 화력발전소를 개조해서 런던의 예술 명소로 자리를 잡은 경우다. 파리의 예술 공간 104는 장례식장이 있던 곳이다.

이러한 변화는 두 가지 경향이 겹쳐지면서 가능해진 것이다. 첫째는 극장 등 예술 공간의 사회적 기능에 대해 긍정하는 분위기다. 도시 어메니티의 대표적인 공간으로는 공원 등과 함께 예술 공간이 꼽힌다. 삶의 질을 높이는 데 필요할 뿐 아니라 예술 공간이 주는 편익이 적지 않다는 공감대가 형성된다. 도시의 품격을 높이고 시민의 활력을 증진시키는 중심 역할을 할 것이라는 기대가 깔려 있다. 두 번째는 다양한 예술 공간에 대한 니즈다. 예술가를 중심으로 하는 프로시니엄 극장과 화이트 큐브로 상징되는 기존의 공간에 대한 대안 모색의 욕망이다. 예술가들은 자신의 작품에 맞는 자신만의 공간을 찾고 싶어 하는 본능이 있다.

우리 사회에서 극장이라는 공간이 공연을 하는 장소 이상의 가치를 가지게 된 것은 그리 오래된 일이 아니다. 필자는 동양극장과 명동예술극장의 예를 들어 그 시기가 2000년대 들어서라고 주장한 바 있다.[20] 같은 글에서 필자는 1930년대 중반에 문을 연 세 극장의 운명을 비교했다. 1935년, 1936년 등 비슷한 시기에 개관한 부민관, 동양극장, 명치좌가 그 셋이다. 파란만장한 과정을 겪은 우리나라 최초의 연극 전용 극장인 동양극장은 1990년에 철거되었다. 반면 일본인 자본의 명치좌는 일본 관객을 주로 상대하던 영화관이었다가 1970년대에 불하되어 금융회사의 업무용 시설로 사용되었다. 그로부터 30여 년 후인 2003년, 정부는 공공 재원을 들여 이 건물을 다시 사들였고 대대적인 개축 과정을 거쳐 2009년 명동예술극장이라는 이름으로 새로 문을 열었다. 조용히 동양극장이 철거된 1990년과 민간에 팔려 극장 기능을 완전히 상실한 명치좌를 되산 2003년 사이에 큰 변화가

20. 이어지는 사이드스텝 〈3개 극장의 엇갈린 운명〉 참조 바람.

#281

있었음에 틀림없다. 그 변화의 가장 큰 요소는 예술을 보는 사회의 태도의 변화일 것이다. 국가와 사회의 지불 능력이 향상되어 이를 뒷받침해준 것은 물론이다.

2000년대 이후 '발견된 공간' 프로젝트는 우리나라 전역에서 이루어진다. 폐교 등 비슷한 용도의 공간은 물론 연초제조창이나 탄약창고, 정보기관 주둔지, 조선소, 정미소, 창고, 발전소, 시장, 관공서(우체국 등), 마을 등 다양한 시설과 공간들이 예술을 품은 공간으로 재탄생되었고 지금도 진행 중이다. 오래된 대중목욕탕으로 사용되었던 건물을 용도변경해서 문화 공간으로 바꾼 행화탕(서울), 여관, 여인숙으로 쓰이다 다양한 문화 활동의 공간으로 전환한 인천관×루비살롱(인천) 등도 있다. 서울문화재단이 운영하는 창작 공간 중 상당수도 여기에 해당한다. 동사무소를 전환한 서울연극센터, 관악어린이창작놀이터, 서교예술실험센터, 인쇄 공장을 리모델링한 금천예술공장, 보건소를 리모델링한 서울예술치유허브, 지하상가에 자리 잡은 신당창작아케이드, 제품 전시장을 리모델링한 잠실창작스튜디오, 시사편찬위원회가 있던 곳을 고쳐 연 연희문학창작촌 등 대부분의 창작 공간이 기존 시설을 용도전환한 것들이다. 구의취수장을 활용한 서울거리예술창작센터, 김포가압장을 리모델링한 서서울예술교육센터까지 합치면 새로 조성하는 창작 공간의 상당수가 기존 시설을 활용한 것들이다. 서구는 우리보다 조금 일렀다. 유럽을 중심으로 오래된 구역이나 시설들을 예술 공간으로 전환하는 것은 이미 흔한 일이 되었다. 극장도 그 맥락 위에 있다. 수많은 국내외 사례 중 몇 가지를 들어본다.

피터 브룩과 두 개의 재생 극장

1925년생인 연출가 피터 브룩(Peter Brook)은 1968년 《빈 공간(The Empty Space)》이라는 책을 낸 바 있다. 그가 연출하고 만든 많은 작품 중에는 그가 주도한 두 개의 극장 프로젝트가 있다. 파리의 부프 뒤 노르 극장(Théâtre des Bouffes du Nord)과 뉴욕의 하비 극장이다. 두 극장은 쌍둥이처럼 닮았다. 위치도 비슷하다. 부프 뒤 노르는 파리의 북역 옆에 있다. 파리에서 북역은 이민자들이 집단 거주하는 구역으로 형편이 그리 좋지 않은 편이다. 하비 극장은 뉴욕에서 맨해튼이 아닌 브루클린에 있다. 부프 뒤 노르 극장의 역사는 1876년으로 거슬러 올라간다. 530석의 극장 식당으로 조성된 이 극장은 완전히 폐쇄된 1952년까지 여러 사람을 거치며 악전고투하며 휴관을 거듭했다. 극장의 운명을 바꾼 것은 그로부터 32년 후인 1974년 피터 브룩이 〈아테네의 티몬(Timon of Athens)〉으로 재개관하면서였다.

하비 극장은 브루클린 아카데미 오브 뮤직(BAM으로 줄여 부른다)에 속한 극장이면서 캠퍼스 바깥에 있는 극장이다. 마제스틱 극장이라는 이름으로 1904년 처음 개관한 이 극장은 대중적인 공연을 하는 상업 극장으로, 브로드웨이로 가기 위한 트라이얼 극장으로 운영되다가 1942년에는 고급 영화관으로 변신했다. 1960년대에 영화 산업의 퇴조로 문을 닫았고 그로부터 약 20여 년간 방치되었다. BAM은 피터 브룩의 대작인 〈마하바라타(Mahabharata)〉 뉴욕 공연을 준비하며 새로운 공간을 찾고 있었다. BAM의 CEO였던 하비 리히텐슈타인(Harvey Lichtenstein)은 출근길에 항상 지나치던 극장을 떠올렸다. 그렇게 인연이 닿은 극장은 1987년 파리의 부

그림24 파리 부프 뒤 노르 © Patrick Tourneboeuf, 2010

그림25 BAM 하비 극장 (1987) © Courtesy of BAM Hamm Archives

프 뒤 노르의 형제 같은 극장을 개관하게 되었다. 마제스틱 극장이라는 이름은 1999년 은퇴한 하비 리히텐슈타인의 이름을 따 하비 극장으로 이름을 바꾸었다.

파리 104

파리 104(Le Centquatre-Paris)는 파리시의 도시 재정비 사업 일환으로 도살장이었다가 1870년부터 1997년까지 시립 장례식장으로 사용되었던 시설을 개조하여 2008년 개관한 종합 현대 문화예술 센터다. 공간의 타이틀인 104는 시립 장례식장의 주소인 오베르빌리에가 104번지(104 rue d'Aubervilliers)에서 비롯되었다. 파리에서도 낙후된 지역인 19구에 있던 도시 혐오시설을 예술 공간으로 바꾼 전형적인 사례다.

그림26 파리104 ⓒQuentin Chevrier, 2019

기존 시설을 리노베이션한 104는 가변형 극장(최대 400명 수용), 창작 스튜디오 16개, 상업 시설, 전시장 등으로 구성되어 있다. 캠퍼스에서 핵심이 되는 거대한 회랑 아래의 넓은 중앙 통로는 대중에 개방된 공간이다. 청년을 위한 예술과 연계한 창업 공간으로 특화되어 있다. 자유로움과 창의적인 것이 어울리는 공간이다.

국립극단의 두 개 공간

국립극단은 1950년 설립된 우리나라 최초의 국립 공연 단체다. 국립극장의 전속단체로 있다가 재단법인으로 독립한 것이 2010년이다. 독립과 함께 국립극단은 서계동에 두 개의 공연장을 조성했다. 이 자리는 군정보기관인 기무사의 차고가 있던 곳이다. 기존 건물의 구조를 변경해서 공연장으로 용도 전환한 것이다. 이러한 사례는 아리안느 므누슈킨(Ariane Mnouchkine)의 태양 극단이 베이스로 삼고 있는 파리의 탄약창, 군수 공장터에 조성된 북경의 예술특구인 798 등과 비슷한 맥락이다. 한국예술종합학교의 석관동 캠퍼스도 중앙정보부 본부가 있던 곳이다.

국립극단은 2015년 명동예술극장을 통합하여 운영하게 됐다. 명동예술극장은 1936년 명치좌라는 이름의 영화관으로 처음 개관했다. 해방 후 국립극장으로 사용되다가 1975년 민간에 매각되어 일반 사무실로 사용되었고 2004년 재매입을 통해 2009년 극장으로 재개관했다. 우리나라에서 민간에 매각하거나 용도를 변경했다가 다시 극장으로 재개관한 경우는 명동예술극장이 처음이었다.

국립극단은 두 캠퍼스의 3개 공연장을 전용 극장으로 운영하는 프로듀싱 씨어터 시스템을 마련했다. 2015년부터 시즌 단원 배우 20여 명을 선발하여 시즌 단원제를 운영하고 있다. 정단원 없이 시즌 단원으로 운영하는 사례는 국립극단이 처음이다.

그림27 서계동 국립극단 ©국립극단

그림28 명동예술극장 ©국립극단

3개 극장의 엇갈린 운명

1930년대 중반에 문을 연 극장들이 몇 개 있다. 부민관(1935년),
동양극장(1935년) 그리고 명치좌(1936년)는 그중의 일부다. 부민관은
공공 극장이다. 지금의 서울시에 해당하는 경성부가 주동이 되어
경성전기주식회사의 기부금으로 지었다. 근대적 개념에서의 첫 공공 극장이다.
위치도 서울의 한복판이었고 규모와 시설은 예외적일 정도로 크고 화려했다.
3개의 공연장 중 가장 큰 대강당은 좌석이 1천8백 석에 달했다. 당시로서는
드물게 냉난방 시설을 갖추었고 무대기술 측면에서 최첨단 시설을 갖췄다.
당시 서울시내에 공연을 할 수 있는 실내공연시설이 10여 개 있었지만 비교가
되지 않았다고 한다.

식민지 시절의 관립극장이었던 부민관은 해방 후에는 우리나라
최초의 국립극장으로 사용되었다. 해방 후 시공관으로 사용되던 부민관이
국립극장으로 옷을 갈아입은 것이 1950년 4월 29일이다. 한국전쟁으로
문을 닫기 전 2개월이 채 되지 않은 짧은 국립극장시절이었다. 이후 부민관은
서울수복 후 국회의사당으로 사용되었다.

1975년 여의도에 새 국회의사당이 생겨 옮겨가기 전까지였다.
이후에는 세종문화회관 별관으로 이용되다가 지방자치제 실시 이후 지금까지
서울시의회가 사용하고 있다. 지금도 서울시의회 본회의장에 가보면 의장석이
있는 무대를 알아볼 수 있다.

동양극장의 운명은 가혹했다. 동양극장은 홍순언과 그의 아내
배구자에 의해 지어진 민간 극장이었다. 객석수가 648석에 회전무대와
호리전트까지 갖춘 최초의 연극 전용 극장으로 각광을 받았다. '청춘좌'와
'호화선'이라는 두 개의 전속극단을 갖추고 레퍼토리 시스템으로 운영했다.
탄탄하고 프로페셔널한 극장 운영 방식이다. 순수한 민간 극장이었던

동양극장은 격변하는 환경에 따라 출렁거렸다.

해방과 한국전쟁을 거치며 공연장으로서의 기능은 마감되고 한동안 영화관으로 사용되었다. 1976년 현대건설에 팔리면서 동양극장은 그나마 유지하던 간판을 내렸다. 현대건설은 이 건물을 해외파견 노동자들의 교육용 강당으로 사용하다 1990년 건물을 철거했다. 1995년 그 자리에 새 건물이 들어섰다. 문화일보 사옥이다. 이 건물에는 동양극장의 맥을 잇는다는 의미에서 조성된 문화일보홀이 있다. 작지만 아담한 이 극장은 낮에는 노인층에 특화한 '청춘극장'으로 활용된다. 오래전 동양극장의 간판격이었던 전속단체 중 하나에서 따온 이름으로 보인다. 극장이 철거되는 과정에 연극인들의 항의가 있었지만 큰 영향을 미치지 못했다. 동양극장은 몇 장의 사진과 2000년대 초 방영된 TV 연속극으로 남았다.

명치좌는 또다른 길을 걸었다. 명치좌는 식민지시절에 만들어진 영화관 중의 하나다. 명치좌가 오픈한 1936년에만도 국도극장이 문을 열었다. 지금도 운영 중인 부산의 부산극장(1932년), 광주의 광주극장(1934년) 등은 몇 년 앞선다. 명치좌는 일본인 자본에 의해 일본인 중심구역에서 운영되기도 했지만 주로 일본영화를 틀었다고 한다. 명치좌의 운명은 해방 후에 180도 바뀐다. 적산이었던 명치좌는 다른 영화관들과는 달리 공연장으로 탈바꿈한다. 적산을 인수한 서울시의 시공관으로 사용되다가 한국전쟁 후에는 국립극장으로 변신한다. 1973년 남산에 새로 국립극장을 지어 옮길 때까지 명동국립극장은 우리나라 공연의 중심이었다. 그러나 남산의 새 국립극장이 본격 가동될 무렵 명동의 국립극장은 조용히 처분되었다. 놀라운 일은 다음이다. 30여 년 후 비교적 온전한 상태에서 다시 공연예술계로 환원되었기 때문이다. 드문 예다.

정부가 건물주인 금융회사로부터 이 건물을 되산 것이 2003년이다. 연극인을 중심으로 한 예술인들의 청원도 뜨거웠지만 이를 능가한 것이 명동 상가연합회였다는 것은 공공연한 사실이다. 명동이라는 상권에서 좋은 공연장이 필요하다는 공감대가 있었다는 사실이 의미심장하다. 이 극장은 2009년 명동예술극장이라는 이름으로 재개관하며 연극 부문의 공공 극장의 중심 역할을 하고 있다.

　　비슷한 시기에 태어난 3개의 공간 중에 하나는 없어졌다. 하나는 다른 용도로 사용되고 있다. 하나만 활발하게 사용되고 있다. 동양극장이 맥없이 사라진 것은 1990년이고 부민관이 서울시의회로 사용되기 시작한 것이 1991년이다. 명동국립극장을 금융회사로부터 되산 것은 2003년이다. 십여 년 동안 무슨 일이 있었던 것일까? 나는 그 기간이 1990년대부터 본격적으로 시작한 우리나라의 '문화 폭발'의 첫 10년이었다고 본다. '문화 폭발'의 바탕에는 예술의 가치에 대한 확장이 깔려있다. 예술 그 자체로서도 가치 있지만 사회적, 경제적, 산업적으로도 편익이 크다는 것이다. 한마디로 문화예술이 그만큼 중요해진 것이다. 그 차이가 3개 극장의 엇갈린 운명을 설명할 수 있는 것 중의 하나다.

　　그로부터 다시 10여 년이 지났다. 꺾일 줄 몰랐던 문화폭발의 기세는 좀 꺾인 것 같다. 대신 광장이 폭발했다. 내가 일하는 세종문화회관은 2016년 뜨거운 광장 한가운데 있다. 세종문화회관이라는 공간은 또 어떤 시대를 살아내고 있고 어디로 가고 있을까. 특히 토요일마다 많이 궁금하다.

문화공간 175, 2016.11.30.

4 이머시브 씨어터와 새로운 극장

사이트 스페시픽 씨어터

프로시니엄 극장은 서양 극장사의 완성이라고 볼 만하다. 16세기에 등장하여 17, 18세기를 거치며 영향력을 확대하며 지금까지 압도적인 극장 공간 형식으로 굳건히 자리를 지키고 있다. 아이러니하게도 이러한 '완성'과 '압도'는 그 기간 내내 다양한 도전을 받아야 했다. 예술은 도전과 전복의 속성을 가진다. 형식적으로 완성된다는 것은 깨뜨릴 대상이 생겼다는 의미이기도 하다. 공연예술이 내용적으로, 형식적으로 다양한 시도를 하며 시비를 걸고 모색하는 것은 자연스러운 일이다. 현실과 사회를 반영하고 새로운 형식을 시도하는 것은 예술의 본령이다. 이에 따라 다양한 형태의 극장이 등장하고 이는 창작의 꿈의 일부가 된다. 프로시니엄 극장의 단점을 극복하고 관습과 고정관념을 배제할 장치를 마련하는 것이 공통적인 지향의 한 방향이 된다.

극장이라는 관습적 공간에 대한 가장 적극적인 전복은 '공연예술을 극장 안에 가두지 말라'는 메시지다. 사이트 스페시픽 씨어터(Site-specific-theatre)는 이런 메시지의 실현이다. 우리말로 장소특정 공연 정도로 번역될 이런 식의 시도가 완전히 새로운 것은 아니다. 환경연극이라고 부르는 데서도 짐작할 수 있듯이 자연, 도시, 생활 등의 자연 관경이 연극의 직접적인 배경이 되기도 한다. 환경연극은 그리스 시대나 우리 고대 극장에서도 발견되는 유형이다. 사이트 스페시픽 씨어터 중에는 한 곳에 머물지 않고 돌아다니면서

하는 공연들도 꽤 있다. 스토리에 따라 그에 맞는 공간을 찾아 이동하는 것이다. 관객은 객석에 머물고 무대 위에서 작품 속 장소와 시간이 바뀌는 것이 일반적인 공연이라면 이 경우는 작품 속 장소와 시간은 그대로이고 관객이 찾아다니는 형태다. 이런 유형은 서구의 중세 공연에서 흔히 발견된다.

2000년대 들어 사이트 스펙시픽 씨어터는 한국에서도 하나의 트렌드를 이룬다. 이 시기에 본격적으로 등장한 거리극(또는 거리예술)도 이 경향에 일조했다. 극장이 아닌 다양한 공간을 무대로 삼는 거리극은 과천거리극축제를 시작으로 안산, 서울, 고양, 울산, 포항, 광주 등으로 확장되면서 전국적인 현상이 되었다. 거리예술에서 공연은 극장이 아닌 공간에서 이루어진다는 공통점이 있다. 그 대표적인 곳이 '거리'다. 거리예술은 전형적인 공공재적 속성을 가진다. 따로 입장료를 받기 어렵기 때문에 관객으로부터 비용을 충당하기 어렵다. 근대 예술의 접근 장벽도 상당히 낮출 수 있다. 이런 이유로 특히 좌파적인 예술 장르로 분류되기도 한다.

사이트 스페시픽 씨어터는 관습과 고정관념으로부터 벗어난 만큼 다양한 층위를 보여준다. 미학적, 연극적 시도로 이루어지는 흐름이 주류적인 것이라면 상업적이고 산업적인 성격의 흐름도 있다. 전자가 서구의 경우 68혁명으로부터 이어지는 예술 형식과 내용, 미학에서의 전복 또는 확장의 성격을 띠고 있다고 한다면 후자는 극장 안에서 경험하기 어려운 장면을 연출하여 경제적 이익을 도모한다. 크고 화려해진 프로시니엄 극장에 맞춰 부담해야할 제작비가 커진 것이 프로시니엄 극장의 폐해라고 주장한 학자도 있었지만 반대로 사이트 스페시픽 씨어터가 비용이 더 많이 드는 작업일 수도 있다. 극장이라는 안전하고 준비된 공간에 비해 극장 밖은 공연을 위해 준비되어 있는 공간이 아니기 때문이다. 실내에서 재현할 수 없는 스펙터클을 활용하고 공연에 끌어들일 경우 시간과 인력, 비용은 큰 폭으로 늘어난다. 소위 '실경 공연'이라고 부르는 공연이 여기에 해당된다. 우리나라에도 2000년대 이후 지방정부를 중심으로 지역 문화자원을 활용하는 실경 공연이 잇달아 제작된 바 있다. 막대한 제작비를 들여 명품을 지향한다. 이런 부담 때문에 오래 지속하는 작품은 드문 편이다.

　　실경 공연의 대표적인 사례가 상업적으로 활발하게 공연되고 있는 장이모의 인상 시리즈다. 2004년 초연된 〈인상·유삼저(印象·劉三姐)〉로부터 시리즈로 제작되어 2019년 현재도 7개의 실경 공연이 진행 중이다. 현대 중국의 관광 상품으로 손꼽히는 공연들이다. 우리나라에서도 〈부용지애〉(안동), 〈사비미르〉(부여), 〈사마이야기〉(공주), 〈갑천〉(대전) 등의 대형 실경 공연이 등장했다. 이들 공연들은 지방정부가 막대한 제작비를 들여 지역성을 최대한 드러내 명품을 지향했다는 공통점을 가진다.

이머시브 씨어터

이머시브 씨어터(immersive theatre)는 사이트 스페시픽 씨어터와 닮은 듯 다르다. 다분히 영국적인 용어로 시작했다. 2000년대 초중반 도시재생을 문화사업적 측면에서 풀고자 했던 영국에서 비롯된 것으로 보는 견해가 많다. 특히 〈슬립 노 모어(Sleep No More)〉를 제작한 제작그룹 '펀치드렁크(Punchdrunk)'의 작업을 설명하는 데서 시작했다고 본다. 펀치드렁크는 이머시브 씨어터의 리딩 컴퍼니이자 선구자로 꼽힌다. 2003년 런던에서 초연한 〈슬립 노 모어〉가 2011년부터 지금까지 뉴욕에서 성공적으로 공연을 이어가는 동안 그 명성은 더욱 굳건해졌다.

이머시브(immersive)라는 단어에서 나온 '몰입'의 주체는 관객이다. 그래서 '관객 참여' 또는 '관객 몰입'을 주요한 개념으로 하고 있다. 사이트 스페시픽 씨어터의 출발이 '공간'이라고 한다면 이머시브 씨어터는 '관객'에 방점을 찍고 있다.

진소현은 그의 논문 〈이머시브 연극의 특성 연구〉[21]에서 제이스 워렌(Jason Warren)의 분류를 받아들여 이머시브 연극을 탐험형, 안내형, 상호작용형, 게임형 등 4개의 유형으로 나누고 있다. 다양한 시도와 사례들을 살펴보고 내린 분석이므로 앞으로 어떻게 변화할지는 알 수 없다. 진

21. 진소현, 이머시브 연극의 특성 연구, 한국예술종합학교 예술전문사 학위논문, 2018.

소현은 같은 논문에서 이머시브 연극의 특성을 공간의 확장, 새로운 공연 구성, 관객과의 관계 변화, 다양한 장르 간의 통합(또는 융합) 등을 들고 있다. 공간이 바뀌고 공연의 구조도 바뀌면서 관객의 개입 방식도 달라진다는 것이다. 이런 특성들이 복합적으로 작용한다.

가장 중요한 특성으로 꼽히는 관객의 개입 방식의 변화도 다변적이다. 이머시브 씨어터에서 관극 행위는 공통된 관객 그룹의 집합적 참여라기보다 개별적이고 독립적인 행위다. 큰 그림으로 보면 공연 자체가 관객의 적극적 참여에 의해 완성된다. 모든 공연이 관객과 함께 완성된다고 하지만 여기서 '완성된다'는 의미는 공연의 스토리나 전개까지 관객의 참여로 바뀔 수 있다는 적극적 의미로 사용된다. 개별 관객 단위로 들어가면 이런 양상은 더욱 두드러진다. 많은 공연이 개별 관객 스스로 선택하고 스스로 소비하도록 짜여진다. 어떻게 선택하고 반응하느냐에 따라 관극이라는 행위 자체가 달라지는 것이다.

극장의 관점에서 보면 이머시브 씨어터는 비정형적이다. 관습적인 형태의 극장이 아니라는 공통점이 있을 뿐이다. 객석 공간과 무대 공간으로 양분되는 의미에서의 극장의 개념이 존재하지 않는다. '제4의 벽'이라고 부르는 공간 구분이 의미가 없어진다. 공연이 이루어지는 공간은 거리나 공원 같은 실외도 가능하고 실내의 쇼핑몰, 미술관, 공공장소도 가능하다. 관객의 적극적인 참여가 필요한 경우가 많은 만큼 이를 보장하는 장치가 필요하다. 예를 들어 도시의 여기저기를 돌아다니는 공연인 〈거리에서(En route)〉는 아이팟을 나눠주고 이를 통해 개별 관객과 소통한다. 이를 통해 공연과 관련 없는 도시의 일상 속을 돌아다니는 것이다. 도시의 일상 공간을 공연 공간으로 삼는 공연들은 대체로 이와 비슷한 도구를 활용한다. 〈슬립 노 모어〉는 호텔이었던 건물 전체를 공연 공간으로 사용한다. 호텔 여기저기를 돌아다니며 공연을 소비하게 되는 것이다.

이머시브 씨어터는 현재 진행형이다. 우리나라에서도 여러 시도가 이루어지고 있다. 공통적으로 기존의 극장 공간을 사용하지 않는다. 사용한다고 해도 '제4의 벽'은 인정하지 않는다. 예를 들면 백스테이지를 돌아다니며 공연을 하는 식이다. 기존의 관습에서 벗어나 있기 때문에 여러 위험에 노출되어 있는 것도 사실이다. 성공적인 이머시브 씨어터조차 상대적으로 높은 제작비와 운영비 때문에 고전한다. 사이트 스페시픽 씨어터 등 관습에서 벗어난 공연 형식이 상대적으로 많은 비용과 시간과 인력을 필요로 하는 것과 마찬가지다. 새로운 관극 행위에 익숙하지 않은 관객에 의한 위해의 가능성도 존재한다. 출연자와 스태프는 새로운 노동 환경에 노출된 것이다. 그럼에도 불구하고 이머시브 씨어터는 당분간 진화하면서 붐을 지속할 것으로 예상된다.

슬립 노 모어

〈슬립 노 모어(Sleep No More)〉는 2000년 펠릭스 바렛(Felix Barrett)에 의해 창단된 펀치드렁크(Punchdrunk)의 대표작이다. 2003년 12월 런던의 폐교된 빅토리아풍의 건물(Beaufoy Building)을 빌려 첫 공연을 시작했다. 이 작품은 2009년 보스턴의 올드 링컨 센터에서 다시 공연했다. 2011년에는 뉴욕으로 장소를 옮겨 2020년 현재까지 공연 중이다. 2016년부터는 중국 상해에서도 공연 중이다.

22. 상해에서도 맥키(McKinnon)이라는 비슷한 이름의 가상의 호텔에서 공연된다.

현재까지 뉴욕 맨해튼에서 공연 중인 〈슬립 노 모어〉는 '맥키트릭(McKittrick)'이라는 가상의 호텔 전체를 공연 공간으로 삼고 있다.[22] 이 공연을 위해 뉴욕의 창고 건물 세 개를 리모델링해서 6층 높이로 새로 지은 것이다. 펀치드렁크 측은 이 건물을 1939년에

그림29 슬립 노 모어 © Robin Roemer & Punchdrunk

완공되었으나 사용할 수 없었던 초호화 호텔로 설정하고 있다. 호텔을 개관하기 6주 전, 제2차 세계대전이 발발하고 이틀 후 호텔은 영원히 폐쇄하기로 결정되었고 펀치드렁크가 이 공연을 위해 사용하기까지 버려져 있었다고 설명하고 있다.

공연은 〈맥베스〉를 원작으로 한다. 공연의 제목도 맥베스의 독백에서 따왔다. 1회에 400명의 관객이 참여 가능하도록 되어 있다. 관객들은 5분 간격으로 10여 명씩 안내에 따라 서로 다른 층에 내려 본인의 선택에 따라 공연에 참여한다. 마스크를 벗으면 안되고 서로 말하지 않는 등 규칙의 범위 안에서 개별적으로 공연을 소비한다. 공연은 가상의 호텔 맥키트릭의 6개 층 100여 개의 방 등 모든 공간을 사용한다. 무대와 객석의 구분이 없을 뿐 아니라 관습적인 스토리텔링도 이어지지 않는다. 관객은 이동하면서 공연에 적극적으로 참여한다. 상호작용적이면서 이동형 공연이다.

〈슬립 노 모어〉는 뉴욕 초연 이후 오랫동안 큰 호응을 받고 있다. 그럼에도 불구하고 이런 류의 이머시브 씨어터의 지속가능성에 대해서는 낙관적일 수만은 없다. 제한적인 관객 수와 막대한 제작비를 감안하면 더욱 그렇다. 슬립 노 모어가 예외적 사례일 가능성이 크다. 상업적인 측면에서는 그렇다.

거리에서

호주의 예술가 그룹 '원 스텝 앳 어 타임 라이크 디스(one step at a time like this)'는 '라이브 아트 (live art)'를 주로 하는 단체다. 2001년에 만들어졌다. 2008년 경부터 극장에서 벗어나 여정을 기반으로 한 여러 퍼포먼스를 시도해왔다. 도시의 일상과 공간을 다양한 디지털 미디어 등을 활용하며 허구의 세계와 연결시켜 왔다.

〈거리에서(En Route)〉는 이런 작업의 대표라 할 만하다. 2009년 호주 멜버른에서 시작해서 우리나라 서울[23]을 포함하여 호주 국내외에서 공연되었다. 도시의 장소성을 기반으로 한 작품인 만큼 여러 도시를 순회 공연한다는 것은 또 다른 작품을 창작하는 수준의 재창작을 필요로 한다. 공연팀은 공연할 도시의 공간을 사전 답사하여 장소와 구간을 미리 짠다. 관객은 약속된 시간과 장소에서 공연 스태프로부터 아이팟(또는 MP3)과 헤드폰을 받아 개별적으로 자신만

23. 2012년 서울국제공연예술제의 공식참가작으로 서울에서 공연되었다.

그림30 거리에서 (2012 서울국제공연예술제)
© Jackson Castiglione & one step at a time like this, 2012

의 여정을 시작한다. 관객은 일상의 도시를 걸으며 헤드폰을 통해
듣는 음악과 지침에 따라 실제와 허구를 동시에 경험
하게 된다.

24. 필자가 에들레이드에서 경험한 〈거리에서〉도 비슷했다.

이들이 선택한 공연 공간은 관습적 공연 공간
과는 관계가 없다. 관객이 걸으며 경험할 수 있는 구역의 여러 곳이 주
요 거점이 된다. 서울의 경우 명동역 - 좁은 골목 - 신세계 백화점 - 남
대문 시장 - 새로나 커피숍 - 한 건물의 옥상 - 계단 -먹자골목 - 양대
창구이집 옆벽 - 주차장 공터 - 웨스틴조선호텔 - 청계천 - 시청광장 -
카페 등이 공연 공간으로 사용됐다.[24]

5 도시재생과 공간

예술은 여러 수준의 가치를 가진다. 20세기 후반 등장한 문화경제학과 예술경영학 등 관련 학문은 이러한 사실을 증명하고 주장하는 것이 기본 임무 중의 하나다. 예술이 상당한 수준의 외부편익을 제공하는 공공재라는 명제가 ㄱ중의 하나다. 예술을 직접 소비하는 데서 오는 편익뿐 아니라 속해 있는 사회나 국가에도 다양하게 도움이 된다는 것이다. 도움이 되는 방식도 여러 가지다. 개인적으로는 예술을 직간접적으로 경험하는 것이 삶의 질을 높이는 데 도움이 된다. 미국의 한 기관은 매년 '예술을 후원해야 하는 10가지 이유'[25]라는 글을 내놓고 있다. 예를 들면 학교에서 예술 관련 수업을 받은 학생은 대입 시험에서 평균적으로 더 높은 점수를 받는다는 식이다. 예술이 산업적으로 기여한다는 주장도 있다. 특히 콘텐츠 산업의 고용유발지수는 다른 산업에 비해 월등히 높다는 주장이 대표적이다. 굴뚝 없는 산업이라고 할 수 있는 컨벤션 산업이나 관광 산업에서 문화예술의 역할은 절대적이다. 극장이 유흥의 장소가 아니라 매력적인 어메니티 시설로 인식되는 것도 자연스러운 흐름이다.

급격한 사회적, 경제적, 산업적 변화로 공동화되거나 피폐해진 도시를 되살리는 데 문화예술이 부각되는 것은 이러한 예술의 기능 때문이다. 도시를 활성화하기 위해 지역을 개발하고 건물과 시설을 짓는 방식으로는 한계에 도달했다. 경제적 관점만 내세우는 방식은 낡고 유효하지 않다. 지역을 개발할 때 쾌적한 환경과 복지, 교

25. AFTA(Americans for the Arts)에서 2019년 버전으로 제시한 '예술을 지원해야 하는 열 가지 이유'는 다음과 같다. ① 예술은 개인의 삶의 질을 높인다. ②예술은 커뮤니티를 통합한다. ③예술은 학습능력을 향상시킨다. ④예술은 경제를 강화한다. ⑤예술은 관광산업을 증진시키고 지역경제를 활성화시킨다. ⑥예술은 창의성과 혁신성을 유발한다. ⑦예술은 창조산업을 이끈다. ⑧예술은 긍정적 사회적 영향력을 행사한다. ⑨예술은 치유에 도움이 된다. ⑩예술은 군인의 건강과 삶의 질을 향상시킨다. (https://www.americansforthearts.org/)

육 시설이 중요하게 고려되고 문화예술이 필수적인 항목이 된 것처럼 도시재생을 위해서도 문화예술은 중요한 자원이 된다.

2013년 제정된 '도시재생 활성화 및 지원에 관한 특별법'은 '도시재생'을 '인구의 감소, 산업 구조의 변화, 도시의 무분별한 확장, 주거환경의 노후화 등으로 쇠퇴하는 도시를 지역역량의 강화, 새로운 기능의 도입·창출 및 지역자원의 활용을 통하여 경제적·사회적·물리적·환경적으로 활성화시키는 것'[26]으로 정의하고 있다. 도시재생은 도시의 개발과 확장과는 또 다른 선택이다. 새로 도시를 건설하거나 기존의 시설과 공간들을 철거하고 새로 짓는 방식으로 이루어지는 개발의 개념과 달리 기존의 공간과 의미를 최대한 살린 채 활성화는 것이다. 박근혜 정부로부터 시작된 도시재생 사업은 정권교체 후 문재인 정부에서도 중요한 국책사업으로 남아있다.

쇠퇴하는 도시 또는 도시의 일부 지역을 되살려내는 데 문화와 예술이 주요한 수단과 방법으로 간주된 것은 오래된 일이다. 기존의 물리적 공간과 역사적 유산은 가급적 훼손하지 않고 재생해 사용하고 대신 물리적 공간 안에 새로운 창의적 자원을 기획해 도시의 경제기능을 활성화하는 것이 도시재생의 중요한 전략이다.[27] 이 전략의 중요한 수단의 하나로 문화예술이 호명된다.

26. 도시재생 활성화 및 지원에 관한 특별법(2013년 6월 제정) 제2조(정의).

27. 이동연, 예술@사회, 학고재, 2018, 79쪽.

문화적 도시재생

문화예술 부문의 중앙정부 부처인 문화체육관광부는 '문화적 도시재생'이라는 용어를 사용한다. 이는 '도시의 문화 가치와 철학이 바탕이 되는 문화 계획을 중심으로 문화와 사회의 가치사슬을 연결해 도시를 재생 및 활성화하고 그 과정에서 지역 주민의 삶의 질을 높이고 사회 발전을 도모하는 종합적 정책과 이에 관련된 사업'[27]을 의미한다. 더 구체적으로 '공공 공간에서의 문화적 장소가치 생성 및 정착을 통해 원도심을 다시 활성화하고자 하는 사업'이다.[28] 해당 사업을 통해 지속가능한 도시의 한 구역이자 핵심 문화 장소로 성장, 발전시키는 것도 중요하다. 도시재생에서 문화를 단지 '수단'으로 소모하는 것이 아니라 잠재돼 있던 문화적 가능성을 발견해 활성화하거나 문화적 가치를 추가함으로써 새로운 활력을 발현하는 도시를 만들겠다는 것이다.

27. 오동룡, 재건축·재개발과 문화적 도시재생이 다른 점은?, 위클리 공감, 문화체육관광부, 2017.12.10.
28. 조광호, 문화적 도시재생 사업의 소개와 의미 있는 추진을 위한 제언, 지역문화진흥원, 2018.04.
29. 국토부와 문체부는 도시재생 초기 단계인 2014년에도 문체부의 문화도시 사업과 국토부의 도시재생 사업을 대상으로 MOU를 체결한 바 있다.

도시재생 사업의 주관 부처는 국토교통부다. 2018년 기준으로 도시재생뉴딜 사업을 진행한 국토교통부는 전국에서 99곳을 뉴딜사업자로 선정했다. 문재인 정부의 대선 공약이자 100대 국정지표 중 하나로 국무총리를 위원장으로 하는 도시재생특별위원회를 두고 관계 부처와 지방정부와 적극적으로 협업하고 있다. 2017년부터 2022년까지 재정만 평균 2조 원을 투입하는 등 기금 예산과 공기업 투자까지 합쳐 50조 원 규모에 이르는 사업이다. 문화체육관광부는 도시재생사업이 시작된 이후 국토교통부의 주요 파트너 중의 하나다.

국토교통부와 문화체육관광부가 업무협약을 맺은 2018년[29] 협약 체결 조인식이 이뤄진 곳도 옛 청주연초제조창에서였다. 옛 청주연초제조창은 1946년 가동을 시작하여 한때 3천여 명이 일한 국내 최대 규모의 담배 생산공장이었다. 지역경제에서 차지하는 비중도 매우 컸다. 2004년 구조조정 등으로 폐쇄된 후 방치되었던 이 공간은 2014년부터 국토부와 문체부의 지원으로 새로운 공간으로 재탄생하고 있다. 시민예술촌 등과 함께 국립현대미술관의 첫 지역 분관이 조성된 것이다.

문화체육관광부는 관련 법률 제정 이후 폐산업시설 및 산업단지 유휴공간 문화재생(2013년), 문화특화지역조성사업(2014년부터), 문화도시 예비사업선정(2018년), 문화적 도시재생사업(2018년부터) 등을 꾸준히 진행해왔다. 새 정부 들어 2018년 문화적 도시재생사업 예비사업으로 근대문화유산을 활용한 군산, 재난으로 인한 치유 목적의 포항, 부산 영도의 깡깡이마을, 도시재생과 청년의 만남을 활용한 천안 등 4개 사업이 지정되었다. 2019년에는 문화적 재생사업이라는 이름으로 전국 19곳에서 사업이 진행되고 있다. 2020년에는 더 늘 전망이다.

2019년에 선정된 사업 명단을 보면 현황을 파악할 수 있다. 2019년에 선정된 사업 중에는 지역내 주요 장소를 문화적 거점으로 활성화하려는 곳이 많았다. 대구 달성군의 화원시장 옥상 공간, 인천 서구의 옛 화학 공장을 문화 공간으로 바꾼 코스모40 등이 대표적이다. 경북 구미시의 금오 시장로, 경남 밀양시의 진장둑 거리, 광주 남구의 예술의 거리는 일대를 지역 문화의 거점으로 만드는 사업이고 강원 태백시는 철암 폐광지역을 역사·문화 장터로 만들어 재생하고 있으며, 경기 동두천시와 전북 전주시는 인문·예술 활동을 지역 재생의 동력으로 삼는다. 2018년 사업의 연속 사업 대상지인 충남 천안시, 경북 포항시, 부산 영도구는 2019년에도 삼거리 스튜디오, 꿈틀로 문화공판장, 깡깡이 예술마을 문화공작소 등을 거점으로 사업을 진행하고 있다.

연번	지자체	위치	사업명
1	경기 남양주시	화도읍 마석 구도심	맷돌모루
2	경기 동두천	생연동 604 일대	동두천 문화터미널
3	경기 하남시	신장 1동 일대	다시 찾은 문화路 신장 777
4	강원 강릉시	중앙동 서부시장 일대	강릉 문화적 도시재생
5	강원 춘천시	약사동 25-4번지 일대	도시를 잇는 터무니
6	강원 태백시	철암동 366-46 철암역일대	태백 역사·문화 장터 만들기
7	충남 천안시※	동남구 문화동 및 사직동 일대	세대-장르 간 문화 연결
8	전북 전주시	완산구 서노송동 일대	사람이 심고 꽃이 답하다
9	경북 구미시	금오시장로 일대	금오시장로, 문화로 리-디자인하다
10	경북 포항시※	북구 중앙로, 여천동 일대	포항 문화적 도시재생
11	경남 밀양시	밀양대로 1853 일대	진장(陣場)거리, 문화예술의 진(陳)을 치다
12	대구 달성군	화원읍 인흥길 33-4 일대	화원청춘 옥상실험실
13	서울 영등포구	영등포구역 및 경인로 일대	문화생산도시 리빙랩
14	부산 중구	40계단 주변 및 동광동 일대	시민주도형 예술교육도시 플랫폼
15	부산 영도구※	영도구 전체	예술과 도시의 섬
16	인천 서구	원적로 및 장고개로 일대	문화더하기+
17	광주 남구	월산동 323번지 일대	달뫼 달팽이 문화마을
18	광주 동구	예술의 거리 일대	궁동예술마당
19	대전 대덕구	한남로 88번길 일대	In 88Street

※ 연속 사업('18년 시범사업지)

표1 문화적 도시재생 사업 선정 현황(2019)
출처: 2019 문화적 도시재생사업 공모선정 결과(문화체육관광부 홈페이지 참고)

문화적 도시재생의 사례들

우리나라에도 문화적 도시재생에 해당하는 사례는 많다. 대표적인 것이 소위 '문화도시' 또는 '창의도시'라는 개념이다. 산업 구조가 고도화되면서 과거의 산업경제 구조를 반영한 도시는 크고 근본적인 변화에 직면했다. 서구의 산업혁명 이후 제조업, 광업 등 2차 산업을 배경으로 크게 융성했던 도시의 대부분은 산업 구조 개편과 함께 난감한 상황을 맞은 것이다. 새로운 가치와 패러다임이 없으면 쇠락과 공동화, 황폐화를 면할 수 없었다. 많은 도시들이 비슷한 위기 상황에 처하게 되었다. 자연스럽게 도시의 활력을 되살리려는 논의가 거듭되었다. 새로운 도시발전의 패러다임을 모색하는 과정에 '문화'는 핵심적이고 중요한 화두로 등장했다.

1985년 아테네를 선정하면서 시작한 유럽 문화도시(European City of Culture)라는 프로그램이 그 한 예다. 매년 유럽연합이 유럽을 상징하는 도시를 선정해 유럽 문화도시 또는 문화수도라는 타이틀을 부여한다. 1999년 유럽 문화수도(European Capital of Culture)로 명칭을 바꾼 이 프로그램에 따라 지정된 도시는 2020년 아일랜드 골웨이(Galway)와 크로아티아 리예카(Rijeka)까지 50개 도시다. 그동안 문화수도로 지정된 도시는 초기에는 피렌체(1986년), 암스테르담(1987년), 서베를린(1988년), 파리(1989년), 더블린(1990년), 마드리드(1992년), 리스본(1994년) 등 유럽 각국의 수도가 대표적인 도시로 선정되었지만 2000년대 이후에는 범위가 훨씬 다양해졌다. 유럽 문화수도로 선정되기 위한 경쟁도 치열한 것으로 알려져 있다.

이 같은 프로그램이 각광을 받는 것은 이 프로그램을 통해 해당 도시가 긍정적인 효과를 거두었고, 거둘 수 있다는 공감대가 형성되고 있기 때문이다. 프로그램이 제안될 당시의 취지는 유럽 차원에서 문화를 교류하고 함께 공유한다는 것이었지만, 선정된 도시는 이를 계기로 도시의 이미지와 브랜드를 일신하여 도시재생의 성과를 획득하고자 하였고 대부분의 도시는 소기의 성과를 거두었다고 평가된다. 선정된 후 열리는 행사는 1년 동안 이루어지지만 선정된 후의 준비 기간과 선정 기간 이후까지 영향을 미친다. 해당 도시로서는 도시 혁신을 위한 절호의 기회가 되는 것이다.

유럽 문화수도 프로그램의 성공은 그 이후 아메리카 문화수도 프로그램과 아랍 문화수도 프로그램 등에 영향을 주었다. 일본, 캐나다도 각각 2008년과 2002년부터 창의도시 네트워크를 시작한 바 있다. 우리나라도 2000년대 초반부터 아시아문화중심도시(광주, 2002년), 영상문화도시(부산, 2004년), 전통문화도시(전주, 2006년), 역사문화도시(경주, 2007년), 백제역사문화도시(공주, 부여, 2009년) 등의 형태로 받아들였다. 국가 균형발전사업의 일환이었다. 국가 정책으로서의 문화도시 프로그램은 2014년 제정된 지역문화진흥법을 계기로 새로운 국면에 접어들었다. 이 법률을 근거로 2019년 부천, 원주, 청주, 천안, 포항, 서귀포, 영도 등 7개 도시가 1차 문화도시로 지정되었다. 역사전통 중심형, 예술 중심형, 문화산업 중심형, 사회문화 중심형, 지역 자율형 등 5개 분야를 대상으로 하고 있다.

유네스코 창의도시 네트워크는 2004년 시작한 이래 2020년 초 현재 전 세계에서 246개 도시가 지정된 프로그램이다. 도시의 지속발전을 위한 전략 요소로 창의력을 꼽는 도시들끼리 협력하자는 취지다. 우리나라도 2020년 현재 이천(공예와 민속 예술),

서울(디자인), 부산(영화), 전주(미식), 원주(문학), 광주(미디어 아트), 통영(음악), 대구(음악), 부천(문학), 진주(공예와 민속예술) 등이 지정되어 있다. 창의도시 또는 창조도시라는 개념은 창조 산업과 이어진다. 20세기 말 영국에서 시작된 창조 산업이라는 개념은 문화 산업의 새로운 브랜드다. 도시와 국가의 주력으로 삼고 이를 바탕으로 도시의 지속가능한 발전을 꾀한다.

문화도시의 성공은 일본의 가나자와 요코하마, 독일 에센, 이탈리아 볼로냐, 영국의 버밍엄과 리버풀, 스페인 빌바오, 프랑스 릴, 네덜란드 암스테르담 등 도시의 사례부터 뉴욕의 하이라인(High Line), 파리의 오르세 미술관, 런던의 테이트 모던 등 다양하고 폭넓다. 우리나라에도 많은 도시에서 다양하게 추진되고 있고 성과를 내는 곳도 많다. 한 연구자가 우리나라 문화적 도시재생 정책의 추진 의제로 7가지를 든다. 문화도시 성공의 요소이기도 한 것으로 보여 인용한다.[30]

30. 조광호, 문화적 도시재생 사업의 소개와 의미 있는 추진을 위한 제언, 지역문화진흥원, 2018.04.

① 문화적인 사람이 있어야 한다.
② 시민의 문화적인 생각과 행동이 일상에서 문화로 발현되어야 한다.
③ 도시 안에서 문화적인 장소성이 재구축되어야 한다.
④ 문화적인 시간이 인정되어야 한다.
⑤ 도시를 다시 만들고 회복하는 재생의 과정이 문화적으로 재구성되어야 한다.
⑥ 문화의 소셜임팩트 효과에 주목해야 한다.
⑦ 문화적 도시재생을 추진하기 위한 종합적 정책구도 형성이 중요하다.

도시재생과 극장

도시재생이라는 트렌드에 공연 공간도 같은 배를 탔다. 고전적 개념의 극장의 개념에서 벗어나 확장된 가치를 가지고 작동하기 시작한 것이다. 중앙정부가 본격적으로 사업을 도입하기 전부터 시작되었지만 본격적인 사례들은 그 이후에 발견된다. 도시재생이 주민의 주체적 참여를 전제로 하기는 하지만 정부(중앙 및 지방)의 의지와 지원이 필수 불가결한 요소이기 때문이다. 정부의 행정적, 재정적 의지와 지원 없이 성공적으로 도시재생을 이룬 사례는 드물다.

도시재생에 투입되는 문화예술 자원은 다양하다. 서익진은 〈문화적 도시재생 유형의 사례 분석〉이라는 글에서 문화적 도시재생의 실행전략을 네 가지로 정리하고 있다.[31] 문화 자원의 활용, 문화 공간의 조성 개최 및 유치, 문화 산업 육성, 공동체 참여 프로그램 시행 등이다. 문화 공간과 관련해서는 '문화시설 설치, 유치'와 '문화예술 행사 개

31. 서익진, 문화적 도시재생 유형의 사례 분석 - 창원시 마산 원도심 재생 사업을 중심으로, 주거환경 vol.14,no.4, 통권 34호, 한국주거환경학회, 2016.

최, 유치'로 세분화하고 있다. 이 두 가지는 상호보완적이기 때문이다. 하드웨어와 소프트웨어는 떼놓고 생각할 수 없는 요소이니 당연한 일이다. 이 책의 주제인 극장이라는 공간도 그렇다. 극장 또한 도시재생을 위한 거점으로서 창작과 향유를 넘어 지역의 중요한 거점으로 작동하면서 새로운 가치를 창출한다.

도시재생 차원에서 건립하고 운영하는 극장은 크게 두 가지 유형이 있다. 첫 번째 유형은 랜드마크형 극장이다. 압도적인 명성과 대표성으로 지역의 활력을 앞장서서 이끈다. 미술관의 사례지만 빌바오의 구겐하임 미술관이나 리버풀의 테이트 미술관이 이 부류다. 런던 북부의 지역 개발을 위한 바비칸 센터, 게이츠헤드의 세

이지 게이츠헤드 등이 공연 중심 아트센터의 경우다. 중앙정부가 전 국을 대상으로 실시한 문화적 도시재생과는 별개로 진행하고 있거나 진행된 창동 아레나, 마포 문화비축기지, 당인리 문화창작발전소 프로젝트 등이 첫 번째 유형에 해당된다. 두 번째 유형은 지역의 문화 인프라 중 하나로 운영하는 경우다. 문화적 도시재생 사업의 대부분이 갖추고 있는 공연 공간이 규모와 시설 면에서 그렇게 두드러지는 경우는 별로 없다. 창작과 레지던시 등의 추가적인 기능을 갖추고 문화도시의 한 부분으로 기능한다. 활동에서도 커뮤니티 지향적인 경향이 강하고 복합적인 기능을 갖춘 공간인 경우가 많다.

창동 아레나 프로젝트

창동 아레나가 들어설 창동 상계 지역은 서울시 동북부 지역으로 서울시 지역 균형 발전의 핵심 대상으로 꼽힌 지역이다. 2009년 동북권 르네상스 계획에서 시작하여 여러 번 개발 계획이 수립된 바 있다. 창동 차량기지 이전이 확정된 것이 좋은 배경이 되었다. 서울시는 이 지역에 지식형 R&D, 바이오 산업 등에 특화한 산업 기반을 구축하고 문화적으로는 아레나를 건립하여 음악과 공연 분야에서 기획, 창작, 제작, 유통, 소비에 이르는 클러스터를 조성한다는 계획이다. 장기적으로는 이 일대를 우리나라 음악 산업의 중심지로 자리 잡도록 한다는 계획이다. 이 계획의 예비 프로젝트 격으로 2017년부터 '플랫폼 창동 61'이라는 임시 공간을 운영하고 있다.

창동 아레나는 2만여 석 규모의 대형 아레나와 3천 석 규모의 대중음악 공연장 등 2개의 공연장과 부속 시설로 구성되어 있다. 아레나와 연계할 수 있는 학교와 음반사 등 관련 인프라와 기업, 단체는 민간 투자를 유도한다는 계획이다. 창동 아레나와 연계된 민간 시설과 기업들이 시너지 효과를 내면 음악 도시로서 자리를 잡을 수 있다고 보고 있다. 2019년 12월 서울시는 '서울아레나 복합문화시설 민간투자사업' 우선협상대상자로 최초 제안자인 '서울아레나'(가칭)를 선정한 상태다. 이 컨소시엄은 BTO 방식으로 아레나를 건립한 뒤, 아레나는 서울시에 기부채납하고 일정 기간 운영권을 확보하게 된다. 실시 설계를 거쳐 2020년 9월 착공, 2023년 12월 완공한다는 계획이다.

그림31 서울아레나 조감도 © 서울시

당인리 문화창작발전소

우리나라 최초의 화력발전소로 1930년 설립된 당인리 화력발전소를 예술 공간으로 전환하는 프로젝트는 상징성이 크다. 이 이슈가

등장한 것은 2004년 '창의한국'의 과제로 채택되면서 부터다. 용도
를 다하거나 폐기된 산업 시설을 예술 공간으로 바꾸는
트렌드가 아직 생소한 시점이었다. 당시 당인리 화력발
전소는 전력생산은 멈춘 상태였고 2012년 폐기될 계획
이었다. 필자도 한 신문의 칼럼으로 '당인리 문화발전소 프로젝트'를
기대하는 글을 썼다.[32] 관련 부분을 인용해본다.

32. 이승엽, 미군부대와 화력발
전소, 국민일보, 2004.11.09.

> 용산 기지에 비해 규모는 작지만(상대적으로 작을 뿐 예술의전
> 당 전체의 절반에 해당되는, 3만 6000여 평에 이르는 큰 땅이
> 다) 당인리 화력발전소도 관심거리다. 이름하여 '당인리 문화발
> 전소 프로젝트'. 발전소의 용도가 끝나는 2012년 이후에 시설과
> 터를 '문화를 발전하는' 서울의 명소로 전환한다는 것이 야심찬
> 이 프로젝트의 골자다. 지난 6월 문화관광부가 내놓은 '새 예술
> 정책'의 간판 프로그램으로 등장하며 급속히 부상했고 최근 타
> 당성 검토에 들어갔다는 소식이다. 계획이 순조롭게 이루어지면
> 용도를 다한 산업 시설을 문화시설로 전용한 첫 번째 사례가 될
> 것이다.
> 여기서도 관건은 결국 우리 사회의 문화에 대한 태도다. 한강변
> 에서도 가장 좋은 전망을 가지고 있는 이 터에 아파트를 병풍처
> 럼 둘러쳐 주택시장 활성화에 기여할 것인지, 서울의 강력한 '문
> 화발전소'로 변신하여 문화 서울의 극적인 풍경을 두고두고 과
> 시할 지는 우리의 선택에 달려 있다.

정권이 세 번 바뀐 후인 2022년, 이 프로젝트는 새로운 문화복합공
간으로 재탄생할 것으로 보인다. 당인리발전소는 마포 일대의 관련

인프라와 콘텐츠와 함께 새로운 문화중심지로 자리잡을 것으로 보인다. 그렇게 되면 도시재생을 위해 상업 시설이나 주거 시설이 아닌 문화와 예술을 선택한 사례가 거의 20년 만에 첫 성과를 내게 된다.

마포 문화비축기지

마포 문화비축기지는 석유비축기지를 폐기하고 문화 공간으로 전환한 사례다. 석유비축기지는 1973년 석유파동 이후 5개의 탱크를 건설해 서울시민이 한 달 정도 소비할 수 있는 석유를 보관한 보안 시설이었다. 2002년 월드컵을 앞두고 서울월드컵경기장 맞은 편에 있

그림32 마포 문화비축기지 © 문화비축기지

는 비축기지는 안전상의 이유로 폐쇄되었다. 문화 공간으로 검토된 것은 그로부터 10년이 넘은 2013년이었다. 기존 자원을 재활용하여 조성한 '마포 문화비축기지'는 2017년 9월 시민에게 개방되었다.

마포 문화비축기지는 새로운 개념의 공간이다. 축구장 22개 크기의 부지에 기존의 탱크 외에 추가로 건설한 탱크를 합쳐 6개의 탱크를 중심으로 공연과 전시, 컨벤션, 축제 등이 벌어지고 있다. 건립 과정에 시민들의 적극적인 참여가 돋보인 사례다. 석유 탱크를 문화 공간으로 재활용하자는 아이디어부터 설계, 시공, 운영에 이르기까지 시민으로 구성된 위원회는 중요한 역할을 맡았다. 소위 '협치형 도시재생 프로젝트'다.

세이지 게이츠헤드

게이츠헤드(Gateshead)는 산업혁명의 수혜로 중공업 중심도시로 크게 발달한 북부 잉글랜드의 중소 도시다. 광산과 조선, 철강 산업이 주종이었다. 2차 세계대전 후 산업 구조의 개편으로 제조업이 몰락하면서 도시는 급격히 몰락했다. 게이츠헤드는 뮤지컬 〈빌리 엘리어트〉의 무대가 되는 가상의 도시 에버링턴의 모델이 된 도시이기도 하다. 타인강을 사이에 두고 뉴캐슬과 마주보고 있다. 뉴캐슬은 게이츠헤드와 가까울 뿐 아니라 2000년부터 뉴캐슬 게이츠헤드라는 브랜드로 통합 마케팅을 하고 있는 지역공동체다.

1980년대 후반부터 문화를 통해 도시의 활로를 찾으려고 시도한 게이츠헤드의 핵심 시설인 세이지 게이츠헤드(Sage Gateshead)도 공동의 자산이다. 뉴캐슬을 바라보는 타인 강변에

그림33 세이지 게이츠헤드 전경

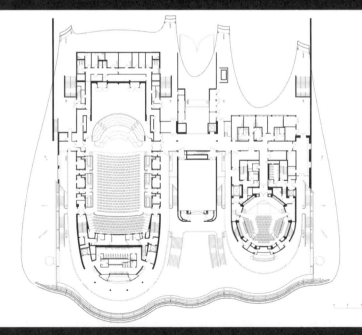

LEVEL 1

그림34 세이지 게이츠헤드 도면 © FOSTER + PARTNERS

세워진 데다 건립과 운영에 있어서 뉴캐슬에 본거지를 둔 회계 회사 세이지 그룹의 후원을 받았고, 뉴캐슬에 근거한 음악 단체들인 로열 노던 신포니아(Royal Nothern Sinfonia) 등이 상주하게 되는 극장이 되었다. 약 7천만 파운드가 소요된 건립비의 초기 비용은 영국 복권기금이 부담했다. 설립 당시 런던 이외 지역으로는 최대 규모의 지원을 받은 것으로 알려졌다.

세이지 게이츠헤드는 겉으로 보기엔 하나의 건물처럼 보이지만 실제로는 3개의 분리된 건물에 각각 공연장을 1개씩 포함하고 있다. 1,640석의 콘서트홀 세이지 1과 최대 600석의 가변형 공연장인 세이지 2, 리허설홀과 녹음 스튜디오 등으로 사용되는 작은 퍼포먼스홀(Nothern Rock Foundation Hall) 등이 그 셋이다. 음악 공연을 주로 하는 공연장의 특성상 각 공연의 소음 등의 개입을 막기 위해 '스폰지'라고 불릴 정도로 공기 구멍이 많은 콘크리트 벽체를 사용해 어쿠스틱 음향의 퀄리티를 대폭 높였다.

세이지 1은 슈박스 형식의 콘서트홀 형태를 보이고 있지만 클래식 콘서트뿐 아니라 팝, 락, 힙합, 컨트리 음악, 월드뮤직 등 다양한 음악 장르를 아우르는 극장이다. 천정 패널의 높이를 조절하고 목재로 된 옆 벽체의 커튼을 조정하는 방식으로 다양한 음악 장르의 음향적 조건을 맞추도록 되어 있다. 세이지 2는 세계에서 유일하다는 십각형 코트야드(courtyard) 형태의 극장이다. 엔드 스테이지 형태로 사용하는 것이 보통이지만 다양한 무대와 객석 구조로의 변형이 가능하다. 공간 연출이나 객석 설치 등에 있어서는 원형 공간보다 시야 제한 문제를 줄여주고, 무대 디자인과 연출에 있어서는 보다 큰 유연함을 자랑한다.

2004년 개관한 세이지 게이츠헤드는 거대한 철골 구조물로 만든 랜드마크인 '북쪽의 천사상(Angel of the North)'과 세이지 게이츠헤드 개관 직전인 2001년에 완공한 밀레니엄 브릿지와 발틱 현대미술관과 함께 게이츠헤드 부흥의 견인차가 되었다. 연간 2백만 명에 달하는 방문객 못지않게 지역 주민의 니즈를 반영하는 프로그램과 운영으로 문화적 도시재생의 성공 요소를 입증하고 있다.

엘프필하모니

2017년 함부르크에 개관한 엘프필하모니(Elbphilharmonie)는 도시재생의 상징이자 유럽 전통 도시재생의 새로운 모델로 손꼽힌다. 중세부터 자유 무역 도시로 번성한 독일 북부의 주요 도시인 함부르

그림35 엘프필하모니 © Elbphilharmonie

크는 북해와 발트 해 연안의 북유럽 무역과 상업 도시 사이에 맺은 한자 동맹의 대표 도시로 오랫동안 교역의 중심이었다. 20세기 후반 해상 무역의 양상이 변화하고 유럽의 조선업이 쇠퇴하면서 항만 지역은 급격하게 황폐화되었다. 항만 지역이 도심에 위치한 함부르크의 고민은 깊을 수밖에 없었다. 고민과 논의의 결과가 1997년 시작된 하펜 시티(Hafen City) 프로젝트다. 하펜은 독일어로 항만이라는 뜻으로 여의도 절반 크기의 엘베강 유역 도심 지역을 개발하는 프로젝트이다. 이 대형 프로젝트는 20세기 말 시작하여 2035년까지 완성하는 것을 목표로 현재도 진행 중이다.

함부르크시의 개발 슬로건은 '다시 엘베로 향하여'이다. 베니스 못지않은 '물의 도시' 함부르크는 지난 100년간 창고 밀집지역으로 인하여 시민과 유리되었던 엘베강을 개발의 중심에 두었다. 역사적인 건축물을 재조명하여 한자 도시의 정체성을 유지하고, 잘 구축된 인프라를 바탕으로 도심 안에서 자연 친화적인 환경을 구비해 소비, 노동, 주거가 가능한 21세기형 도시를 구축하는 것이 하펜시티 프로젝트의 목표다. 도시의 정체성을 유지하기 위해 50년 이상된 하역 창고인 카이슈파이허 A (Kaispeicher A), 카이슈파이허 B (Kaispeicher B) 등을 없애지 않고 현대적인 디자인으로 리모델링하여 새로운 랜드마크를 만드는 것이 주요 사업이다. 기획 초기부터 행정가와 건축가, 디자이너는 물론이고, 역사를 고증하고 현재 시민의 삶을 조명할 인류학자, 사회학자, 그리고 친환경 도시로서 과거보다 더욱 자연에 가까운 도시를 만들기 위한 생태학자 등으로부터 다양한 의견을 수렴하였다. 함부르크 예술위원회도 개발 초기부터 핵심 당사자로 참여하면서 프로젝트의 방향성을 제시하는 데 결정적인 역할을 맡았다. 역사를 지우고 깔끔한 신축 건물을 짓는 것이 훨

썬 수월한 선택이었음에도 불구하고 비용과 시간이 많이 드는 결정을 할 수 있었던 것은 다양한 파트너의 의견 수렴이 있었기에 가능했을 것이다. 옛 하역 창고를 현대화한 건물은 접근 방식 면에서 21세기형 랜드마크로서의 가치를 추구한다. 함부르크시가 지향한 랜드마크는 독립된 문화예술 시설이 아닌 상업, 거주 시설과 공존하는 생활 공간이었으며 그 핵심이 엘프필하모니다.

엘프필하모니는 하역 창고 카이슈파이허 A를 활용한 건축물이다. 카이슈파이허 A는 1875년에 지어진 최대 규모의 창고를 20세기에 재건한 건물이다. 함부르크에서 유일하게 배가 접안 가능한 거대 창고로 19세기 건축물은 2차 세계대전 중 사라졌고 1963년에 현재의 외양으로 재건축되어 1990년까지 사용되었다. 주로 카카오, 커피, 후추, 담배 등을 보관하는 중요 시설로 활용되었지만 1990년대 이후 빈 창고로 남았다. 엘프필하모니는 20세기형 8층 벽돌 창고의 외관을 유지하며 그 위에 21세기형 유리 구조물을 솟아오르게 한 구조물이다. 거대한 리노베이션인 것이다. 2007년 착공해서 10년 만인 2017년에 개관했다. 대형 창고를 개조한 이 건물은 주거, 상업, 예술이 공존하는 복합건물이다. 기존 건물 안에 새로운 건물을 세우는 박스 인 박스 방식이 사용되었다. 유리 파사드 부분에 위치한 콘서트홀 아래와 옆으로 호텔, 레지던스, 레스토랑, 주차장 등이 자리 잡고 있다. 18개 층으로 된 건물에는 공공과 민간, 공공과 상업 등이 다양한 용도로 공존한다.

엘프필하모니는 2,156석의 대극장, 550석의 리사이틀홀, 170석의 카이 스튜디오 등 3개 공간으로 이루어져 있다. 로비는 각 공간으로 연결되지만 3개의 음악홀은 음향적으로 완전히 독립적인 공간으로 설계되었다. 로비는 물결치는 유리벽 너머로 엘베강을 오가는 배들과 함부르크 시내 야경을 즐기기에 최고의 환경을 갖추고 있다. 대극장은 전형적인 빈야드 스타일의 원형 콘서트홀이다. 불규칙한 포도밭이 군을 이루며 커다란 팽이 모양을 이루는 대극장 내부는 12층에서 17층 사이의 50m 높이를 차지하며 거대한 볼륨을 자랑한다. 무대는 오디토리엄의 3분의 1 지점에 위치한다. 사방에서 무대를 바라볼 수 있으며 관객들도 서로를 응시할 수 있다. 그런 이유로 지휘자부터 가장 먼 좌석까지의 거리가 30미터에 불과할 만큼 객석과 무대의 거리가 가깝다. 각 층의 갤러리는 분리된 것이 아니라 내부에서 연결되어 있어 가장 높은 자리에서도 로비를 통하지 않고 무대 전면까지 접근이 가능하게 되어있다.

건축음향 설계는 일본의 토요타 야스히사가 맡았다. LA 디즈니홀, 파리 필 하모니 홀, 롯데콘서트홀 등 최근 가장 많은 콘서트홀 음향을 담당한 기업이다. 1천 개의 석고 섬유 패널로 이뤄진 벽면과 객석 천정에 위치한 음향반사판은 밀리미터 단위의 정밀도로 모든 객석에 고른 소리를 전달하는 장치다. 상주단체인 NDR(북독일방송) 오케스트라부터 개인 독주회까지 클래식 연주의 자연 음향이 음향 설계의 핵심이긴 하지만, 재즈나 월드뮤직, 록 음악까지 소화할 수 있는 전자음향 시스템도 완벽하게 갖추었다는 평가다. 550석의 리사이틀 홀은 전통적인 슈박스 형태로 독주회와 실내악 연주 공간이다. 170석의 카이 스튜디오는 어린이 예술교육 공간으로 악기 체험 등이 가능한 공익형 예술 공간이다.

출발부터 풀기 어려운 문제가 많았던 엘프필하모니 공사는 막대한 예산과 장기간 공사로 논란이 끊이지 않았다. 공사 기간 3년, 공사비 2억 4천 1백만 유로를 예상하고 시작했으나 최종적으로는 10년 공사에 7억 8천 9백만 유로(한화 약 1조 원)가 투입되었다. 함부르크에는 이미 오페라 하우스와 콘서트홀이 있었기 때문에 막대한 예산을 투입하여 클래식 전용홀을 또 만들 필요가 있는가에 대한 논란이 있을 수밖에 없었다. 여러 난관을 뚫고 운영을 시작한 엘프필하모니는 개관과 함께 가시적인 성과를 내며 도시재생에서 중심 역할을 하는 문화 공간의 사례를 만들어나가고 있다.

도시의 이미지를 만드는 극장

상트페테르부르크는 여러 도시 이미지 중에서도 혁명과 예술의 이미지가
특히 강하다. 금년은 러시아혁명 100년이 되는 해다. 혁명의 진원지였고
혁명정부가 있던 곳이 당시 수도였던 상트페테르부르크다. 러시아 정교를
중심으로 한 러시아의 전통유산이 잘 보존되어 있으면서 지구 최초의
사회주의 혁명이라는 독특한 브랜드가 겹쳐져 있다. 그런데 이보다 더 강한
것이 도시의 예술적 이미지다.

　　　　예술 도시 상트페테르부르크에서 핵심적인 서브 브랜드
중의 하나가 마린스키 극장이다. 마린스키는 상트페테르부르크에 있는
3개를 비롯해서 공연장만 5개를 운영하는 복합예술공간이자 강력한
예술제작집단이다. 전형적인 제작 극장인 셈이다. 공간 운영은 물론 콘텐츠
제작과 운영까지 집단 내부에서 해결한다. 이렇게 만들어진 작품들은
상트페테르부르크에 머물지 않고 러시아 전역에서, 나아가 전 세계에서
유통된다. 오페라와 발레는 물론 오케스트라도 따로 공연을 다닌다. 1급
예술상품의 깃발을 흩날리며 도시와 국가의 이미지에 기여한다.

　　　　마린스키라는 브랜드를 구성하는 요소 중에서 가장 강력한 것이
극장장 발레리 게르기예프다. 그는 마린스키와 상트페테르부르크를 넘어
러시아의 예술지형에서 심장과 같은 존재다. 1988년 예술감독, 1996년
총감독으로 취임한 이후 지금까지 마린스키의 핵심적인 지위 두 개를 모두
유지하고 있다. 20년 이상 예술과 행정을 모두 지휘하고 있다는 얘기다.
마린스키 극장과 같은 매머드급 예술기관에 예술감독과 행정감독을 수십
년씩 겸무하는 경우는 거의 없다. 러시아 예술판에서의 그의 지위가 독보적인
탓이다.

　　　　러시아 방문 중 박원순 시장이 게르기예프 극장장과 만났다.

#321

비슷한 나이대의 두 사람은 첫 만남에서 의기투합했다. 대화를 주도한 박 시장은 예술을 통한 남북 교류에 게르기예프의 적극적인 역할을 제안했다. 러시아의 동방 정책에 앞장서고 있는 것으로 알려진 게르기예프는 선뜻 손을 맞잡았다. 마린스키 극장의 성공 사례를 바탕으로 광화문의 예술복합단지에 대한 협조도 요청했다. 그도 그럴 것이 게르기예프는 마린스키 극장의 인프라를 획기적으로 확장해서 성공으로 이끈 인물이기 때문이다. 전통의 오페라 하우스인 마린스키 본관(구관)에 더해 콘서트홀(2006년)과 마린스키 2관(신관, 2013년)을 상트페테르부르크에 선물한 장본인이다. 마린스키 제2관은 마린스키 본관 바로 옆에 좁은 운하를 다리로 연결해 지었다. 전통의 공간과 현대의 공간을 조화시킨 성공 사례다. 2016년부터는 블라디보스토크에 분관을 운영하고 있다. 공간의 확장은 게르기예프와 마린스키 예술집단에게 에너지 확장의 결과이면서 촉진제 역할을 했다.

　　게르기예프는 10여 년 전 세종문화회관에서 공연을 한 인연이 있다. 2005년 바그너의 〈링 시리즈〉 전작을 마린스키 극장 버전 그대로 공연한 것이다. 그는 세종문화회관을 기억하고 있었다. 세종문화회관과 신축할 콘서트홀을 포함한 예술복합단지 프로젝트에 대해서도 참고할 만한 충고도 잊지 않았다. 전용 공간의 시대로 접어든 지 오래지만 새로 만들어지는 공간의 다양한 활용도 검토해보라는 것이었다. 실제 그가 주도하여 건립한 마린스키의 새 콘서트홀에서는 오페라도 올릴 수 있도록 되어 있다.

　　세종문화회관이 광장의 한 편을 차지하는 광화문 광장은 그 미래를 두고 뜨겁게 논쟁 중이다. 새 정부 출범 이후 부쩍 본격화되었다. 광화문과 주변의 역사성을 간직하면서 역동적인 현대사를 품고, 광장으로서의 기능도 확보하는 것이 요체다. 소위 '광화문 광장 재구조화'라고 불리는 변화의 한 부분으로 세종문화회관과 예술복합단지가 있다. 격렬한 현대사의 현장을 지킨 증인이자 광장의 기능을 풍성하게 할 주체 중 하나다.
세종문화회관과 예술복합단지는 강력한 장점과 든든한 배경을 가지고 있다.
서울 그리고 한국의 예술 랜드마크로 작동하기에 충분하다. 마린스키 극장의
사례를 부러워만 할 일이 아니다.

문화공간 175, 2017.07.28.

6 산업적 성격이 강한 공간

아래의 그림은 인터파크의 예매 기록을 바탕으로 추산해본 우리나라 공연 시장의 추이다. 이 그래프에서 시사하는 바는 크게 두 가지다. 첫째는 급격한 확장이다. 1990년대 이래 우리나라 공연 시장은 확장일로에 있어 왔다. 몇 번의 특별한 상황, 예를 들어 글로벌 경제 위기에 휩싸인 기간 등을 제외한 전 기간 큰 폭으로 확대되어 왔다. 최근 성장률이 약해지기는 했지만 성장 추이는 여전하다고 본다. 필자의 계산에 따르면 4.5년마다 2배씩 커졌다. 두 번째, 좀 더 자세히 들여다보면 확장을 이끈 것은 뮤지컬과 대중음악 콘서트였다.[33] 상업적, 산업적 성격이 강한 장르다. 이에 비해 기초예술에 해당하는 장르는 별다른 역할을 하지 못했다. 비약하면 부익부 빈익빈이라는 현상을 읽을 수 있다.

33. 우리나라 문화예술의 붐을 이끈 두 개의 주요 동력은 공공 부문의 확대와 산업적 성격이 강한 장르의 확장이다. 공연 생태계에서 가장 관계가 옅은 두 요소라는 점에서 아이러니입니다.

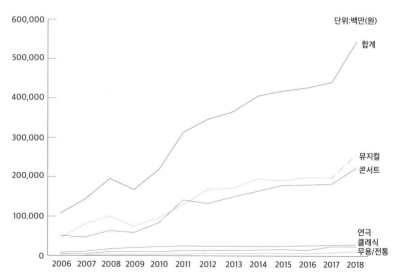

그림36 우리나라 공연시장의 추이

우리 공연 시장에서 뮤지컬 시장 성장의 변곡점에 해당하는 해는 2000년이다. 뮤지컬 〈오페라의 유령〉이 LG아트센터에서 장기 공연하면서 산업적 성격의 공연을 선보였다. 대형 뮤지컬도 대규모 공연장의 다수를 차지하는 공공 극장에서 자투리 기간에 공연하거나 이전까지 비시즌이라고 취급하던 시기(여름과 겨울)에 공연하던 방식과는 확연히 다른 가능성을 보여주었다. 투어 뮤지컬과 라이선스 뮤지컬을 거쳐 창작 뮤지컬까지 가세하면서 뮤지컬 시장은 크게 성장하였다. 이러한 성장에도 불구하고 뮤지컬 전용 극장이 들어선 것은 일정한 시차가 있었다. 뮤지컬 전용 극장은 민간, 상업 극장의 성격을 가지고 있었기 때문에 시장의 흐름과 요구가 무엇보다 중요했다. 타당성도 사업적 측면에서 검토되었을 것이다. 아직 전용 공간을 갖지 못하고 있는 대중음악 콘서트홀은 건립의 규모와 비용 때문에 시차는 더 크다.

뮤지컬 전용 극장

뮤지컬 시장 활성화는 뮤지컬 전용 극장을 소환했다. 대형 다목적 극장에서 주로 공연하던 대형 뮤지컬은 기본적으로 한계가 있었기 때문이다. 우리나라 대부분의 대규모 다목적 극장은 공공 극장이기 때문에 장기 공연을 할 수 있는 여건이 되지 않는 것이 첫 번째 한계다. 많은 제작비와 상업적 기획 제작 때문에 대형 뮤지컬은 얼마나 공연할 수 있는가가 중요한 변수가 될 수밖에 없다. 비교적 추산이 단순한 라이선스 뮤지컬은 물론 긴 기간에 걸쳐 제작비를 회수해야 하는 창작 뮤지컬 등에서도 전용 극장은 필수적이다. 소형 뮤지컬의 경우 공공, 민간 부문의 중소극장을 이용할 가능성이 열려 있다. 특히 민간 극장은 공연 기간에 제한이 없어 오픈런도 가능하기 때문에 뮤지컬 전용 극장에 대한 니즈가 상대적으로 낮다.

다음 표는 우리나라 뮤지컬 전용 극장을 개관 연도에 따라 나열해본 것이다. 2006년 샤롯데씨어터가 개관한 이후 2012년 소향씨어터까지 7년 동안 6개가 문을 열었다. 2019년 봄에 부산에 개관한 드림씨어터를 포함하면 모두 7개다. 1천석 이상의 극장으로 대부분 단일 공연장으로 운영하고 있다. 부산 2개를 제외하면 모두 서울에 있다. 이 극장들 외에도 우리금융아트홀, 두산아트센터 연강홀, 홍익대 대학로 아트센터, CJ토월극장, LG아트센터, 코엑스 아티움 등에서 중대형 이상의 뮤지컬을 공연할 수 있다.

표2 우리나라 뮤지컬 전용 극장(2020년 현재)

극장명	개관연도	객석수	지역
샤롯데씨어터	2006	1,240	서울
충무아트센터	2008	1,255	서울
블루스퀘어	2011	1,764	서울
디큐브아트센터	2011	1,242	서울
광림아트센터	2013	1,006	서울
소향씨어터 신한카드홀	2012	1,134	부산
드림씨어터	2019	1,727	부산

아레나

대중음악 콘서트 중에서 규모가 큰 이벤트는 주로 실내외 경기장
에서 열린다. 야구 등을 위한 돔 경기장이나 실내 경기장이 단골 장
소가 된다. 우리나라의 경우라면 규모에 따라 선택 가능한 곳이 있
지만 대부분은 경기장이다. 세계적으로 음악 산업이 라이브 공연을
중심으로 확대되고 특히 케이팝이 세계적인 인기를 얻으며 전용
공연장의 니즈가 끊임없이 제기되었다. 소위 '아레나'라 부르는 공
간이다.

　　아레나는 라틴어로 모래를 뜻한다. 사방이 관람석으로 둘
러싸인 가운데에서 검투사의 시합 등이 벌어졌는데 모래를 깔아두
었다. 이런 곳을 아레나라 불렀고 극장의 형태 중에서도 무대를 관
객석이 둘러싼 형태를 아레나 스타일이라고 부르기에 이르렀다. 한
편으로는 근대 스타디움 경기장을 부르는 이름으로 사용되었다. 공
연 공간으로서의 아레나는 대중음악 공연을 주로 하는
대형 실내 이벤트 공간을 의미한다. 적어도 1만 명 이상
의 관객을 수용하는 아레나는 공연의 성격과 형식에 따
라 다양하게 무대와 객석을 조성할 수 있다. 메가 이벤
트에 사용되는 스타디움에 비해 음향이나 시야 등의 측면에서 대형
공연 이벤트에 특화되어 있다.

34. 신창현, 신한류문화의 랜드
마크, 아레나형 K-POP 전용공연
장의 광주 건립방안, 광주발전연
구원, 2012.

　　아레나는 용도와 형태에 따라 다음과 같은 세 가지 유형
으로 나눠 볼 수 있다.[34] 첫째는 음악공연을 넘어 다양한 이벤트를
수용할 수 있도록 시설을 갖춘 다목적 용도 타입이다. 일본의 사이
타마 아레나와 미국 뉴욕의 메디슨 스퀘어 가든이 여기에 해당된다.
콘서트 외에도 농구, 테니스, 격투기 등 프로 스포츠 경기는 물론 컨

벤션, 방송 스튜디오 등으로도 활용할 수 있다. 이를 위해서는 객석은 물론 무대 공간을 변환할 수 있는 기계 시스템을 갖춰야 한다. 수용하는 콘텐츠에 최적인 조건이 다르고 다양하기 때문이다.

둘째는 호텔, 쇼핑센터, 리조트, 카지노 등의 다양한 엔터테인먼트 사업과 연계하여 아레나를 복합 콤플렉스화한 형태다. 콤플렉스 타입이라고 부를 수 있다. 대표적인 사례로 영국 런던의 복합 엔터테인먼트 콤플렉스인 O2 아레나가 있다. 밀레니엄 전시 공간으로 건립되었지만 2007년 이후 다목적 이벤트 및 복합 엔터테인먼트 공간으로 사용되고 있다. 공연 공간 외에도 쇼핑센터, 영화관, 박물관, 스포츠 클럽 등 다양한 시설이 집적되어 있다.

세 번째는 좀 다른 성격이다. 아레나의 상표권을 확보하여 기업 브랜드 전략에 활용하는 마케팅 플랫폼 타입이다. 중국 상해의 메르세데스 벤츠 아레나와 북경의 마스터카드 센터가 여기에 해당된다. 많은 스타디움이 그렇듯이 아레나도 네이밍 스폰서를 확보하고자 한다. 가장 큰 규모의 스폰서십을 받을 수 있는 네이밍 스폰서를 통해 아레나의 상표권을 확보하여 마케팅과 브랜딩에 활용한다.

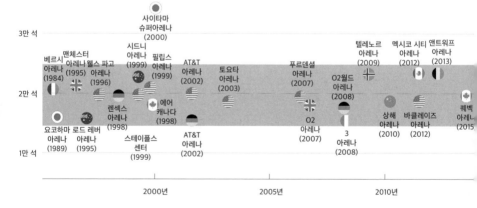

그림37 세계 유수 아레나 조성현황
출처: 서울특별시, 서울아레나 복합문화시설 민자투자사업 기본계획 연구, 2016, 69쪽.

세계 음악 산업에서 아레나는 핵심적인 인프라다. 2만 석 내외의 아레나가 유럽과 미국을 중심으로 300여 개 운영 중이다. 이들 대부분은 1980년대 이후에 건립되었거나 기존의 시설을 아레나로 용도 전환했다. 2000년대 이후 하나의 흐름으로 자리잡았다. 이는 유럽을 중심으로 도시마다 컨벤션센터를 건립하고 모터쇼 등을 유치하고 콘서트를 개최하고 했던 1970년대, 1980년대 이후 새로운 경향이다. 아시아에서도 일본과 중국을 중심으로 인프라를 갖추려고 하는 흐름이 지속되고 있다. 표3과 4는 빌보드가 입장권 매출 규모를 기준으로 가장 활발한 아레나 10개씩을 규모에 따라 발표한 자료다. 2018년 7월부터 1년 동안을 대상으로 하며 유럽과 미국, 오세아니아만 포함되어 있다. 10개의 아레나를 보유하며 강력한 네크워크를 활용하고 있는 일본과 후발주자인 중국 등 아시아는 빠져 있지만 전체적인 윤곽을 파악하는 데 도움이 된다. 참고로 입장객 기준으로 상위 200개의 아레나를 집계하는 매체도 있다.[35]

35. 음악 산업 부문의 정보를 출판하고 공유하는 기업인 폴스타(Pollstar)가 내놓는 자료다. (https://www.pollstar.com/Chart/2018/12/2018YearEndWorldwideTicketSalesTop200ArenaVenues_702.pdf)

순위	아레나명	국가	도시	개관년도	객석수	12개월 매출 (million$)
1	Madison Square Garden	미국	뉴욕	1925	20,697	173
2	The O2 London	영국	런던	2007	21,000	159.1
3	The Forum	미국	잉글우드	1988	17,800	104.9
4	Qudos Bank Arena	호주	시드니	1999	21,000	81.1
5	Rod Laver Arena	호주	멜버른	1988	16,820	66
6	American Airlines Center	미국	달라스	2007	20,020	59.3
7	Staples Center	미국	LA	1999	20,000	57.3
8	Wells Fargo Center	미국	필라델피아	1996	21,000	57
9	T-Mobile Arena	미국	라스베가스	2016	20,000	56
10	Manchester Arena	영국	멘체스터	1993	21,000	55.3

표3 빌보드 탑10 아레나(15,000석 이상)
출처: Bilboard 홈페이지(bilboard.com)

순위	아레나명	국가	도시	개관 년도	객석수	12개월 매출 (million$)
1	The SSE Hydro	영국	글래스고	2013	14,300	64.5
2	Brisbane Entertainment Centre	호주	브리즈번	1986	13,500	40.5
3	Mohegan Sun Arena	미국	언캐스빌	2001	10,000	39.6
4	Mercedes-BenzArena	독일	베를린	2008	15,000	36.3
5	Barclaycard Arena	독일	함부르크	2002	15,000	35
6	RAC Arena	호주	퍼스	2012	15,000	34
7	Spark Arena	뉴질 랜드	오클랜드	2007	12,000	31.6
8	The SSE Arena (Wembley)	영국	런던	2013	12,500	31.4
9	Van Andel Arena	미국	그랜드래피즈	1996	12,860	30.1
10	MGM Grand Garden	미국	라스베가스	1993	15,500	26.1

표4 빌보드 탑10 아레나(15,000석 미만)
출처: Bilboard 홈페이지(bilboard.com)

아레나 운영의 세계적 강자는 AEG(Anschutz Entertain
ment Group)로 알려져 있다. 미국의 글로벌 기업인 AEG는 스포
츠 이벤트에서 음악 이벤트까지 큰 영향력을 가진 기업으로 꼽힌
다. AEG가 소유하거나 운영하고 있는 공간이 전 세계 300개 이상
이고 특히 대부분의 주요 아레나를 운영하고 있다. 미국 LA의 스테
이플스 센터(Staples Center)와 영국 런던의 O2 아레나, 독일 베를
린 메르세데스 플라츠, 중국 상하이의 메르세데스 벤츠 아레나 등
이 그 일부다. 미국 뉴욕의 브로드웨이의 극장을 슈베르트, 네덜란
드, 쥬잠신 등 3개 그룹이 과점하고 있는 것과 비슷하다. AEG는 베
뉴를 운영할뿐만 아니라 이 장점을 활용하여 기획, 제작의 비즈니
스에서도 강세를 보인다. 전 세계에서 두 번째로 큰 음악 산업 기획
사로 꼽힌다.

우리나라에도 2010년을 전후해서 아레나를 건립하려는 움직임이 부각되었다. 아레나가 갖는 기능 때문이다. 아레나가 건립되면 그곳은 우리나라 음악 산업에서 중심이 될 것이다. 점점 커지고 있는 음악콘텐츠 산업의 미래를 감안하면 이것만으로도 의미가 있을 것이다. 관광 등 연관 산업에 끼치는 영향도 크다. 그럼에도 불구하고 1만 5천 석 이상의 아레나를 짓고 운영하는 것은 위험이 크다. 민간 부문의 개인이나 기업이 감당하기에는 더욱 그렇다. 다른 한편으로는 공공 재원을 통해 아레나를 건립하는 것도 망설여지는 일이다. 기초예술 등 더 어려운 예술에 지원하기에도 공공 재원은 부족하기 때문이다. 이런 상황에서 가능한 옵션은 두 가지다. 첫째는 정부(지방정부일 가능성이 크다)와 기업이 협력하여 건립하는 방안이다. 고양에 건립하려고 하는 프로젝트가 이런 유형이다. 고양의 한류월드에 짓겠다는 아레나 프로젝트는 콤플렉스형이다. 둘째는 민자 유치 방식, 즉 BTO 방식이다. 서울 창동에 지으려고 하는 아레나의 경우다. 서울 북부를 중심으로 음악 산업의 클러스터를 만들겠다는 포부다.

7 문예회관

해방 후 공연예술계의 인프라 변화 중 가장 중요한 특징은 문예회
관이라는 네트워크의 등장이다. '2018 전국문화기반시설 총람'[36]은
2018년 1월 1일자를 기준으로 251개[37]의 문예회관이 있다고 쓰고 있
다. 숫자만으로 보면 '1개 자치단체당 1개의 문예회관'이라는 목표

36. 2018 전국문화기반시설 총
람, 문화체육관광부, 2018.
37. 여기에 2018년과 2019년에
개관한 문예회관을 합치면 258
개가 된다.

는 이미 초과 달성한 것으로 보인다. 이 조사에 포함된
문예회관 중에는 시(군구)민회관 등 문예회관과는 조
금 다른 성격으로 개관했던 공간이 일부 포함되어 있
다. 일부 지방정부는 복수의 문예회관을 운영하고 있기

도 하다. 이러한 숫자는 전국의 전체 공연장의 24.6%, 공공 극장의
50.9%에 해당되는 숫자다. 문예회관의 대부분이 2개 이상의 공연
장과 전시장 등 부대시설을 갖추고 있고 규모도 크기 때문에 개수를
기준으로 한 이런 비중보다는 훨씬 큰 영향력을 가지고 있다고 봐야
할 것이다.

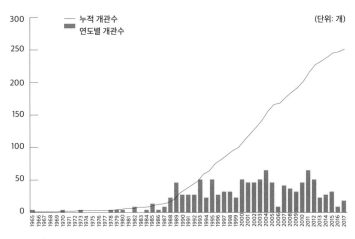

그림38 문예회관의 개관 현황

본격적인 문예회관 건립은 1980년대의 산물이다. 그 이전에 건립
된, 세종문화회관, 부산문화회관 등과 이후에 '시(군,구)민회관'이라
는 이름을 가진 극장들은 시민회관의 확장판으로 보는 것이 타당하
다. 세종문화회관의 전신이 멀게는 부민관(1934-1945),[38] 가까이는
서울시민회관(1961-1972)이었다는 점이 이를 잘 보여준
다. 세종문화회관은 서울시민회관이 불탄 자리에 새로
짓고 새 이름을 붙인 것이 지금에 이르렀다. 전국의 문

38. 해방 이후 극장, 국회 등으로
쓰이다가 현재는 서울시의회로
사용하고 있다.

예회관 중 '문화회관'이라는 이름을 가진 곳은 세종문화회관과 부산
문화회관이 전부다. 문예회관이 본격적으로 개관한 것은 1988년 이
후다. 1989년 10곳으로 시작하여 매년 10곳 내외의 문예회관이 문
을 열었다. 1988년까지 20곳이었던 것이 2012년에는 227곳이 되었
다. 한 해에 14개의 문예회관이 문을 연 2004년과 2011년을 비롯해
서 이 기간 동안 연간 10곳 이상의 문예회관이 문을 연 해가 열 두
해나 되었다. 2012년 이후에는 개관하는 문예회관의 숫자가 지속적
으로 줄었다. 7년간 평균 5곳이 개관되는 데 그쳤다.

　　　문예회관이라는 인프라의 대부분은 1990년대부터 20년
간 주로 만들어졌다고 볼 수 있다. 그런데 문예회관이라는 프로젝트
는 단시간에 이루어지는 것이 아니다. 짧게는 3년, 길게는 10년 이상
이 소요되는 중장기 프로젝트다. 개관한 해로부터 수년간 선행하는
기간이 더 중요하다는 얘기다. 이렇게 보면 문예회관의 붐은 1980
년대 초중반부터 시작된 것으로 봐야 한다. 신규 문예회관의 증가세
가 둔화된 것도 실제보다는 더 이르다고 볼 수 있다.

문예회관의 붐

문예회관의 붐은 여러 조건이 겹쳐져서 만들어진 결과물이다. 1980
년대는 계획경제가 성과를 내어 경제 규모는 커지고 산업 구조는 고
도화되는 단계다. 체제는 여전히 전제적 군사 정권의 연장선에 있었
다. 그에 비해 문화예술의 토양은 거칠고 척박했다. 우리나라에서
본격적인 문화정책의 시작을 알리는 문화예술진흥법 제정이 1972년
으로부터 10여 년 이상 지난 다음이다. 공연예술계는 여전히 절대적
인 인프라 결핍을 겪었다. 문예진흥법이 제정되고 문예진흥원(현 한
국문화예술위원회)이 만들어진 다음 공연예술계, 특히 연극계를 위
해 처음 시도한 사업이 공연 및 연습 공간 확보였던 것이 시사하는
바도 그런 것이다. 정부와 문예진흥원은 서울대학교가 옮겨가 비게
된 동숭동에 문예회관(현 아르코예술극장)이라는 극장을 마련하였
다. 프로시니엄 극장과 블랙박스 극장 등 2개의 공연장이 있는 극장
이었다. 1981년이었다.

     동숭동 문예회관은 이후 두 붐에 영향을 미친 것으로 본
다. 무엇보다 지금의 대학로가 되기까지 씨앗의 역할을 했다. 이 부
분은 이 장의 '대학로'에서 살펴보기로 한다. 두 번째 붐이 문예회관
이라는 인프라다. 그 이후 개관한 문예회관들의 명칭이 대부분 문
예회관이고 지금도 이와 같은 공간을 문예회관이라고 부르는 것은
1981년 개관한 동숭동 문예회관의 영향이라고 보는 견해가 있다. 문
예회관은 중앙정부에서 지원하던 문예진흥원이 직접 운영하던 극장
이라는 점에서 지역의 문화예술 거점인 문예회관들과는 차이가 있
었지만 국립극장과 세종문화회관 이후 들어선 첫 공공 극장인 문예
회관의 이미지가 깊이 각인되었기 때문으로 추정한다.

1990년대부터 급격하게 팽창한 문예회관의 맹아는 1980년 군사정변을 통해 집권한 제5공화국으로부터 찾는 것이 합리적이다. 제5공화국은 전제적인 통치와 함께 문화를 중심으로 대규모 프로젝트를 펼쳤다. 이 시기의 대표적인 프로젝트가 예술의전당, 국립국악원, 독립기념관, 국립현대미술관(과천) 등이다. 한편으로는 문화 예산을 대폭 늘리며 인프라 확충을 문화정책의 한 축으로 삼았다. 인프라 확충 정책은 이후 정권에서 지속되었다. 1990년대 들어 문예회관 붐이 더욱 확장된 데는 지방자치제도의 도입이 한몫 한 것으로 추정된다. 사실상 지방정부가 대부분의 비용을 부담하면서 '1지자체 1문예회관'이라는 정책 목표가 오랫동안 지속된 것은 지방자치제도 실시 이후 출범한 기초 및 광역 지방정부의 욕망에 부합했기 때문이다.

문예회관의 붐 30여 년 동안 양상은 조금씩 달리한다. 희소성을 가졌던 문예회관들이 IMF를 거치며 경쟁력과 효율성을 강조하기 시작했다. 이런 경향은 2000년대에 접어들면서 대규모 문예회관의 등장으로 나타난다. 이 시기에 개관한 수도권 중심의 문예회관들은 건립비 규모가 1천억 원 이상의 대규모 프로젝트였다. 고양, 안산, 성남 등의 도시에 조성된 문예회관들은 규모 면에서 이전의 문예회관들과는 상당히 달랐다. 경쟁력에 대한 생각은 규모에서 내용과 용도로 차츰 전환되는 것으로 보인다. 각각의 문예회관의 차별적 포지셔닝에 대한 고민이 시작된 것이다. 한편으로는 대규모 재정의 부담을 BTL 방식으로 풀어보고자 하는 경향도 보였다.

문예회관의 용도

문예회관은 분권의 측면에서 조성되었다. 유례를 찾기 힘들 정도로 중앙집권적인 현실에서 문화예술 부문도 예외는 아니었던 것이다. 창작과 향유 측면 모두에서 지역은 소외되었다. 문예회관의 첫 번째 임무는 여기서 시작한다. 소외의 차원은 두 가지다. 하나는 예술 공급자 차원에서의 소외다. 장르와 지역에 따라 차이는 있지만 대부분의 공연 장르에서 프로페셔널한 예술가와 단체는 취약하다. 이에 따라 공연 활동의 기본이 되는 인프라인 극장이 없거나 빈약한 경우가 대부분이었다. 또 하나는 향유의 차원이다. 공연예술은 극장을 중심으로 전개된다. 마땅한 극장이 없다는 것은 향유의 기회를 갖는 공연예술 접근성에 결정적인 장애가 된다. 향유의 기회 봉쇄는 시민의 기호 형성을 가로막는다. 몰라서 안 보고 안 보니 더 모르게 되는 것이다.

문예회관은 두 가지 가치를 중심으로 출발한다. 하나는 지역 공연예술 생태계의 중심이 된다는 것이며 또 하나는 예술 향유의 역할을 하는 것이다. 전자가 예술가를 중심으로 한 역할이라면 후자는 지역 주민의 입장을 주로 반영한 것이다. 이 둘은 따로 함께 작동한다. 특히 문화민주주의의 개념이 확대되면서 예술교육의 영역이 확대되었다. 전업 예술가와 예술 상품 향유자의 간격이 좁아지고 심지어 포개진다. 둘은 동전의 양면과도 같은 것이다. 어느 쪽에 중점을 더 둘 것인지 결정하는 것은 개별 문예회관의 몫이다. 커뮤니티 씨어터로서의 문예회관도 가능하고 예술가 중심의 창작과 제작, 나아가 예술적 수월성을 강조하는 것도 선택지의 하나가 된다. 어떤 선택이든 지역에 기반을 둔 것이어야 할 뿐이다.

문예회관의 운영

문예회관은 지방정부의 예산(또는 부담)으로 건립되고 운영되는 공공 극장이다. 해당 지자체의 형편과 상황에 따라 그 운영은 달라진다. 251개의 문예회관[39]을 기준으로 할 때 88%가 기초자치단체가 건립한 것이다. 나머지는 주체가 광역자치단체다. 그 외에 재단법인 1곳이 있는데 여수의 예울마루다. GS칼텍스문화재단이 건립한 것으로 봤기 때문이다.

그림39 설립 주체 형태

(N=251, 단위: %(개))

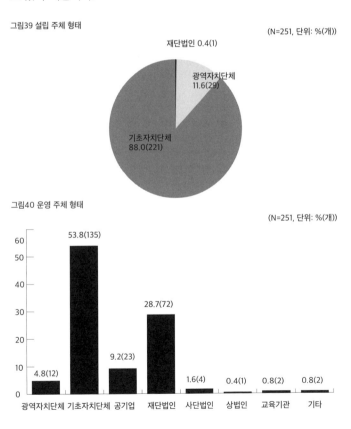

그림40 운영 주체 형태

(N=251, 단위: %(개))

운영 주체는 이와 상당히 다르다. 지방정부가 직영하는 경우는 58.6%에 그친다. 나머지는 여러 형태의 위탁 운영 방식이다. 위탁 운영하는 주체의 다수는 재단법인이다. 재단법인은 대부분 해당 지자체가 출연하고 조례로 존재와 역할을 분명히 하는 법인이다. 별도의 법인을 설립하여 직영을 대리하는 형태인 것이다. 지자체가 자신의 법인을 설립하여 문예회관을 운영하는 경향은 뚜렷한 증가세를 보이고 있다. 시설관리공단 등 지방 공기업에 해당되는 경우도 비슷하다. 9.2%가 지방 공기업의 사업 일부로 운영하고 있는데 그 비중은 점점 줄어들고 있다. 순수하게 민간이 위탁 운영하는 곳은 4.8%인 12개다.

39. 이하 251개의 문예회관을 대상으로 한 수치와 그래프는 두 자료에서 가져오거나 재가공한 것이다. 두 자료는 사실상 같은 소스를 사용하고 있다. 별도의 인용 표시는 생략한다.
2018 공연예술실태조사, 예술경영지원센터, 2019.
2018 문화예술회관 운영실태 조사, 한국문예회관연합회, 2019.

문예회관의 공간 구성

문예회관은 대체로 크고 작은 복수의 공연장과 전시 공간, 예술교육 공간 등을 갖춘 아트센터다. 전체 문예회관 251개를 대상으로 볼 때 평균 1.7개의 공연장을 보유하고 있다. 132개의 문예회관은 2개 이상의 공연장을 보유한 것으로 조사되었다. 일반적인 관념과 달리 단일 공연장을 가진 문예회관이 119개로 많은 것은 시민회관 성격을 가진 문예회관이 모두 여기에 해당되기 때문이다. 문예회관이 보유하고 있는 공연장은 500석 이상이 187개로 총 419개의 공연장의 44.6%를 차지한다. 나머지는 500석 미만이다. 이것은 500석을 기준으로 큰 공연장 하나와 작은 공연장 하나를 보유하는 일반적인 형태를 반영한다. 규모 면에서는 공공 극장이 민간 극장에 비해 1.8배 큰 것으로 조사된 바 있다. 전시장을 보유하고 있는 문예회관은 187개(74.7%)이며 교육장을 보유하고 있는 문예회관도 138개(55.1%)다.

문예회관의 상주단체와 콘텐츠

우리나라 문예회관은 기획 극장으로 분류된다. 전속단체를 두고 이를 이용하여 자체 프로그램으로 운영하기보다 기획이나 대관 프로그램으로 콘텐츠를 조달한다. 수치에서도 잘 나타난다. 전속단체를 두고 있는 문예회관은 29개로 11.6%에 그친다. 이에 비해 상주단체(92개)와 입주단체(26개) 등 계약단체로 부를 수 있는 공연 단체를 보유하고 있는 문예회관은 47%에 달한다. 어떤 종류든 입주단체를 보유하는 문예회관은 127개로 50.7%를 차지하고 있으며 평균 한 문예회관당 2.2개의 공연 단체가 상주하고 있다.

일반적으로 지역에 있는 많은 공연 단체를 감안하면 전속단체를 보유한 문예회관의 비중은 무척 낮다. 이것은 광역 및 기초 정부가 운영하고 있는 공공 공연예술 단체가 문예회관과 별개로 운영되기 때문으로 보인다. 공공 예술단체와 문예회관이 물리적으로 같은 공간에서 동거하지만 운영 주체와 방식은 다르다. 이러한 현상은 자체 공연의 비중이 30% 내외에 머무는 결과로 돌아온다. 공연 프로그램 가동률이 37.2%에 그치는 상황에서 그중의 30%가 자체 공연으로 운영한다는 점을 감안하면 문예회관의 생산성은 취약하다고 볼 수밖에 없다.

해외의 공공 극장 네트워크

전 세계적으로 공공 극장 또는 비영리 극장이 극장의 다수를 차지하는 국가가 많다. 우리나라에서는 문예회관 네트워크가 공공 극장의 다수를 점하며 일종의 네트워크를 형성하고 있다. 한편으로는 협력하며 또 한편으로는 경쟁하는 관계다. 이런 공공 극장 네트워크는 국가별로 조금씩 편차를 보인다.

프랑스는 소수의 상업 극장과 다수의 민간 소극장을 제외하면 대부분이 공공 극장이다. 연극 부문을 중심으로 한 공공 극장은 다음의 표4와 같은 3개의 수준으로 형성되어 있다. 5개의 국립극장은 4개는 파리에, 나머지 1개는 스트라스부르에 있으며 극장별로 특화된 기능을 가지고 있다. 예를 들어 코메디 프랑세즈가 고전작품을 중심으로 공연하는 반면 샤이오 국립극장은 무용에 특화된 국립극장이다. 코메디 프랑세즈를 제외한 나머지 국립극장은 전속단체를 보유하지 않고 있다. 중앙정부가 100% 재정지원을 부담하고 운영에도 관여한다. 국립연극센터는 우리의 도에 해당하는 지방자치단체가 중앙정부와 함께 운영에 관여하는 극장이다. 주식회사 또는 유한회사의 법인격을 가지고 있다. 연극의 창작과 보급에 중점을 두고 있어 극장에 따라 전속단체 또는 상주단체를 두고 운영한다. 거리극과 서커스 분야를 위한 센터들도 다수 있다. 연극 부문과 거리극, 서커스 부문을 모두 포함한 네트워크도 아르세나(ARTCENA)를 2016년부터 운영하고 있다.

국립 무대(scènes nationales)는 기초자치단체를 중심으로 향유중심 기능을 수행하는 극장이다. 전속단체나 상주단체 없이 기획 공연 위주로 극장을 운영한다. 프랑스의 분권 정책의 한 축이

구분		개수	주요기능	재원(지원)	프로그램 제공방식
국립극장		5	창작	중앙정부 100%	프로듀싱+프리젠팅
연극센터	국립연극센터	38	창작+보급	중앙정부 60% 지방정부 40%	프로듀싱+프리젠팅
	국립거리극센터	14			
	국립서커스중심	12			
	소계	64			
국립무대		72	보급	중앙정부 40% 지방정부 60%	프리젠팅

표5 프랑스 연극 부문 공공 극장의 유형
출처: Chiffres clés – STATISTIQUES DE LA CULTURE ET DE LA COMMUNICATION 2019, Ministère de la Culture 참고하여 재구성

기도 한 국립무대는 국립무대협회(Association Scène Nationale) 라는 네트워크를 가지고 있다. 이와 별개로 비영리법인이 정부(중앙 정부와 지방정부)와 협약을 체결하고 운영하는 협약 극장(scènes conventionnées)이 123개 더 있다.

　우리의 문예회관과 유사한 네트워크는 일본의 문화회관 네트워크다. 1970년대부터 1990년대를 거치며 기하급수적으로 건 립된 전국의 공립 문화시설은 전국공립문화시설협회에 가입된 시설 만 1,304개에 달한다.(2020년 현재) 이 협회는 전국의 공공 극장이 주로 가입하는 공익사단법인이다. 그중 78.8%에 해당하는 1,027개 가 기초자치단체에 의해 설립되었고 931개(71.4%)가 지정관리자제 도에 의한 위탁 운영으로 운영되고 있다. 호주는 또 좀 다르다. 토지 에 비해 인구가 적은 호주는 각 주의 주도에 대규모 아트센터를 설 립하고 이들 아트센터가 긴밀하게 협업하는 방식으로 네트워크를 운용하고 있다.

미국에서 우리 문예회관 네트워크에 해당하는 것은 퍼포밍아트센터(Performing Arts Center/PAC)다. 패트리샤 듀이 램버트(Patricia Dewey Lambert)와 로빈 윌리엄스(Robyn Williams)는 미국의 퍼포밍아트센터의 운영과 관련하여 최근 단행본을 발행한 바 있다.[40] 퍼포밍아트센터와 관련한 첫 번째 본격적인 저술인 것으로 판단된다. 이들은 서문에서 미국에서 PAC가 차지하는 비중이 크고 각 지역의 예술 인프라의 핵심으로 작동하는 데도 불구하고 운영에 대한 관심은 놀라울 정도로 미미하다고 진단한다. 미국 각지에서 설립된 아트센터들이 우후죽순처럼 생겨나고 그 운영이 결코 쉽지 않음에도 불구하고 이에 대한 이해와 관심이 부족하다는 것이다. 전국 어디서나 발견할 수 있고 기능이나 운영 형태 등이 다양하기 때문에 뭉뚱그려서 설명하기도 어렵다.

40. Patricia Dewey Lambert & Robyn Williams (edit.), Performing Arts Center Management, Routledge, 2017.

두 저자는 이 책에서 미국의 PAC를 4개의 유형으로 나눈다. 메가 PAC, 소시장 PAC, 대학 PAC, 주요 대도시 PAC 등이 그 네 가지다. 주요 대도시 PAC는 뉴욕의 링컨 센터와 워싱턴의 케네디 센터, 시드니의 시드니 오페라 하우스를 예로 들고 있다. 다수의 공연 공간을 운영하며 예산, 프로그래밍, 예술교육 프로그램 등에서 차별적이다. 다양한 수준의 정부 지원금과 자체수입 등으로 살림을 꾸린다. 메가 PAC도 전국 또는 국제 수준의 명성을 가지고 있는 아트센터다. 이에 비해 소시장 PAC는 커뮤니티 지향형 극장이다. 규모도 작고 예산 규모도 훨씬 작다. 대학 PAC는 대학이 직간접적으로 운영하는 아트센터다.

이 책의 필자 중 한 명인 스티븐 울프(Steven A. Wolff)는 미국 PAC의 지난 60여 년을 4개의 세대로 설명하고 있다. 미래는 제5세대라는 것이다. 제1세대는 1960년대에 시작한다. 제1세대의 키워드는 '홈(Home)'이다. 교향악단, 오페라단, 발레단의 홈 역할을 하기 위해 만든 아트센터라고 주장한다. 예술적 수월성이 강조되는 극장들이다. 이들 아트센터들은 명망 높은 예술가와 단체뿐 아니라 극장을 설계하는 건축가도 내세웠다. 뉴욕, LA, 워싱턴을 넘어 덴버, 아틀란타, 오타와 등에 잇달아 건립되었다.

제2세대의 키워드는 '광장(Place)'이다. 제1세대 대형 아트센터의 예술적 성취와 별도로 제2의 편익을 공유한다. 즉 극장이 도시에 주는 외부편익이 막대하다는 것이다. 1980년 초반 피츠버그와 클리블랜드 등이 주목한 지점이다. 앵커리지와 같은 신흥 도시들도 PAC를 커뮤니티의 앵커 시설로 간주했다. 제2세대 PAC는 제1세대와 여러 측면에서 달랐다. 가장 큰 차이는 콘텐츠를 해당 시 외부에서 더 많이 찾고 의지했다는 점이다. 브로드웨이 투어링 프로덕션이 1980년대 후반 이후 급속도로 많아지는 것도 그 결과의 일부다. 제2세대 PAC는 전통적인 공연 단체의 홈의 역할을 수행하면서도 흥행 콘텐츠의 쇼케이스 역할을 수행한 것이다.

제3세대의 키워드는 '커뮤니티 센터'다. 세기말과 세기 초에 등장한 현상이다. 이 세대의 아트센터는 커뮤니티 기반 프로그램이 주를 이룬다. 커뮤니티와의 관계가 중시된 것이다. 제1세대와 제2세대 아트센터들도 이런 경향을 받아들였다. 제3세대 아트센터의 특성 중의 하나로 울프는 '협업'을 들고 있다. 이들 아트센터들은 협업의 중요성을 인식하고 성공에 이르는 효과적인 전략이라고 본다는 것이다.

제4세대의 키워드는 '넥서스'다. 융합 또는 네트워크로 해석할 수 있다. 이들 아트센터의 역할은 복합적이다. 울프가 예시한 이들 아트센터의 역할은 다음과 같다.

- 홈: 전통적인 공연예술을 수용한다.
- 광장/브랜드: 최고 수준의 활동을 제공한다.
- 인큐베이터: 새로운 유망 예술 단체를 지원한다.
- 교육자: 예술교육과 예술 소비의 기회를 제공한다.
- 혁신자: 혁신을 지원한다.
- 파트너: 협업을 중시하며 지향한다.
- 리더십: 해당 분야의 변화와 발전을 지원한다.
- 쇼케이스: 새롭고 차별적이거나 전통적인 발표의 플랫폼이 된다.

41. 링컨 센터의 공식 이름은 'Lincoln Center for the Performing Arts'이다. 우리나라는 문예회관이라는 용어가 대학로에 최초로 지은 문예회관(현 아르코예술극장)에서 비롯되었다고 보는 견해가 있다. 이후 선도 극장이라고 볼 수 있는 예술의 전당의 이름을 따서 지역의 많은 문예회관이 이를 따랐다.

미국에서 쓰는 용어인 'Performing Arts Center'는 링컨 센터에서 비롯된 것으로 보인다.[41] 1950년대 링컨 센터 프로젝트는 이전과는 완전히 다른 형태의 공간 개념이었다. 지금처럼 한 건물 안에 또는 한 사이트에 여러 개의 공연장이 들어가 있고 음악, 무용, 연극, 오페라 등 다양한 공연예술을 무대에 올린다는 것은 미국에서도 새로운 개념이었다. 1950년대 계획이 수립되고 1차로 음악당이 문을 연 1962년부터 지금까지 링컨 센터는 진화를 거듭하고 있다. 스스로 진화하고 한편으로는 다른 아트센터의 롤 모델이 되는 것이다.

8 대학로

'대학로'는 세계에서 유사한 사례를 찾아보기 어려운 우리나라의 특별한 현상이다. 대학로의 특성은 두 가지로 압축할 수 있다. 첫째 소극장을 중심으로 한 공연 클러스터라는 점이다. '2018 공연예술실태조사'에 따르면 대학로에 있는 147개의 공연장 중 500석 이상의 극장은 3개에 불과하다. 100석에서 300석까지의 소극장이 72.1%(106개)로 다수를 차지한다. 100석 미만을 포함할 경우 300석 미만 소극장은 90.5%(133개)다. 둘째는 이런 현상이 자연발생적이었다는 점이다. 국가나 도시의 정책적 관여가 없었다고 볼 수는 없

그림41 대학로 극장 지도
출처: 서울연극센터 홈페이지(www.e-stc.or.kr)

지만 거들었을 뿐이다.

　　대학로의 시작은 1981년에 개관한 문예회관(현 아르코예술극장)으로 보는 것이 타당하다. 당시 동숭동은 서울대학교의 이전으로 어수선한 상태였다. 서울대학교가 통합 캠퍼스를 마련하고 현재의 관악캠퍼스로 이전하면서 서울대학교 문리대 등이 있었던 동숭동에는 대학로라는 이름만 남았다. 문예회관은 문예진흥원(현 한국문화예술위원회)의 첫 번째 인프라 구축사업이었다. 문예진흥원의 임무는 공연예술인, 특히 연극인의 공연 공간을 제공하는 것이다. 순수 대관극장으로 출발한 것이다. 문예회관의 개관 이후 신촌을 중심으로 활동 중이던 소극장들이 하나둘 동숭동으로 이전했다. 연극인을 중심으로 새로 소극장을 마련하는 경우에도 지점이 동숭동이 되었다.

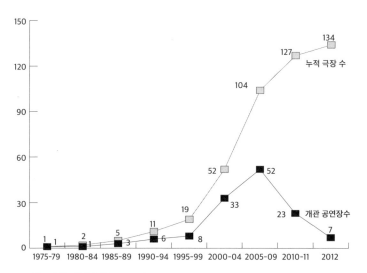

그림42 대학로 극장 추이(1975-2012)
출처: 안성아 외, 2013 대학로 연극 실태조사, 서울문화재단, 2013

대학로의 규모가 부쩍 커진 것은 2000년대 들어서다. 2004년 대학로 문화지구 지정은 대학로 확장의 결과이지만 이후 더욱 확장하는 데 기여한 것으로 보인다. 한 해 10개 내외의 새 소극장이 들어서면서 규모가 130여 개에 이르렀다. 그림42는 '2013 대학로 연극 실태조사'[42]에서 가져 왔다. 2000년대 이후 급격히 늘어나는 극장의 추이를 한 눈에 확인할 수 있다. 이 조사 당시 대학로의 극장 수는 134개였고 공연장 수는 162개였다. 그런데 이 숫자는 이후 조금씩 줄어서 2017년 12월 말 기준 116개 시설(극장), 147개 공연장으로 조사되었다.[43] 5년 만에 시설 기준으로 19개, 공연장 기준으로 15개가 줄었다. 이의 추이를 보기 위해 2008부터 발행하고 있는 '공연예술실태조사'(예술경영지원센터)의 관련 데이터를 그림으로 그려보았다. 그림43이 그것이다. 2013년 39개를 정점으로 대학로의 극장 수는 감소 추세를 보인다. 새로 문을 여는 극장보다 닫는 극장이 더 많다는 뜻이다.

　　이러한 추세는 주로 젠트리피케이션으로 설명한다. 소극장은 이전에 이미 신촌에서 비슷한 경험을 한 바 있다. 비교적 낙후된 지역이 개발되면서 임대료가 올라 막상 지역 개발의 주역에 해당하는 주체들이 그 지역에서 밀려나는 일이 생긴다. 소극장은 대부분 임대로 운영하는데 지역의 개발과 상업화는 임대료의 상승으로 이어진다. 대학로가 유명해지고 찾는 사람이 많아질수록 극장의 살림은 어려워지는 아이러니가 생기는 것이다. 대학로의 젠트리피케이션에 대한 우려는 이미 10여 년 전부터 시작되었다. 극장수의 감소는 이러한 우려가 현실화되었다는 의미다.

　　대학로에서 정부가 직접 설립하거나 운영하는 극장은 하

42. 안성아 외, 2013 대학로 연극 실태조사, 서울문화재단, 2013.
43. 이하 별도의 표시 없이 인용하는 수치는 모두 같은 레퍼런스에서 가져왔다.
2018 공연예술실태조사, 예술경영지원센터, 2018.

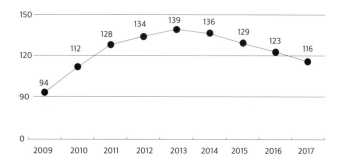

그림43 대학로 극장수 추이(2009-2017)
출처: 예술경영지원센터, 2010-2018 공연예술실태조사 내용 재구성

나도 없다. 공공지원기관인 한국문화예술위원회가 설립하고 운영하
는 경우가 있을 뿐이다. 그 외는 모두 민간 부문으로 볼 수 있다. 설
립과 운영 주체 측면에서 볼 때 모두 상법인과 개인이 차지하는 비
중이 압도적이다. 설립 기준으로는 91.8%, 운영은 92.7%가 상법인
또는 개인 자격이었다. 그중에서도 개인의 비중이 커서 모두 70%
후반을 차지했다. 영세한 극단의 대표자가 개인사업자로 등록하여
운영하거나 비예술인이 대관을 위해 운영하는 경우가 합쳐진 것으
로 보인다.

    대학로가 공연예술 특히 연극 부문에서 차지하는 비중은
매우 크다. 대학로에는 순수연극을 위한 소극장이 다수를 차지하지
만 흥행을 목적으로 오픈런하는 극장이나 개그콘서트 전용관 등 상
업적 성격도 혼재한다. 소규모 뮤지컬의 비중도 커졌다. 그러나 대학
로는 아직도 우리 공연예술 시장에서 가장 실험적이고 자유로운 창
작 구역이다. 그만큼 경쟁도 심하다. 다양한 공연예술인이 주도하고
있다는 점에서 공공 부문의 비중과 영향력이 확대되는 과정에 있기

#348

때문에 더욱 중요해진다. 공연 산업의 측면에서는 대학로는 생산지로서의 성격이 강하다. 뉴욕의 브로드웨이가 오프 브로드웨이와 오프 오프 브로드웨이와 공존하며 협업의 한 축을 이루는 것에서 보여주는 것과 같은 역할을 대학로가 하는 것으로 본다.

대학로의 편익과 기능은 공연예술 안에 제한되지 않는다. 문화지구 지정을 비롯하여 중앙정부와 지방정부들이 많은 정책을 거듭 시도하는 것은 대학로가 단순한 연극 클러스터를 넘어섰기 때문이다. 콘텐츠 산업은 물론 관광 산업 등 연관 산업에 미치는 영향도 크다. 도시와 지역의 명소로 인정하는 드문 사례가 된다.

에필로그: 극장의 미래

나폴리에서

2019년 1월 나는 나폴리의 메르카단테 극장(Teatro Mercadante)
에 있었다. 메르카단테 극장은 1779년 개관한 왕립 오페라 하우스
다. 메르카단테 극장 바로 근처에는 산 카를로 극장(Teatro San
Carlo)이라는 오페라 하우스의 상징 같은 극장이 있다. 메르카단테
극장은 산 카를로 극장과 함께 두 개의 왕립 오페라 하우스 중 하나
로 그 규모는 산 카를로 극장에 비해 500석이 조금 넘는 정도로 크
기는 많이 작았지만 당대의 중요한 오페라 하우스 중의 하나였다.
20세기 들어 전쟁으로 부서지고 거의 사용되지 않다가 대대적인 리
노베이션을 거쳐 다시 문을 열었다. 1995년부터 현대 연극을 중심
으로 정규 시즌을 운영하고 있다.

　　메르카단테 극장에 들른 것은 로버트 윌슨(Robert
Wilson)이 만든 〈오이디푸스〉를 보기 위해서였다. 〈오이디푸스〉는
기원전 429년 소포클레스가 쓴 희곡으로 고대 그리스의 대표적인
비극이다. 아직까지 세계 여기저기에서 공연되고 있는 고대 그리스
희비극 중 하나다. 로버트 윌슨이 연출한 이 프로덕션이 초연된 것은
그 전 해인 2018년 7월 폼페이 대극장에서였다. 기원전 2세기경에
지어진 이 극장은 전형적인 로마식 극장이다. 프로덕션의 두 번째 행
선지는 비첸차에 있는 올림피코 극장이었다. 이 책의 앞부분에 1585
년 올림피코 극장이 개관하면서 개막작으로 〈오이디푸스〉를 무대에
올렸음을 언급한 바 있다. 그 다음이 메르카단테 극장이었다.

메르카단테 극장에서 11회 공연하고 이어 그해 여름에는 그리스 에피다우루스 극장에서 공연할 예정이었다. 에피다우루스 극장은 고대 그리스 극장 중 가장 완벽한 상태로 남아 있는 극장으로 알려진 고대 극장으로 고대 헬레니즘 극장의 전형으로 꼽히는 야외 극장이다. 지금도 여름에는 공연 축제를 열고 있고 로버트 윌슨의 〈오이디푸스〉는 2019년 여름 축제의 공식 참가작이었다. 이 프로덕션의 지휘자인 로버트 윌슨은 전위로 불리는 예술가다. 이미지를 중시하는 그의 포스트 모던한 작업은 지금도 계속되고 있다. 그가 만든 21세기판 〈오이디푸스〉도 그동안 그가 해온 작업의 범위를 벗어나지 않았다. 자신의 언어를 사용하는 다국적 배우와 현대음악을 연주하는 연주자들이 등장하고 무대, 의상, 조명, 분장 등 시각적 요소는 극대화되었다.

현대적인 연출가가 고대 그리스의 대표적인 작품을 새로 만들어 고대 극장에서 근대 극장으로 이어지는 여정을 짰다. 좀 과장하면 2,500년에 걸친 시간여행이다. 이 책에서 우리가 다루는 시간과 얼추 비슷하다. 고대 그리스의 극장에서 시작하여 오늘 현재까지 오는 과정의 한 단면을 보여준 것이다. 로버트 윌슨의 프로젝트를 목격하면서 문득 극장의 미래 또한 결국 이 연장선상에 있음을 웅변하고 있는 게 아닌지 싶었다. 로버트 윌슨으로 대표되는 현대 예술가와 그의 〈오이디푸스〉는 과거에 속하지 않지만 두텁게 쌓인 과거의 위에 존재한다는 것을 인정하지 않을 수 없다.

극장의 미래

리처드 서던(Richard Southern)은 시간과 시대가 아니라 단계에 따라 공연예술의 발전을 구분해야 한다고 주장한 바 있다. 당연한 일이지만 그것이 몇 년도에 있는가보다 어느 단계에 있는가가 더 중요하다. 지역과 상황에 따라 시간적 격차는 얼마든지 클 수 있기 때문이다. 서던이 주장한 일곱 단계는 극장 공간을 포함한 공연예술(theatre)의 변화에 초점을 맞추고 있다.

일곱 단계의 첫 번째 단계는 연희자가 의상을 갖추고 자신의 의상에 맞는 어떤 다른 인물을 연기하는 단계다. 연희자는 자신이 입은 의상과 가지고 있는 소품 외에 어떤 지원도 받지 못한다. 두 번째 단계는 대형 축제와 같이 특별한 기간에 첫 번째 단계가 야외에서 이루어지는 단계다. 시적인 대본이 존재하고 관객들이 앉는 공간이 만들어지지만 연희자들은 직업적으로 활동하지 않고 여전히 종교적인 요소가 지배한다. 세 번째 단계는 세속화와 규모의 축소로 설명 가능하다. 종교적인 요소들은 풍자와 철학으로 대체되고 세속화된다. 공연의 규모는 대폭 축소되고 특정한 관객을 겨냥하며 실내에서 공연되기도 한다. 프로페셔널한 그룹이 등장한다. 네 번째 단계는 본격적으로 무대가 개발되면서 무대효과를 위한 장치와 시설이 갖춰지는 단계다. 다섯 번째 단계에 공연을 목적으로 하는 실내 건축물이 등장한다. 정기적으로 공연이 올라가고 무대장치와 조명을 이용한다. 여섯 번째 단계에는 획기적인 예술 발전을 이룬다. 이전과 확연히 다른 점은 무대 위에 환상을 구현하고 이를 위해 다양한 수단이 동원된다. 이전 단계의 여러 요소들이 여전히 계승되고 있지만 이 모든 요소를 환상 효과가 압도한다. 일곱 번째 단계는 이

에 대한 반발이다. 반사실(反事實) 선언인 셈이다.[1]

서던이 이런 주장을 한 것은 지금으로부터 70여 년 전이
다. 그럼에도 불구하고 고대 극장부터 현대 극장에 이른
과정을 요약한 그의 구분은 간결하면서 설득력이 있다.
공연 공간을 보면 우리는 지금 여섯 번째 단계와 일곱
번째 단계가 혼재된 상태다. 프로시니엄 극장으로 대표

1. Richard Southern, The Seven Ages of Theatre, Faber & Faber, 1962. 32-34쪽.

되는 여섯 번째 단계의 극장이 여전히 지배적이지만 일곱 번째 단계
의 도전과 이를 담으려는 시도 또한 만발한다. 1백 년이 조금 넘는
근대 극장의 역사를 가진 우리 극장의 특수한 현주소다.

그가 주장한 일곱 번째 단계의 이후는 무엇일까? 그처럼
간결하고 자신 있게 주장하기도 어렵고 미래가 열려 있는 만큼 힌
트가 될 만한 단서 몇 개를 꼽아본다. 첫째, 예술 개념의 변화를 반
영하는 극장이다. 예술은 왜, 무엇을 위해 존재하는지에 대한 생각
이 달라지고 이런 변화는 공연예술과 공연 공간에 영향을 주지 않
을 수 없다. 공연예술의 편익이 확장되고 쓰임새와 영역은 확대된다.
둘째, 새로운 기술적 환경에 대응하는 극장이다. 극장은 혁신적인 기
술에 근거한 변화를 여러 번 경험해왔다. 한때는 고전적 개념의 극
장이 더 이상 존재하기 어려울 것이라는 비관적 전망이 강했던 적
도 있었다. 인공지능과 같은 혁신적 미래기술이 예술과 극장을 변화
시키는 요소가 될 것임은 분명하다. 셋째로는 문화적, 사회적 변화도
주목할 만하다. 사회적 다양성과 개인의 개성이 확대되거나 강조되
고 라이프스타일이 급변한다. 여러 단위에서 융합과 혼종이 자연스
럽게 일어나고 공연예술과 결합하는 대상은 무한히 확장된다. 극장
은 이런 변화를 담는 그릇으로써 기능한다. 넷째 경제적, 산업적으
로는 고도화되고 자본주의는 후기에 접어들며 우리 사회는 글로벌

한 시스템의 일원이 된다. 지구적 흐름에 무심할 수 없는 사회가 된 것이다. 극장은 이런 흐름을 담게 될 것이다. 여러 개의 단서에서 내가 읽는 극장의 미래 키워드는 비정형, 탈장르, 융복합, 혼종 그리고 다양성 등이다. 다른 말로 하면 간단히 규정하기 어려운 단계가 될 것이라는 말이다. 기존의 극장은 천천히 무너지고 새로운 공간이 이를 대체할 것이다.

과제 혹은 이슈 3개

제3장에서 8개의 트렌드를 다룬 바 있다. 이 장에 넣고 싶었으나 성격이 맞지 않은 이슈가 여럿 더 있었다. 그중에 세 가지를 여기 간단히 언급한다. 세 가지 중 '공공 극장의 역할'은 트렌드라기보다 미래 과제 성격이 강해서, 나머지 두 가지는 현재 진행형이지만 뭐라고 딱 부러지게 언급하기 어색해서 제외됐다. 그래도 선명하고 중요한 이슈들이다.

① 공공 극장의 역할

우리나라는 물론 대부분의 국가에서 극장은 공공 극장 또는 비영리 극장이 주도한다. 서구는 물론이고 우리와 가까운 일본, 중국도 마찬가지다. 우리나라는 시설단위 수 기준으로 절반 정도가 공공 극장이고, 규모를 감안한 비중을 따지면 약 70%가 공공 극장이다. 이에 비해 공연 콘텐츠를 만드는 쪽은 공공 부문이 차지하는 비중이 현저히 낮다. 우리나라에서 국공립 공연예술 단체가 차지하는 비중은 총 공연 단체의 약 12%에 그친다.[2] 극장이라는 하드웨어는 공공

이, 콘텐츠인 공연은 민간이 수적으로 절대적 우세를 보이는 체제인 것이다. 공공 극장의 대부분이 직접 공연을 제작하지 않는 프리젠팅 씨어터이고 대부분의 민간 공연 단체가 자체 극장을 가지지 못하고 있기 때문에 둘은 밀접하게 연결될 수밖에 없다. 공공과 민간이 갖는 속성의 차이를 생각해보면 둘 사이에 맺어지는 자연스러운 역할 관계만으로는 뭔가 부족할 것이라는 예측이 충분히 가능하다.

2. 2018 공연예술실태조사, 예술경영지원센터, 2019, 157쪽.

그동안 공공 극장과 관련된 고민과 우려는 극장의 운영과 관련된 것이었다. 전문성과 효율성을 강화하고 좀 더 적극적으로는 공공성을 담보하며 극장을 활성화하는 것이 주된 관심사였던 것이다. 개별 극장의 성찰과 헌신, 노력을 주문하는 것이다. 지금도 개별 극장의 이런 혁신적인 노력은 중요하고 필요하다. 그 못지않게 주목해야할 것은 공연 생태계에서 수행해야 할 공공 극장의 역할과 태도다. 공공과 민간이 혼재하고 심지어 공공과 민간이 경쟁하게 되는 공연 시장에서 공공 극장이 개별 극장으로서 무한 경쟁에 휩쓸리는 것은 전체 공연 생태계에는 도움이 되지 않는다. 이런 관점에서 공공 극장과 그 네트워크가 고민해야 할 것은 어떻게 개별 극장이 차별적인 예술 공간으로 거듭남과 동시에 전체 공연 생태계에 기여할 수 있을 지이다.

극장과 정부, 지원기관, 예술가와 예술 단체, 다양한 관객 등 주체가 포함된 생태계 차원에서 공공 극장은 유형별로, 개별적으로 자신의 역할은 분명히 해야 한다. 왜곡된 경쟁과 불필요한 중복은 피하고 자임한 역할을 충실히 수행하는 것이다. 극장의 입장에서는 이중적 약자의 처지에 있기 쉬운 민간 공연 단체와 프리랜서 예술가들과의 협업이 시급석이다. 그들과 비교하면 공공 극장은 공연의 꽃이라고 부르는 핵심 장치인 극장이라는 지위와 안정적인 형편과 처지라는 두 프리미엄을 양손에 쥐고 있기 때문이다.

공공 극장의 변화는 쉽게 또는 홀로 이루어지지 않는다. 공공 극장의 개별 및 네트워크 차원의 시도는 물론 정부와 지원기관이 공공 극장을 포함한 예술을 보는 시각이 변해야 비로소 가능한 일이다. 공연 인프라의 다수를 점하고 상대적으로 정책적인 결심으로 변화를 견인할 수 있다는 점에서 불가능한 일만은 아니다.

② 극장 같은, 극장 아닌

극장은 사용자의 욕망을 반영한다. 극장의 주 사용자는 예술가와 스태프, 운영자 등 공급자와 공연 소비자인 관객 등이다. 개별적이고 특별한 욕구와 욕망이 모여서 흐름을 만든다. 창작자의 욕망이 선도하기도 하고 방문자, 관객의 기대가 선도하기도 한다. 현상으로 드러나기 위해서는 어떤 식으로든 일정한 규모의 욕망이 모아져야 가능하다. 주변에서 발견할 수 있는, 고전적 극장 공간과 거리가 있는 다양한 공간들은 새로운 욕망이 충돌하는 지점이다. 막대한 자원을 투입하여 인프라를 구축하고 특정한 형태와 속성의 콘텐츠를 상시적으로 공연하는 것이 20세기까지 꾸준히 진화해온 극장의 고전적 문법이다. 새로운 공간은 이 흐름에서 비켜 서 있다. 기대와 니즈 그리고 욕망이 다르기 때문이다. 공연이 행해지는 공간이니 극장이기는 한데 기존의 극장과는 비슷한 점이 별로 없는 공간들을 드물지 않게 발견할 수 있는 것은 그래서이다. 이들 공간에서 발견되는 몇 가지 경향을 살펴보면 이렇다.

첫째는 예술적 성취와 동기보다 도시재생 등과 같은 다른 목적이 우선하여 조성되는 경우다. 도시재생을 위해 조성하는 극장 중에는 랜드마크를 지향하는 극장도 있지만 큰 규모의 재정을 투입하여 극장이라는 인프라를 조성할 동기가 약하고 큰 의미가 없는 경우도 많다. 얻고자 하는 성과가 각각 다르기 때문이다. 마을 만들기 사업에서 커뮤니티의 만남의 장소로서의 역할을 하면서 공연도 하는 마을 극장과 같은 공간이 그런 경우다.

둘째는 예술적으로 기존 개념의 공연 공간이 의미 없는 경우다. 무대와 객석을 고정하고 역할을 나누는 것이 필요 없기 때문이다. 공연이라는 콘텐츠의 속성이 바뀐 경우다. 이 경우 공연은 극장이라는 고정관념과 관습 밖에서 이루어지는 것을 기본으로 설정하는 경우가 드물지 않다. 어떤 형식이 되더라도 고전적 개념의 극장은 이런 작품에서는 걸림돌이 된다. 장르의 경계가 무너지고 다양한 융복합이 시도되는 현장에서 기존의 극장은 부족할 수밖에 없다. 공연을 소비하는 방식도 바뀌고 공연의 속성도 기존 개념으로부터 벗어나 있는 경우가 적지 않다. 이 유형은 의도와 용도에 따라 공간의 형태와 구조가 달라질 것이므로 비정형적이다.

셋째는 공간의 주요 콘텐츠가 기존 형태의 공연만으로 이루어지지 않는 경우다. 극장은 무대 위에서 펼쳐지는 공연이라는 콘텐츠를 전제로 조성되는 특수목적 공간이다. 공연만이 아니라 전시도 하고 패션쇼를 하려면 기존의 형태의 극장으로는 한계가 있을 것이다. 책방이나 카페, 레스토랑, 쇼핑 등과 같이 상당히 다른 기능이 더해지면 더욱 그렇다. 극장이라고 부르기 어려워 '문화 공간'이라고 불리는 공간이 부쩍 늘었다.

③ 커뮤니티 극장과 엘리트 극장

서던의 구분에 따르면 세 번째 단계에 등장한 프로페셔널리즘은 이후 단계에 점점 강화된다. 서양의 르네상스 시대 이후 그리고 우리나라의 근대 극장 이후 극장은 엘리트 예술이 주도했다. 무대에 오르는 공연 콘텐츠의 속성은 달라지지만 수월성과 프로페셔널리즘을 중시하는 경향은 더 강화되었다. 극장을 찾은 관객의 몰입과 감동이 중요했다. 소위 응용공연(applied performance) 또는 응용연극(applied theatre)이라고 부르는 공연 분야는 또 다른 공연예술의 편익을 강조한다. 예술체험 또는 예술교육을 통해 사회와 자신의 변화를 꾀하는 것으로 교육연극을 비롯해서 다양한 유형이 있다. 요즘 대두되고 있는 커뮤니티 예술도 그중의 하나다.

이 경우 공연을 보는 소극적인 참여를 넘어 직접 공연을 준비하고 공연하는 과정을 통해 목적을 달성하고자 한다. 기존의 엘리트 예술과는 차이가 있을 수밖에 없다. 과정 중심의 응용공연 또는 커뮤니티 예술에서 극장은 그렇게 중요하지 않을 수 있다. 기존의 극장은 공연을 만들어 관객과 만나는 순간과 지점을 중심에 두고 전개된다. 커뮤니티 예술은 공연보다 과정이 더 담보되어야 한다. 이렇듯 관극을 넘어 예술을 만들고 나누는 과정도 누구에게나 열려 있어야 한다는, 소위 문화민주주의 개념이 우리나라에 본격적으로 등장한 것은 2000년대 초반이다.

엘리트 체육과 사회체육 간의 관계를 여기에 비교할 수 있다. 엘리트 체육과 사회체육은 스포츠에 기반하지만 다른 목적을 가진 두 분야다. 엘리트 체육은 국민의 체력을 향상시키지는 않는다. 사회체육은 대표 선수를 위한 선수촌이나 국제 규격의 운동장이 없어도 된다. 커뮤니티 극장은 프로페셔널한 예술가와 스태프가 참여하기는 하지만 프로그램이나 프로덕션은 프로페셔널하지 않은 것이 보통이다. 엘리트 예술을 담는 극장은 전문화되고 고도화되는 한편

예술가와 관객에게 열려 있는 커뮤니티 극장은 더 많이, 더 가깝게 존재하게 될 것이다. 기존의 극장(특히 공공 극장)도 그 역할을 할 수 있다. 예술성으로 승부를 걸어야 할 경우라도 그런 콘텐츠로 일관할 필요도 없고 오히려 커뮤니티 예술을 전략적으로 수용한다. 커뮤니티 극장은 형태나 구조가 아니라 방향에 있기 때문이다. 그 방향은 무시하기 어려운 대세 중의 하나다.

참고문헌

국내서(번역서 포함)

강재훈, 극장 컨설팅과 3세대 극장, 지식과 감성, 2017.
고승길, 동양연극연구, 중앙대학교 출판부, 1993.
김기란, 서울의 연극, 서울역사편찬원, 2019.
김남돈, 극장컨설턴트와 함께 하는 콘서트홀 & 오페라극장, 공간예술사,
    2019.
김남석, 조선의 지역 극장, 연극과 인간, 2018.
김성규, 문화예술단체 재원조성, 이음스토리, 2015.
김승미, 극장이야기, 늘봄. 2011.
김윤식, 무대감독, 연극과인간, 2011.
도널드 서순 (오숙은 외 옮김), 유럽문화사1, 뿌리와이파리, 2012.
고승길, 동양연극연구, 중앙대학교 출판부, 1993.
랴오번 (오수경 옮김), 중국 고대극장의 역사: 공연예술의 신화 오천년의
    문화사, 솔, 2007.
빠트리스 파비스 (신연숙 외 옮김), 연극학 사전, 현대미학사, 1999.
박민호, 아트센터와 공연예술, 민속원, 2015.
박신의 외, 21세기 예술경영 : 예술과 관객의 통합, 한올출판사, 2019.
박신의, 문화예술경영 : 복합학문으로서의 전망, 이음스토리, 2013.
박영철, 공연장 건축설계, 연극과 인간, 2010.
베른트 자이덴슈티커 (이재민 옮김), 고대 그리스 로마 연극, 2018.
사사키 아키히코 (김의경 옮김), 연극경영, 현대미학사, 2002.
사진실, 조선시대 공연공간과 공연미학, 태학사, 2017.
사진실, 공연문화의 전통, 태학사, 2007.
신일수, 극장 상식 및 용어, 교보문고, 2000.
신선희, 한국 고대극장의 역사, 열화당, 2006.
심상용, 그림 없는 미술관, 이룸, 2000.

스티븐 랭글리 외 (임연철 외 옮김), 극장경영 - 공연예술의 제작과 유통, 커뮤니케이션북스, 2011.

에드윈 윌슨 외 (김동욱 옮김), 세계연극사, 에이취에스메디아, 2010.

에이 기세이 외 (김의경 외 옮김), 살아 숨쉬는 극장, 연극과 인간, 2008.

유민영, 예술경영으로 본 극장사론, 태학사, 2017.

오스카 G. 브로켓 (김윤철 옮김), 연극개론, 한신문화사, 1989.

오스카 G. 브로켓, 프랭클린 J. 힐디 (전준택, 홍창수 옮김), 연극의 역사, 연극과 인간, 2005.

오자사 요시오 (이혜정 옮김), 일본의 극장과 연극, 연극과 인간, 2006.

윌리엄 번스 (송성완 옮김), 예술을 경영하라, RHK, 2013.

이동연, 예술@사회 : 우리 시대 예술을 이해하는 8가지 키워드, 학고재, 2018.

이미원, 커뮤니티 연극, 연극과 인간, 2019.

이승엽, 극장경영과 공연제작, 역사넷, 2001.

이지선, 일본 전통 공연예술, 제이앤씨, 2009.

임종엽, 극장의 역사, 살림, 2005.

임석재, 극장의 역사, 이화여자대학교 출판문화원, 2018.

조앤 셰프 번스타인 (임연철 외 옮김), 공연예술 마케팅, 커뮤니케이션북스, 2016.

존 피크(이주혁 옮김), 예술행정론, 현암사, 1984.

크리스티안 미쿤다 (최기열 외 옮김), 제3의 공간, 미래의창, 2005.

피터 브룩 (김선 옮김), 빈 공간, 청하, 1992.

한국연극학회 편, 연극 공간의 이론과 생산, 연극과 인간, 2017.

Pollio, Marcus Vitruvius (M.H. Morgan 편역, 오덕성 옮김), 건축 10서, 기문다이, 1997.

해외 출간서

Appleton, Ian, Buildings for the Performing Arts - A Design and
Development Guide, Second edition, Architectural Press, 2008.

Alston, Adam, Beyond immersive theatre: aesthetics, politics and
productive participation, Palgrave Macmillan, 2016.

Banham, Martin, The Cambridge guide to theatre, Cambridge
University Press, 1995.

Bernstein, Joanne Scheff, Standing Room Only, Palgrave, 2014.

Biggin, Rose, Immersive theatre and audience experience: space,
game and story in the work of Punchdrunk, Palgrave Macmillan,
2017.

Birch, Anna & Tomkins, Joanne (ed.), Performing site-specific
theatre: politics, place, practice, Palgrave MacMillan, 2012.

Brook, Peter, The Empty Space, Atheneum, 1968.

Brown, John Russell, What is theatre?: an introduction and
exploration, Focal Press, 1997.

Byrnes, Willian J., Management and the Arts, fifth edition, Focal
Press, 2015.

Howard, Pamela, What is scenography?, Routledge, 2019.

Izenour, George, Theatre Design, McGraw-Hill, 1977.

Frederiksen, Rune / Gebhard, Elizabeth R. & Sokolicek, Alexander
(ed.), The Architecture of the Ancient Greek Theatre, Monographs
of the Danish Institute at Athens, Voulum 17, Aarhus University
Press, 2015.

Kennedy, Dennis, The Oxford companion to theatre and
performance, Oxford University Press, 2010.

Kliment , Stephen A. (ed.), Performing Arts Facilities, John Wiley &
Sons, Inc., 2006

Lambert, Patricia Dewey & Williams, Robyn (ed.), Performing Arts

Center Management, Routledge, 2017.

Macgowan, Kenneth & Melnitz, Willliam, The Living Stage, Prentice-Hall,Inc., 1955

Mackintosh, Iain, Architecture, Actor & Audience, Routledge, 1993.

Pearson, Mike, Site-Specific Performance, Palgrave Macmillan, 2010.

Prendergast, Monica & Saxton, Juliana (ed.), Applied theatre: international case studies and challenges for practice, Intellect, 2009.

Prentki, Tim & Preston, Sheila (ed.), The applied theatre reader, Routledge, 2009.

Richard and Helen Leacroft, Theatre and Playhouse, Methuen, 1984.

Southern, Richard, The Seven Ages of Theatre, Faber & Faber, 1962.

Stein, Tobie S. & Bathurst, Jessica, Performing Arts Management, Allworth Press, 2008.

Strong, Judith(Ed.), Theatre Buildings, Routledge, 2010.

Volz, Jim, How to Run a Theatre, Back Stage Books, 2004.

Walter Gropius, The Theatre of the Bauhaus, Wesleyan University Press, 1961.

보고서

2018 생활문화센터 운영 실태조사, 문화체육관광부, 지역문화진흥원, 2019.

2018 전국문화기반시설 총람, 문화체육관광부, 2018.

2018 공연예술실태조사, 예술경영지원센터, 2019.

2018 문화예술회관 운영실태 조사, 한국문화예술회관연합회, 2019.

서울시 공연장의 운영실태와 개선방안, 서울연구원, 2012.

고재민 외, 공연장 건립 가이드라인 구축연구, 한국문화예술회관 연합회. 2019.

김연진, 당인리 문화창작발전소 조성 기본구상, 문화체육관광부, 2013.

_____, 도시재생사업에서의 문화예술 도입방안 연구, 한국문화관광연구원, 2015.

_____, 문화시설의 건립타당성 조사 가이드라인 개발을 위한 기초연구, 한국문화관광연구원, 2015.

김현주 외, 문예회관 운영 매뉴얼, 한국문화예술회관 연합회. 2015.

김효정, 문화도시 육성방안 연구, 한국문화관광정책연구원, 2005.

메타 컨소시엄, 서울아레나 복합문화시설 민간투자사업 기본계획 연구, 서울특별시, 2016.

박영정, 문예회관 운영 표준모델 연구, 전국문예회관연합회, 2000.

서지혜 외, 2018 공연예술 트렌드 조사 보고서, 예술경영지원센터, 2018.

안성아 외, 2013 대학로 연극 실태조사, 서울문화재단, 2013.

_____, 2008년 연극·뮤지컬 관람객조사 보고서, 문화체육관광부·예술경영지원센터, 2009.

_____, 2019 공연계 주목해야 할 키워드 6, 예술경영지원센터, 2019.

양혜원 외, 예술의 가치와 영향 연구 : 국내외 담론과 주요 연구결과 분석, 한국문화관광연구원, 2019.

예술경영지원센터, 아시아예술극장 운영방안설계 최종결과보고서, 문화체육관광부 아시아문화중심도시추진단, 2008.

유민영 외, 국내 대형 복합 문화예술공간의 효율적 운영방안 연구: 예술의전당 운영 마스터플랜 수립, 한국문화예술진흥원 문화발전연구소, 1993.

이동훈, 문화예술단체를 위한 공연장 조성 매뉴얼, 예술경영지원센터, 2009.

이승엽 외, 국공립공연단체 예술단체 해외운영 사례조사, 문화관광체육부, 2010.

예술의전당 1982-1993, 예술의전당, 1994.

이용관 외(한국문화정책연구원), 국립공연장시설 재배치 연구용역 최종보고서, 문화체육관광부, 2012.

조광호, 도시재생에서 역사문화콘텐츠 활용의 쟁점 및 정책지원방안 연구, 한국문화관광연구원, 2017.

한국문화관광정책연구원, 국립아시아문화전당 기본구상 연구, 문화체육관광부 문화중심도시조성추진기획단, 2005.

一般財団法人地域創造,「平成26年度 地域の公立文化施設実態調査」報告書,

2015.

Chiffres clés - Statistiques de la Culture et de la Communication 2019, Ministère de la Culture (France), 2019.

논문

고희경, 21세기형 랜드마크 함부르크 엘프필하모니홀,
한국문화공간건축학회 추계학술대회, 2017.11.17.

김성기, 공연장 공간형식의 유형과 특성에 관한 연구, 홍익대학교 건축학과 박사학위 논문, 2006.

박말순, 뮤지컬 전용 극장의 효율적인 백스테이지 공간구성에 관한 연구,
한국예술종합학교 예술전문사 학위논문, 2015.

박창배·김광현, 일본 공공문화시설 계획에서의 주민참여에 관한 연구,
대한건축학회 연합논문집 제18권 제1호 통권 71호, 대한건축학회, 2016.

서우석·이경원, 문화예술회관 수요에 대한 시론적 분석과 정책적 시사점,
문화정책논총 제32집 제1호, 한국문화관광연구원, 2018.

서익진, 문화적 도시재생 유형의 사례 분석 - 창원시 마산 원도심 재생
사업을 중심으로, 주거환경 vol.14,no.4, 통권 34호, 한국주거환경학회,
2016.

신창현, 신한류문화의 랜드마크, 아레나형 K-POP 전용공연장의 광주
건립방안, 광주발전연구원, 2012.

이승엽, 공공 극장 활성화를 위한 진단과 제언, 한국연극 100년 대계 수립
프로젝트 - 한국 신연극 100주년, 새로운 100년을 준비하는 연속
세미나, 한국연극협회, 2007.11.19.

이태섭, 21세기 극장 공간의 진화와 다양성에 대한 연구, 연극교육연구 25권
25호, 한국연극교육학회, 2014.

조광호, 문화도시 정책의 흐름과 동향 그리고 향후 과제, 문화관광 인사이트
제142호(2020.1.31.), 한국문화관광연구원, 2020.

_____, 문화적 도시재생 사업의 소개와 의미 있는 추진을 위한 제언,

지역문화진흥원, 2018.4

조성후·윤은경, 로버트 윌슨 이미지연극의 연출미학에 나타난 디자인
　　표현요소에 의한 복합공연장 공간계획에 관한 연구, 한국실내디자인학회
　　학술대회논문집 19(3), 2017.10, 89-94, 한국실내디자인학회, 2017.

정영진, 문화예술회관의 내부요소가 운영핵심가치에 미치는 영향 연구-
　　관장의 리더십과 조직성향을 중심으로, 추계예술대학교 문화예술학과
　　박사학위 논문, 2015.

조정윤, 대규모 공연장 건설 경향과 효과 - 밀레니엄 이후 건립된 해외사례를
　　중심으로, 문화예술지식DB 문화돋보기 제35호, 한국문화관광연구원,
　　2016.

진소현, 이머시브 연극의 특성 연구, 한국예술종합학교 예술전문사 학위논문,
　　2018.

Taylor, Philip, Applied Theatre, paper presented at the Arizona
　　State University, Department of Theatre Symposium: What is
　　"Cinderella" Hiding? Theatre/Ideology/Young People, 2003.

기타

김주혜, 천의 얼굴을 가진 대륙, 예술의전당과 함께 Beautiful Life, 2019년
　　6월호, 2019.

문화비전 2030, 문화체육관광부·새문화정책준비단, 2018.

새 예술정책(2018-2022), 문화체육관광부·새예술정책수립특별전담팀,
　　2018.

문화체육관광부 보도자료, 2019년 문화체육관광부 업무계획, 2019.

오동룡, 재건축·재개발과 문화적 도시재생이 다른 점은?, 위클리 공감,
　　2017.12.12.

이승엽, 벤치마킹에서 벤치메이킹으로, weekly@예술경영, 예술경영지원센터,
　　2008.

황장원, 모두를 위한 공간, 콘서트홀 - ① 지역공동체의 새로운 구심점 - 독일

함부르크 엘프필하모니 홀, 월간 SPO 2018년 10월호.

_____, 모두를 위한 공간, 콘서트홀 - ⑤ 적정하고 유연한 지역맞춤형 공연장-
영국 세이지 게이츠헤드, 월간 SPO 2019년 4월호.

Shuo, Tan, Theatre Management in China - The Rapid Rise of the
Poly Theatre Management Company, Arts Management
Network, 2019.10.23.

사이트

American for the Arts, https://www.americansforthearts.org
Pollstar, https://www.pollstar.com
The Ancient Theatre Archive, https://www.whitman.edu/theatre/
theatretour/home.htm
The Audience Agency, https://www.theaudienceagency.org

사이드스텝 원 게재처

예술 정책 지형의 색다른 시간 구간, 문화공간 175, 2017.02.28.
왜 회식의 끝은 항상 노래방일까?, 뉴시스, 2016.10.23.
블랙박스 극장, 매일경제, 2017.10.19.
구내식당이 있어 다행이다, 이데일리, 2017.05.25.
시차극복과 햇빛, 매일경제, 2017.09.28.
흥행과 감동 사이, 매일경제, 2017.09.12.
우리 시대에 딱 맞는 그랑 프로제 '1+1', 뉴시스, 2017.01.28.
3개 극장의 엇갈린 운명, 문화공간 175, 2016.11.30.
도시의 이미지를 만드는 극장, 문화공간 175, 2017.07.28.

모든 극장은 특별하다

극장에 대하여

초판 1쇄 발행 2020년 2월 28일

지은이 이승엽
펴낸이 서재필
책임편집 우미정
디자인 홍수진, 최재환
리서치 김나리
인쇄제본 김용문 (주)상지사P&B
용지 우승헌 (주)타라유통

발행처 마인드빌딩
출판신고 2018년 1월 11일 제395-2018-000009호
주소 서울특별시 마포구 월드컵북로 400(상암동) 5층 7호
이메일 mindbuilders@naver.com
블로그 blog.naver.com/mindbuilders
페이스북 www.facebook.com/mindbuildings

© 이승엽, 2020
ISBN 979-11-90015-11-0(93680)

이 도서의 국립중앙도서관 출판예정도서목록(CIP)은 서지정보유통지원시스템 홈페이지
(http://seoji.nl.go.kr)와 국가자료공동목록시스템(http://www.nl.go.kr/kolisnet)에서 이용하실 수 있습니다.
(CIP제어번호: CIP:2020006771)

마인드빌딩에서는 여러분의 투고 원고를 기다리고 있습니다.
출판하고 싶은 원고가 있는 분은 mindbuilders@naver.com으로
기획 의도와 간단한 개요를 연락처와 함께 보내주시기 바랍니다.